楞嚴經講記

——第八輯

——平實導師　述

ISBN　978-986-6431-13-5

以離念靈知心爲眞如心者，是落入意識境界中，與常見外道合流，名爲佛門常見外道；以六識之自性（見性、聞性、嗅性、嚐性、觸知性、警覺性）作爲佛性者，是與自性見外道合流，名爲佛門自性見外道。近代佛門錯悟大師，不外於此二類人之所墮。

以六識論而主張蘊處界緣起性空者，與斷見外道無二；彼等捨壽時若能滅盡蘊處界而入無餘涅槃，彼涅槃必成斷滅故，名爲佛門斷見外道。此類人恐生斷見之譏，隨即益以「意識細心常住」之建立，則返墮常見之中；一切粗細意識皆「意、法因緣生」故，不脫常見外道範疇。此等人，皆違聲聞、緣覺菩提之實證，亦違佛菩提之實證，即是應成派中觀之邪見也。

《楞嚴經》既說眞如心如來藏，亦同時解說佛性之內涵，並闡釋五蘊、六根、六塵、六識、六入全屬如來藏妙眞如性之所生，附屬於如來藏妙眞如性而存在及運作。如來藏心即是第八識阿賴耶識，妙眞如性即是如來藏心體流露出來之神妙功德力用，諸菩薩目之爲佛性。

此經所說法義，迥異諸經者，謂兼說如來藏與佛性義，並將蘊處界入等一切法攝歸如來藏妙心與其功德力用之中。其中法義甚深、極甚深，謂言詞古樸而極簡略，亦謂其中妙義兼含地上菩薩之所證，絕非明心後又眼見佛性之菩薩摩訶薩所能意會，何況尚未實證如來藏之阿羅漢？更何況未斷我見之應成派及自續派中觀師？其餘一切落入意識境界之當代禪宗大法師，皆無論矣！有大心之眞學佛而非學羅漢者，皆應深入熏習以求實證之。

目　次

第十五輯：

自序

《楞嚴經講記》是依據公元二〇〇一年夏初開講《楞嚴經》時的錄音，陸續整理為文字編輯所成，呈獻給讀者。期望經由此經的講經記錄，利益更多學佛人，藉以生起對大乘法教的仰信，願意景行景從而發起菩薩性；亦藉此書熏習大乘法義，漸次建立正知正見，遠離常見外道意識境界，得斷我見。同時可由深入此書中所述法義的如實理解，了知常住眞心之義，得離斷見外道邪見；進而可以明心證眞，親見萬法都由如來藏中出生，成為位不退之實義菩薩，親自觀察所證如來藏阿賴耶識心體，絕非常見外道所墮之神我。並能現觀外道所墮神我，實由其如來藏所出生之識陰所含攝，不外於識陰範疇。乃至緣熟之時可以眼見佛性，得階十住位中，頓時圓成身心世界如幻之現觀，不由漸修而成，一時圓滿十住位功德，或能得階初行位中，頓超第一大阿僧祇劫三分有一。如是利益讀者，誠乃平實深願。

然而此經之講述與整理出版，時隔九年，歲月淹久，時空早已轉易；當時為令學人速斷我見及速解經中如來藏妙義而作簡略快講，導致極多佛性義理略而未說，亦未對部分如來藏深妙法義加以闡釋，已不符今時印書梓行及流傳後世之考量，不符大乘法中菩薩廣教無類及顯示勝妙眞如佛性義理之原則。是故應當加以深入補述，將前人所未曾言之如來藏深妙法義中，可以梓之於文者，以語體文作了大幅度增刪，令讀者（特別是已悟如來藏者）得以前後再三閱讀思惟而深入理解經義。由此緣故，整理成文之後，於潤色之時特地作了補述及大幅度增刪，令讀者得以一再閱讀深思而理解之，藉以早日轉入菩薩位中，遠離聲聞種性；並能棄捨聲聞法義之侷限，成眞菩薩。此外，本講記是正覺同修會搬遷到承德路新講堂時所講，當時新購講堂之錄音設備尚未完善，更無錄影設備，是故錄音時亦有數次漏錄情況，只能在出版前另以語體文補寫，一併呈獻給讀者。

大乘經中所說法義，單說如來藏心體者，已經極難理解，是故每令歷代名聞諸方之大師難以理解，更何況《楞嚴經》中非唯單說如來藏心，實亦兼涉佛性之實證與內涵。如來藏心體對六塵離見聞覺知，而如來藏的妙眞如性—佛性—則對六塵不離見聞覺知，卻不起分別，亦非識陰覺知心之見聞覺知；欲證如來藏心體及眼見佛性者，修學方向與實證條件差異極大，苟非一一實證者，縱使讀懂此經文義，亦無法實證之。何況此經文句極爲精鍊簡略，今時人之文言文造詣亦低，何能眞實理解此經眞義？而欲證知經中所說如來藏心與佛性義，欲求不起矛盾想者，極難、極難矣！特以佛性之實證、內涵、名義，古今佛教界中所述紛紜，類多未知佛性、或未實證眼見佛性現量之凡夫所說者；如斯等人或讀此經，必然錯會而誤認六識之見聞知覺性爲常住之佛性；以是緣故，亦應講解此經而令佛教界廣爲修正舊有之錯誤知見。

然而此經中有時亦敘述如來藏具足令人成佛之體性，如同世親菩薩所造《佛性論》之意涵，並非《大般涅槃經》中 世尊所說十住菩薩眼見佛性，亦非此經中所說佛性—妙眞如性—現量境界之實證眞義；由是緣故，凡未親證如來藏又未眼見佛性者，往往誤會此經中所說十八界六入等境界相即是佛性境界，墜入六識之見聞知覺性中。是故九年前講述此經時，已依此經所說佛性眞義而略述之，並依此經所說第二月眞義，略加旁述佛性之理；然未盡說，預留讀者將來眼見佛性之因緣，故已隱覆佛性密意而略述佛性之義。藉此覆護佛性密意之宣演佛性方式，促使讀者將來明心之後更有眼見佛性之因緣，得以漸次成熟；或於此世、或於他世，得以一念相應而於山河大地之上，親見自己的佛性，頓時成就世界身心如幻之肉眼所見現量境界，不由漸修而得，一念之間頓時圓成第十住滿心位之身心世界如幻現觀。

又，地上菩薩由無生法忍功德所成就之眼見佛性境界，能由如來藏直接與眾生心相應；雖然凡夫、賢位眾生之心仍不知已被感應，但地上菩薩往往已經於初次相見之時，即已感應其如來藏所流注之種子，由此而知彼眾生往世曾與菩薩結下善緣或惡緣。未離胎昧之已入地菩薩眼見佛性時，具有如是功德，故能由此直接之感應，作出對彼凡夫位、賢位等菩薩應有之開示與因應，此即是三地以下菩薩隨順佛性以後，在無宿命通、天眼通之情形下，仍能妥善因應眾生根性之緣由所在。如是，諸地菩薩於眼見佛性之後所得智慧，迥異十住菩薩之眼見佛性境界智慧，非十住位至十迴向位菩薩所知。一切未眼見佛性而已明心之賢位菩薩，更未能知此。

至於尚未明心而長處無明長夜中之意識境界凡夫菩薩，更無論矣！皆名凡夫隨順佛性。聲聞種性僧人及諸外道，總將識陰六識之見聞知覺性錯認爲佛性，據以誣謗十住菩薩之眼見佛性境界，何況能知諸地菩薩所隨順之佛性智慧境界？唯能臆想而妄加誹謗爾。然諸佛所見佛性，又異於十地、妙覺、等覺；謂諸佛眼見佛性後，成所作智現前，能以五識各自流注而成就無量利益眾生之事，化身無量無邊，非等覺及諸地菩薩所能臆測。故知眼見佛性者，層次參差不一，各各有別，少聞寡慧者並皆不知，乃至已經眼見佛性之十住菩薩仍不能具知也！如是眼見佛性境界，則非此經之所詳述者；故我 世尊已於別經再作細說，以令圓滿化緣，方得取滅而以應身方便示現進入涅槃。如斯佛道意涵，深邃難知，苟非已有深妙智慧者，難免誤會而成就大妄語，或因難信而生疑，以致施以無根誹謗，未來捨壽後果堪憂；是故平實於此序文中預爲說之，以警來茲，庶免少聞寡慧凡夫閱後惡口謗法，捨壽之後致遭重報。

此外，時値末法，每有魔子魔民身披佛教法衣演述常見、斷見外道法，轉易佛門四眾同入常見外道、斷見外道知見中；更有甚者，身披法衣而住於如來廟堂之中，實行印度教外道性力派—坦特羅「佛教」—譚崔瑜伽男女雙身合修之意識貪觸境界，夜夜乃至白晝公然宣淫於寺院中，成爲彼等眾人寺院中的公開祕密，唯獨淺學信徒不知爾。如是邪說邪行，已經廣行於末法時代之學密佛教寺院中，台灣海峽兩岸亦皆已普及，極難扭轉其勢，豈符世尊法教眞義而不違　佛制戒律？身披僧衣而廣行貪淫之行，墮落識陰境界中，豈能相應於眞心如來藏離六塵貪愛之清淨境界？眼見如斯末法現象，平實不能不喟嘆末法眾生之福薄：屢遇如是宣揚外道法之邪師而不自知，更隨之暗地實修雙身法而廣違佛戒，日日損減自己每年布施眾生、供養三寶所得福德。

更有甚者，一心追隨邪師而認定邪法爲正法，不知邪師每每身現好相，佯爲實證及清淨之人；學人由無明所罩故，以護法之善心而與邪師共同造下破法之愚行，將了義勝妙之正法謗爲外道神我、外道自性見；亦將弘揚正法之賢聖謗爲外道、邪魔，坐令邪師勢力增廣，導致邪法弘傳益加普及。是則因於無明及名師崇拜，以善心而造惡業；然猶不能自知眞相，每以**壞法**及**謗賢聖**之惡行得以成就，而沾沾自喜爲**護法大功**焉，實可憐憫。今此經中，佛陀對此廣有開示，讀者若能摒棄以前追隨名師所聞之先入爲主觀念，客觀地深入此書中，一一比對佛語而能深細檢驗；然後一一加以深思，並依本經所說蘊處界功能本質及生滅性之現量加以現觀，即可遠離既有之邪見而轉入正知正見之中；若能正確了知之後，益以正確之護法善行而積功累德，何愁此世無有實證如來藏而悟入大乘菩提之機緣？乃至福厚而極精進者，亦得眼見佛性而圓滿十住位之世界身心如幻現觀。

末後，令平實不能已於言者：對於中國佛門中已存在百年及密宗已存在數百年之宗喀巴外道法因緣觀及菩提道次第，亦應由此經義而廣破之。謂百年來常有大法師遵循日本學術界中少數人的錯誤觀點，一心想要以學術研究所得取代佛法特重實證的經中教義；而日本近代此類所謂佛學學術研究者，本質仍屬基督教信仰者急於**脫亞入歐**而提升日本在國際上之學術地位，想要與歐美學術界分庭抗禮；於是出之以嘩眾取寵方式而極力批判佛教，冀離中國佛教而且上於中國佛教，於是乃有批判中國傳統佛教如來藏教義之舉——三十年前日本「批判佛教」學派於焉誕生。於是專取四阿含文字表相法義，並扭曲四阿含法義，宣演外道六識論為基調之因緣觀，取代佛教四阿含所載八識論之因緣觀，自謂彼之謬論方屬眞正佛法，主張一切法**因緣生**故無常，誣指中國傳統佛教如來藏教義為外道神我。然而，如來藏屬第八識，能出生外道神我，而法界中亦無一法可破壞之，此是一切親證如來藏者皆可現觀而證實之現量；外道神我則屬第六意識或識陰六識，被如來藏所生，乃生滅法；一主一從，二者天差地別，焉可等視齊觀？由此證知日本袴谷憲昭、松本史朗創立批判佛教之學說，純屬無明所言戲論，並無實義。

六十年來台灣佛教則由印順及其派下門人，奉行印順源自天竺密宗之宗喀巴六識論應成派中觀，採用基督教信仰者反對實證之西洋神學研究方法，曲解四阿含中所演八識論因緣觀正理，刻意否定中國禪宗法教之如來藏妙義，貶為野狐禪及外道神我；藉此表相建立其不落「俗套」而異於傳統佛教之「超然、不迷信」假象，然後佛光山、法鼓山、慈濟追隨印順而奉行之。

然而印順派之思想本質，乃外道六識論之因緣觀，近承日本不事修證之學術研究學說，遠紹宗喀巴、阿底峽、寂天、月稱、佛護等六識論諸凡夫論師；謂彼等因緣觀外道如是主張：**純由根、塵作爲因緣，即能出生六識：不必有本識如來藏持種，只藉六根六塵作爲因緣即能出生六識**。又主張意識常住不壞，公然違背聖教。如是外道因緣觀，全違法界現量—違背現象界中可以現見之事實—諸法不自生、不他生、不共生、不無因生之事實，全違龍樹中觀之教示。

而印順派所闡釋之因緣觀、應成派中觀，正屬龍樹所破之**他生**與**共生**之外道因緣觀；復又違背四阿含中處處隱說、顯說之八識論因緣觀——由第八識如來藏藉所生根塵爲因緣，出生識陰六識（詳見拙著《阿含正義》七輯之舉述），本質正屬外道六識論邪見之因緣觀。今此《楞嚴經》中更出之以**五蘊、六入、六界、十二處、十八界皆屬如來藏妙眞如性所出生**之深入辨正，以九處徵心八還辨見之細膩法義，令知**「識陰六識不能自生，根不能獨生識，塵不能獨生識，根塵不能共生識，虛空不能無因生識」**等正理，完全符契四阿含諸經所說義理，而更深入闡述正義。如是深入辨正已，阿含聲聞道所述佛門因緣觀正理即得以彰顯，突顯佛門八識論因緣觀異於印順及宗喀巴之外道六識論因緣觀所在，則佛門學人即可遠離外道因緣觀邪見，疾證聲聞菩提乃至佛菩提，終不唐捐諸人一世之勤修也！

佛法特重智慧，是故成賢證聖而入實義菩薩位中，世世悅意而修菩薩道；或者捨壽後速入三塗永爲凡夫而受苦難，多劫之中常與眞實菩提絕緣，世世苦修仍不得入門，茫然無措；如是二類迥異之修學果報緣因，端在當前一念之中：是否願意客觀分辨，及實地理解諸方名師與平實所說法義之異同所在，不依道聽塗說而盲從之，實即憑以入道或下墮之樞紐及因由也！願我佛門四眾弟子皆能冷靜客觀而深入比較及理解，然後理智而不盲從地作出抉擇。審能如是，則此世即已建立修學佛道之正確方向；從此一世開始，佛道即能快速而悅意地修學及實證，非唯永離名義菩薩位，亦得永斷三塗諸惡因緣，眞成實義菩薩，何樂不爲？

此書既然即將開始潤色而準備梓行，於潤色前不免發抒感想、書以爲文；由是而造此序，以述平實心中感慨，即爲此書印行之緣起。

佛弟子 平實 敬序於竹桂山居

時值公元二〇〇八年 春分

第八輯：

《大佛頂如來密因修證了義諸菩薩萬行首楞嚴經》卷五

（上承第七輯卷五未完之內容）

「中間無實性，是故若交蘆；結解同所因，聖凡無二路。」當我們在宣講眞與非眞這中間，全都是覺知心意識的認知或智慧；從如來藏自住的離言語道、離六塵境界來說，這些其實都沒有眞實性可說。眞實性還是在你身上的如來藏本體，祂自身才是有情求證法界實相時所應證的眞實性，而如來藏對眞實性與虛妄性是從來都不加以了別的，所以從如來藏的自身境界來說，根本沒有眞實性可說。當我們證得如來藏以後，依如來藏的自住境界來看待世間法、出世間法、世出世間法時，也就跟著如來藏沒有眞實性可說了，這樣轉依而安住覺知心的自己時，還需要有眞實性可以被執著嗎？

依如來藏自身的離言離塵境界來說，根本就沒有眞實與虛妄可說，因爲從來都不了別各種境界與法性；能證得實相法界眞實性與現象法界虛妄性的智慧，是意識覺知心的事；而意識覺知心是虛妄性的，不是恆久而常住不壞的；所以，從如來藏自身的離言、離塵、離智境界來說，意識覺知心所證的眞性妄性、智慧愚癡、有爲無爲，全都是假有不實所以猶如交蘆一般，都只是依六根暫有的意識覺知心所證的智慧境界。然而意識覺知心以及所依的六根都不是常住法，而是從如來藏妙眞如性中出生的假有法，所以意識所證的智慧猶如交蘆——如同三股互相依倚才能站立的蘆葦一般，是由如來藏心出生的六根、六塵、六識三法聯結形成的，不是本住、常住、不壞的金剛性，因此 世尊說：「**中間無實性，是故若交蘆。**」

三乘菩提中所證的智慧，當我們以言語如此詳細解說以後，大家就知道：這些智慧說來說去都不是眞實性，當我們在解釋眞與非眞的時候，所說言語以及被宣揚出來的智慧，全都好像是交蘆一般不實；只是藉著我們的如來藏而有八識心王，再假藉五十一心所法、十一個色法……等法的配合，才能被我們藉著顯境名言、表義名言把它顯示出來，而說有如來藏、有實相智慧可以讓人體會及驗證。雖然如此，可是這個世間出世間智慧卻是非常重要，我們應當這樣觀察：究竟解脫而達到佛地的所由，還是在因緣所成的六根上面。

爲什麼這樣子說呢？這就是說，被無明所籠罩而輪迴生死、受盡種種痛苦，都是由於對六根自己有所不知，因此而產生執著，把六根自己當作是最重要的，由此產生種種結縛而被這些結所繫縛，於是就成爲博地凡夫而永沈生死，始終無法離開輪迴痛苦。但是要把這一些結給解開，其實要從同一個所因—對六根的自我結縛—來解開，所以說「結解同所因」。

然而想要解開對六根的結，卻仍然要依如來藏心體的實證而得解，不能離如來藏而解開對六根自我的結縛。如果有人硬是要主張離如來藏而解開對六根的繫縛，就會有問題啦！譬如有人否定第八識如來藏而專門提倡聲聞初果的實證，說是現前觀察自我—五蘊十二處十八界—全都虛妄不實，捨壽後要滅掉這些自我的全部，入無餘涅槃。那好！他既是佛弟子，現前觀察蘊處界虛妄，但斷見外道也現前觀察蘊處界虛妄，都一樣啊！那他這個佛弟子與斷見外道並無不同，是與斷見外道合流了。

當 佛把十八界建立起來，並且確實說明了以後，斷見外道也依 世尊所說一樣去觀察，證實十八界全都在現象界中存在，也證實十八界全都虛妄不實，無法轉進無餘涅槃中繼續存在，可是斷見外道爲什麼不能成爲聲聞初果聖者？因爲他們都不承認第八識如來藏確實存在，所以認定一切法終究無常空而成爲斷滅空，所以主張一切法空而不承認有一個實際存在，成爲斷見外道。那些否定如來藏的六識論佛弟子不能斷我見證初果，原因其實和斷見外道差不多，只是恐怕成爲斷滅空，所以無法眞的斷除意識常住的我見，當然無法證得聲聞初果。然而聲聞初果人同樣主張十八界全都虛妄不實，爲什麼能斷我見卻不會成爲斷見外道呢？因爲他們聽聞 佛說過：滅盡十八界而入無餘涅槃以後，仍有本際不滅，所以十八界滅盡了以後不是斷滅空。因此使他們成爲聲聞初果人，他們心中認定：自我斷滅了以後還有一個無我的、離思量的、不與三界六塵相應的心，那個常住心是無我性的，所以確定將來滅盡十八界以後不會落入斷滅空中。以此緣故，確實斷除了我見。

印順法師卻是與斷見外道合流——與斷見外道同樣落到一切法空的邪見中，所以印順無法實證聲聞初果。爲什麼呢？因爲印順認定十八界虛妄以後，一定會產生恐懼心：**將來我若是把自己的十八界全部滅盡而入無餘涅槃以後，會不會成爲斷滅空？**由於這個恐懼心的緣故，印順只好再退回識陰的意識中來，從意法因緣生、有生滅而無常的意識中，細分出一個細意識而建立爲常住不壞心，重新落入常見外道法中，因此使印順不能斷我見，更不可能斷我執；所以印順連聲聞初果都無法實證，何況能證涅槃本際的如來藏呢？由此證實印順不但未曾證得菩薩初見道的七住果位，他顯然連聲聞初果都無法證得。所以不論什麼人，都不該否定第八識如來藏的存在，也就是不該否定無餘涅槃中確實有本際常住不壞，否則是無法實證聲聞初果的，至於聲聞極果的阿羅漢位就更別說了！

然而推究我見我執的根源，其實都源於對六根不如實知，因此而產生自我執著，就被六根的結所繫縛了。既然打結的根源是六根，想要解結也得從這裡下手，只要把對六根自我的執著解開了，三縛結也就跟著解開了。請問三縛結從哪裡來？一般學佛人的知見是極粗淺的，都是落在識陰六識中，很少人能夠探究到六根；若是想要深入大乘佛菩提道，就得繼續再探究六根的生起處了。有情是如何生起的呢？是因爲有識陰覺知心而自覺自己的存在，才有喜怒哀樂等心行。識陰覺知心又是如何生起的呢？是因爲先有了六塵與六根才能生起的。六塵又是如何生起的呢？是因爲先有六根以後才能有六塵的。六根又是如何生起的呢？是因爲有如來藏心流注出六根的種子，才能有六根生起。而六根、六塵與六識全都是從如來藏中生起的，如來藏先生起六根，然後藉六根來生起六塵，再藉六根與六塵才能出生六識覺知心，所以十八界全都是由如來藏心生起的。

當然，十八界的生起，事實上並不是如此簡單，是先從如來藏中出生了意根，有了意根以及意根的心所法，在如來藏與意根各自的五遍行心所法運作之下，才會有五色根在母胎中被出生，然後才有十八界，才會有五十一個心所有法，然後就有我見、我執等煩惱出現了！這時五十一個心所法中的貪瞋癡慢疑都具足了，二十個隨煩惱也在其中，於是結縛就具足了。而輪轉生死的結縛是從哪裡來的呢？分析到最後，還是要歸結到如來藏心，全都是從如來藏心而直接、間接、輾轉而有；這是因爲業種、無明種、無記性的生活技藝種子，全都不可能從虛空中生出來聯結到你身上；除非是主張無因無果的無因論者，但卻一定會導致因果錯亂，不符現象法界的事實。

因此說，若是想要解結，不論是二乘法的解結或大乘法的解結，同樣都是要依如來藏爲因才能究竟解開。然而解結必然要有先後次第與三乘差別，所以解開我見結縛的順序，一定是先從六識覺知心的有生有滅、常常間斷來作觀察，然後從覺知心要藉六塵與六根才能生起，來斷除覺知心常住不壞的我見—覺知心必須依止六根與六塵才能存在—所以覺知心虛妄，當然不可能是眞實的自我。但這我見只是三縛結中的我見中的一部分，接著還要瞭解覺知心所依的六塵是如何生起的？也是要依六根才能生起及存在的，由此證明六塵的虛妄性，又斷了一部分我見。然後再觀察六根的生起是否能夠無因無緣而生起？推察的結果是，五色根必須有阿含中 世尊所說的本識爲因才能生起，本識就是如來藏，在《阿含經》中 世尊說爲「諸法本母」；而意根也必然是由本識爲因而生起的，如此觀察及推究的結果，以十八界五陰爲眞實自我的邪見就斷除了，並且在深心中確實接受了，這樣才是聲聞初果。建立意識粗心細心常住說的西藏密宗四大派以及顯教中的印順法師等人，由這個道理加以觀察的結果，已經證實全都是未斷我見的凡夫。我見尚且不能斷除，奢言證阿羅漢果、證佛果，全無意義。

菩薩也一樣要像聲聞人這樣觀察，但菩薩能夠現觀十八界如何從如來藏心中次第生起，因爲菩薩同時證得實相法界如來藏心，能現觀十八界都從如來藏心中出生；不像聲聞聖人是聞佛所說而信受有本識出生十八界，也不像辟支佛是自己推究而知必有本識出生十八界，卻無法證知本識的所在。然而，菩薩證悟本識而能現觀十八界如何從本識中出生，卻一樣要回來六根中觀行，歷緣對境修除對六根的自我執著，因此世尊說：「**解結同所因，聖凡無二路。**」一切聖人與諸凡夫修行出世間法，沒有不同的兩條路，同樣都要依如來藏爲基礎，而修除對六根自我的執著。

修除了對六根自我的執著以後，將來出三界的心還是如來藏；是由如來藏住於三界外，不是由六根、六識的自己出在三界外住。現在（編案：二〇〇二年六月初）還有不少法師、居士不信我的話，還在私底下毀謗，說我的《邪見與佛法》講的證涅槃、出三界寫錯了！他們還私底下一直在主張說：「**我們離念靈知將來可以進入無餘涅槃中。**」他們眞的我見深厚，眞的斷不了我見。他們的我見很堅韌，我仍然無法幫他們剪斷或鋸斷；我一直想辦法要幫他們殺掉我見，總是殺不掉，他們總是堅持將來死時要用離念靈知意識心去入住無餘涅槃中，總是不肯讓自我消失掉。你們看聖嚴法師，嘴裡老是說要消融自我，可是至今連意識假我都消融不掉，更何況五色根與意根呢？聖嚴法師這麼有名氣，他是修禪、教禪的大法師，又是中華佛學研究所的所長，連他都如此了，星雲、證嚴、惟覺等人也就可想而知了。

所以說，他們眞的不瞭解佛法底眞實道理，連我見都斷不了，更不瞭解如來藏的所在，所以台灣這四大法師都不相信有如來藏。不信有如來藏的結果，就必須要認定離念靈知意識心是常住心，就想要在將來死時用離念靈知意識心去入住涅槃中，連聲聞初果都不能證得，當然永遠都無法實證涅槃。他們心裡想：「**如果不是離念靈知心入住無餘涅槃，阿含中又說入涅槃時要把十八界全都滅盡，那不就變成斷滅了嗎？那蕭平實又說無餘涅槃中有如來**

藏離見聞覺知而常住不壞，顯然又不是斷滅，可是如來藏在哪裡？我又證不到，該怎麼辦呢？」沒有辦法，只好私底下抵制而對信徒們說：「**蕭平實是破壞佛教正法的邪魔外道，是自性見外道。**」

因爲我們說有一個如來藏住在無餘涅槃中，說如來藏本身就是涅槃，所以他們無法罵我是斷見外道；我又說十八界全都虛妄，也從理證上及教證上證明確實虛妄，所以也無法指責我是常見外道；我又引經據典證明如來藏確實是 世尊所弘揚的正法，他們也無法公然反駁，所以他們心中都很生氣。可是，氣歸氣，又沒有辦法反駁我，不能說我是隨意亂掰的；又因爲不是只有我一個人證得如來藏，同修會中有很多人可以證明有如來藏，因爲大家同樣證得了！這個事實他們無法推翻，又不願意把離念靈知心否定，免得以前宣稱開悟證果的事情被人指責爲大妄語，所以就只能繼續堅持而懸在半空中，上也上不去，下也不能下，都因爲他們一開始就否定第八識如來藏，才會產生今天騎虎難下的局面。

所以推究到最後，聖凡眾人其實都要依如來藏來修，都必須以如來藏爲體，這樣來修三乘菩提才不會唐捐其功。否則不論怎麼修行，全都是白修的；因爲修行的是意識覺知心，祂去不了後世，只能存在一世。而意根無法修行，得要依意識來修；可是所有修行的結果，一切淨業種子全都要回歸到如來藏心中，才能夠成就修行的因與果：這一世所付出的辛勤修行，殷勤辛勞的努力才不會唐捐其功。然而事修上面畢竟還是要在六根中用功修行，因爲如來藏自己是不修行的；如來藏是意根與意識修行時所依的常住心，祂是不修行的，所以修行時還是得要從六根中下手來修，因此才說「**聖凡無二路**」，同樣都要依六根來修行。

「**汝觀交中性，空有二俱非；迷晦即無明，發明便解脫。**」不論是修習二乘菩提，或是修習大乘菩提，最後都是要歸結到如來藏心，始終不曾離開過如來藏；但在事修上面卻是要從六根下手，所以說「**聖凡無二路**」。可是在事修上下手時，就必須觀察眞妄相交、虛實相交、空有相交，必須認清一切世間法、出世間法、世出世間法全都猶如交蘆一般虛妄不實，必須細觀這些法都如同交蘆一般全是假有的法性——「**汝觀交中性**」。

當你觀察這些法中的眞實體性，也就是細觀空有相交之中並無眞實性，所有佛法的眞實性，其實只是空性如來藏與有情互相交合在一起而產生的；如果不是蘊處界有，就沒有二乘菩提的蘊處界緣生性空，所以**蘊處界有與緣生性空**同時存在，互相交合在一起。菩薩實證二乘菩提這些道理以後，進而觀察空性如來藏與蘊處界有交合在一起，也觀察蘊處界有是如何從如來藏空性中生起的，由此而實證諸法如何由如來藏藉緣生起，而諸法確實無常而其性本空，因此實證緣起性空，不只是現觀蘊處界的緣生性空而已。然而緣起性空卻與空性如來藏及蘊處界有交合在一起，從來不分家，如同交蘆緊緊地綁在一起；這樣觀察出來時，空與有根本就是不分家的，根本就是同一家，所以就不再出現執空與執有的過失了，這時就是住在「空有二俱非」的智慧境界中了。

佛教史中的「空有之爭」，其實只是聲聞法中的凡夫僧，對大乘法誤會以後才生起的互諍，而且只是聲聞凡夫之間的互諍，不是聲聞凡夫僧與證悟菩薩之間的互諍。在實證的菩薩們之間，他們弘揚大乘佛法的過程中，從來都不曾產生空有之爭；佛教歷史中記載的空有之爭，都是聲聞部派佛教中的聲聞凡夫僧，由於對大乘法的空性本識如來藏有所誤會，因此產生各種不同的說法，然後就在聲聞法所攝的不同部派之間互相諍論，都認爲自己說的才對，其他派別所說的不對。（編案：部派佛教是由聲聞部的僧人分裂出來的，證悟菩薩們弘揚的大乘佛法不曾有過分裂。）

從如來藏眞性這個空性中，來看待自己所出生的諸有時，在空與有當中確實沒有什麼可以互相諍論的；在眞學、眞修大乘佛法的凡夫僧中，也不會有空有之爭，因爲他們在眞悟菩薩的教導下，所知所見都是正確的，根本不可能產生空有之爭。只有在聲聞法中的凡夫僧互相之間，爲了臆測本識是否存在時，才會有凡夫僧認定意識粗心或細心常住，才會對空與有的見解生起爭執，才會指責別人「講空」不對或「說有」不對。實證初果以上的聲聞僧之間，都不會產生空與有的互諍，因爲都相信 世尊所說確實有金剛心常住不壞；在眞正證悟的菩薩之間，更不會產生空與有的對立，因爲空與有是同一個如來藏眞實法性所顯示出來的法相，如同自己覺知心不會否定自己的眼識乃至身識一般。

空性如來藏是眞實有、眞實存在，三界有則是如來藏所出生而暫時假有，然而暫時假有的三界有仍然屬於如來藏所攝，本是一家人，只是從不同的面向來解說或觀待，本無互相矛盾或衝突之處。而且，從如來藏的自住境界中來看待空與有二法時，空與有二法根本就不曾存在過，說空說有時都已經落入意識智慧中了，而如來藏自己是從來離空、離有的，從來都不了知空與有，所以 世尊說「空有二俱非」。

空有相交中間，說的是猶如交蘆的蘊處界中，其實是有眞性如來藏恆時存在的，其實是有如來藏能生萬法的眞實性存在著。有智慧的人就從這裡下手參究，看看哪個是自己的本來面目－祖師西來意－佛法大意；日參月究之後，也許福德與智慧的因緣都成熟時，就可以證得如來藏，成爲禪宗－大乘佛法－的開悟者，從此能通般若系列的經典了。這時已經有實相般若了，可以轉爲站在如來藏的立場來看待空與有，卻發覺空有之間根本無矛盾。也會發覺一件事實：從如來藏的境界中來看時，根本沒有空與有二法可說，如來藏從來都不曾理會空或理會有。所以若從如來藏的自住境界來看時，空與有二法都不存在，都只是意識層面的了知與智慧；若是純粹從如來藏本際的自身境界來看，說空、說有都是戲論，由此緣故，世尊說：「空有二俱非。」

也正因爲這個緣故，所以 佛在經中說：爲了對治眾生執著世間有，所以說如來藏是空性。本來如來藏應依祂圓滿具足諸法的體性而叫作「空有性」，因爲祂一方面具足了空性－－體如虛空；而且祂的體性永遠都是清淨性，本來就在無生無死的涅槃之中，全無三界有的自性，當然應該說祂是空性心，因爲祂根本不與三界有等煩惱法相應。可是祂在與三界煩惱不相應之中，卻又擁有出生三界有的自性，能夠執藏三界有的一切種子，也有大種性自性而出生與顯現三界有等種種法－三界萬法因此而出生－三界有都由祂出生，所以空性心如來藏又具足一切有，不是無性的名言施設法。因此應該說如來藏的自性是空有性——圓滿具足空性與有性。

如果有人聽到我這麼說，就落在有性之中，那就錯了！由於眾生一般多偏執三界有，所以 世尊將如來藏立名爲空性。但淺學無智的古時凡夫祖師—譬如聲聞部派佛教中的凡夫祖師與應成派中觀的古時祖師—都錯會而說一切法空就是如來藏，就主張如來藏非實有，只是依蘊處界的緣生性空而方便立名爲如來藏，這就是錯會如來藏爲空無。因此，從實際上來說，不能光講如來藏是空性，應該名爲「空有性」或「有空性」。但因爲眾生一向執著於三界有，若說如來藏是有性，眾生難免誤會三界有中的某一法或各種法爲如來藏；所以爲了對治眾生執著於有，就故意開示爲「空性」，讓眾生曉得不應該執著三界有。

可是古來有許多人不知道 世尊將如來藏立名爲空性的眞實意旨，譬如應成派中觀的始祖佛護以及自續派中觀的始祖清辨（這兩個人同樣未斷我見，都落在意識境界中），又如部派佛教中的聲聞凡夫僧等人，都是因爲認知不夠而在空與有之間產生了爭執；於是這一方指責說：「**你們講有一個眞實心體叫作如來藏心，那是本體論，就是落到三界有之中，同於自性見外道，**

所以你們應該是有宗。」另一方主張有如來藏的人，就指責對方說：「你們主張一切法空、一法不立，是落入斷滅空無之中，你們就是空宗。」雙方互相責難不斷，於是出現了空宗與有宗之爭，這就是佛教史上被佛教研究者等凡夫大加研究、大加宣揚的空有之爭。但是他們產生諍論的雙方與後代的佛教研究者，全都沒有證得如來藏，也都沒有斷我見。主張有如來藏的人是錯將離念靈知意識心當作如來藏，確實落入三界有中，確實是有宗；否定如來藏的人，大力主張一切法緣生性空（他們自稱為**緣起**性空，其實不懂**緣起**的道理），主張一切法空，成為空宗；這兩派人就互相責備對方，爭執不休，成為空宗與有宗之爭，世稱空有之爭。其實空宗與有宗之間的互諍，都是沒有開悟般若也沒有斷我見的聲聞法中凡夫僧兩派人之間的互相諍論，與大乘佛教的證悟菩薩們無關。

後來的印順寫了《妙雲集》，他自稱不是空宗也不是有宗；我說他確實不是屬於空宗，也不屬於有宗，而是具足**空有宗**（眾笑…）。因為印順是主張一切法空的，所以具足空宗的宗旨；但印順恐怕落入斷見中，於是又建立細意識常住說，再度落入有宗所墮的意識境界中，所以我說印順是具足空宗與有宗的錯會佛法者。印順具足空有二宗的錯誤法義，而且弘揚數十年了，幾乎成爲當代佛教正法的代表者，已經有著取代中國傳統佛教的態勢了。然而，將來有一天，有人開悟以後一定會出來破斥空有之爭：「你講一切法空是錯誤的，他講一切法有也是錯誤的。你們兩邊都錯，只有我說的蘊處界等三界有空，如來藏眞實有而不住於三界有之中，這樣才是眞正的佛法。」而空宗與有宗的弘傳者，都將無法反駁或回應。

現在我們在台灣正是這樣駁斥空宗與有宗。我們說：有宗所主張的離念靈知心眞實不壞，是落入三界有中，所以悟錯了；應成派中觀主張一切法空，落入無因論中而主張一切法空，是斷滅空，一樣是錯會了。只有非空非有才是眞實法，而如來藏正是非空亦非有的實相法界，因爲祂不屬於三界有所攝，故名空性；卻又能出生三界有，圓滿具足出生三界有的功德，又不墮入三界有中，所以「空有二俱非」。我們這樣子弘法，也教人這樣子實證，於是繼承了古時空宗與有宗錯誤法義的大法師們，對我們是無可奈何的。

從眞正證道者所見的實相境界來講，根本沒有空有之爭可說。空有之爭是由那些沒有證悟實相的聲聞法部派佛教中的凡夫僧—由那些還沒有證得聲聞解脫果的凡夫僧—依據各派之中自己的臆想分別，各自提出自己的看法；完全是沒有斷我見也沒有證得大乘七住位般若智慧的聲聞凡夫僧之間，依於自己的宗派門戶之見而互相爭執。眞正證悟的人根本沒有空有之爭可說，隨同大乘菩薩修學的凡夫菩薩僧，即使還沒有證悟，也不會有空有之爭可說；因爲在修學大乘法的過程中，已悟菩薩都會爲他們解說其中的道理，根本不可能使空有互諍的絲毫邪見存在。在這樣的大乘菩薩僧團之中，既然不可能存在空有之爭的邪見，怎麼會有空宗有宗之間的辯論動機呢？既沒有辯論的動機與肇因，就不可能留下空有之爭的文字記錄，所以大乘佛教之中從來不曾有過空有之爭的記錄。

而聲聞法中的不迴心阿羅漢們之間，也不會產生空有之爭，因爲他們都了知　世尊所開示的本識如來藏並非三界有所攝，而是不在三界境界中的無餘涅槃中的本際識；他們也都現觀三界有全部是緣生緣滅的，也不會落入三界有中，所以根本不可能產生空宗與有宗之間的互諍言論。只有聲聞法部派佛教中的凡夫僧之間，才會互相生起爭執與辯論，以文字互相批判之後才會留下文字記錄。而佛教史上的空宗有宗之間互相諍論的派別，全都屬於聲聞法中分裂出來的部派佛教的教派，全與大乘佛教諸菩薩無關。這已經證實是聲聞凡夫僧之間的空宗、有宗互爭，與大乘法中證悟菩薩們無關。證悟菩薩之間從來都沒有空有二義可以互諍啊！又怎能留下什麼空有互諍的文字記錄呢？如今也證實，佛教史上的空有之爭全都屬於部派佛教中的聲聞凡夫僧之間的事，也與聲聞法中的阿羅漢們無關，當然更與大乘法中證悟的菩薩們無關。

對還沒有證悟的人來講，空與有的問題始終是存在的；但是從我們證悟實相者來看時，說空、說有全都錯了！因爲對於法界實相來說，並無空與有的分別或存在，並且還會教導大乘學人，從空有相交之中尋覓眞實性如來藏心；一旦找到如來藏的時候，自然會看見空與有全都是戲論，都只是如來藏無量法性中的局部，全都攝歸如來藏心以後，空有之間的分別就全部消弭於無形了，自然會順從 世尊所主張的「空有二俱非」。不能實證這個眞理的人，就是迷晦於法界實相的愚人，這個迷悶以及對實相法界的晦暗無知，就是無明，所以 世尊說：「迷晦即無明」，若是有大福德，也有善根、善力，在善知識指導下，對於法界實相的智慧光明開始顯發出來時，就說是發明實相智慧了；當有人這樣發明實相智慧時，原來的無明便隨即消失了，不但當時就解脫於空有之爭以外，而且也必然同時證得聲聞解脫果的初果智慧；並且也能現見自己原來就住在如來藏心中，正在生死之中就已經解脫生死了。這時如果想要急求無餘涅槃，只要精進修除貪瞋癡慢疑，一世就可以獲得慧解脫的果證，因此 世尊說：「發明便解脫。」

「**解結因次第，六解一亦亡；根選擇圓通，入流成正覺。**」佛陀開示說，在實相正理上，可以在一念之間相應而證悟實相，這是在法界實相的正理上證悟，是一念相應慧；可是智慧出生以後，原來的執著性還是繼續存在著，得要歷緣對境之中付諸實修，才能成爲解脫生死的出三界者。因此，在悟後的修行過程中，想要把所有的結一一解開，得要在境界相中一個又一個去解開。由於有情對六根各有執著，當然就有六個結。有六根就會有六塵而從如來藏中出生了六個識，這六個識在無明存在的狀況下，當然會執著六根的自己，當然會有六個結。

當你證悟聲聞菩提或大乘菩提以後，想要把這六個結全部解開時，當然必須次第解結，不可能同時解開六個結。因爲當初執著六根自己而把這六個結打成時，是一個一個打成的，並不是同時結成六個，當然悟後想要解開這六個結時，還是要一個又一個次第解開，所以 世尊說「**解結因次第**」；當這六個結一個又一個全都解開了，所謂的「結」這個唯一的繫縛也就不存在了，因此說「**六解一亦亡**」。當六個結都解開了以後，就沒有所謂的結存在，就沒有「一個」結可以被指稱出來，所以一結也無了。

悟後想要斷除生死流的時候，當然是要選擇一下，看自己應該從哪一根來下手修行會比較有效、比較快速？才是有智慧底人，千萬別盲修瞎練徒勞一場。只要選擇正確了，從自己比較容易相應的某一根下手修行時，或者從功德性比較廣的某一根下手修行時，就會事半而功倍。當這一根修斷及證成以後，接著就可以用同樣的經驗來發起方便善巧，快速完成一一結的開解，所以說「根選擇圓通」。當我們正確選定所應下手修斷的某一根以後，就正確而深入修習；經由入流亡所等修行過程，把六根中的六識對自己的執著性全面修除；這樣漸次圓滿修除的過程以後，到達最究竟地步時，自然便成就正等正覺果報了，所以說：「入流成正覺。」

悟後起修一定是在六根之中來修，不是由如來藏來修行的；仍然是由參禪的覺知心、由處處作主的意根，來修行改變自己的執著性，使自己對六根的執著性全面消除掉；當習氣種子除盡時，當異熟種子全都究竟清淨而不再變易時，就是究竟成佛的時候了。可是悟後起修時，當然應該知道：讓眾生輪迴生死的是六根，讓眾生證得解脫果的也是六根，六根是下手實修的處所；所以要從六根中選擇一個讓自己比較容易證得圓通果的某一根，從自己最容易相應或功德最大的某一根去實修。如果能夠將各種進入覺知心中的煩惱全都流失出去，便可以成就正覺——眞正的覺悟。

「**陀那微細識，習氣成暴流；真非真恐迷，我常不開演。**」阿陀那識即是阿賴耶識的異名，有情身中的一切法全都從阿陀那識中生出來，只有直接出生、間接出生、輾轉出生的差別，無不從阿陀那識中出生的。從阿陀那識中出生了以後，便永遠而且一剎那都不曾中止地依附於阿陀那識而存在、而運作，除非被阿陀那識出生的那個法已經中斷了，譬如眠熟、悶絕等。當有情無始以來一直執著六根的自己時，就由於這種執著而在三界萬有之中造作各種善惡業及無記業，而這些業種全都收存於阿陀那識心體中。當有情眾生造業以後，不論是在此世或未來世中，只要業緣成熟了，以往所造作的無量業行累積所成的種子，就會形成習氣而自然運作出來；這種習氣種子猶如暴流一般，一直都不會斷絕而持續地流注出來，成爲有情自己無法控制的似乎是自然性的特別行爲，所以說：「習氣成暴流。」

然而阿陀那識的覺知性是很微細的，但絕對不是全無覺知性；這就是說阿陀那識在覺知諸法時的覺知行相極微細，眾生都無法覺察到祂的覺知性，所以才被稱爲微細識。也就是說，阿陀那識的覺知性只在六塵外運作，從來不在六塵中運作，所以祂的覺知性非常微細難知。這種覺知性跟眾生所知道的見聞覺知心不同，眾生所知道的覺知心的覺知性，都是在六塵中運作的，見就是見，聞就是聞，知就是知，覺就是覺，都很清楚而粗大，所以這種識陰六識的覺知性是很明顯的。然而阿陀那識的覺知性，雖然不是完全無覺無知，卻不是六塵中的見聞覺知，而是只在六塵外的諸法中生起覺知性；這種覺知性是只有證悟的菩薩們才會觀察到的，是極微細難知的；所以說如來藏心見聞覺知的行相非常微細，不是三界六塵中的見聞覺知，所以說祂是「微細識」。

細心說，本來是指阿陀那識的覺知心行極微細難知，才把祂命名為細心，也就是微細識的意思。但是應成派中觀師誤會了佛法與聲聞法，在否定第八識的錯誤前提下，只好把阿陀那識細心解釋成意識細心，於是建立意識細心常住說，重新落入常見外道見之中，這就是印順法師建立細意識所墮之處；所以印順所主張的意識細心說，與唯識學中第八識細心說，是完全不同的兩個心，不可混為一譚。在《成唯識論》中也說阿賴耶識行相微細，是說阿賴耶識在知覺性上的心行很微細，所以凡愚有情眾生都無法實證，當然完全無法了知阿賴耶識所顯示出來的實相法界，也就不可能生起實相般若。

然而阿陀那這個微細識，對於證悟的菩薩們來講，其實一點兒都不微細，因爲祂是如此分明地顯示及運作著。問題出在求悟般若的人，都不知道般若的實證是證眞如，更不知道眞如是阿陀那識的所顯性，是在顯示阿陀那識的眞實性與如如性。由於不懂這個眞理，所以現代所有大法師們全都想要把不眞也不如的覺知心意識，經由修行而變成眞實又如如的心，於是就永遠無法斷除我見，也永遠無法證眞如，當然也就永遠無法發起實相般若智慧來。阿陀那識既是覺知心行很微細的心，所以大多數學佛人都找不到祂，找來找去總是落入見聞覺知心行很粗大的識陰六識心中。

這個「陀那微細識」的覺知行相確實很微細，細到當代所有大法師們根本都不知道祂有覺知；可是祂所含藏的習氣種子函蓋了八識心王的所有習氣功能，更是有情所難以了知的。阿賴耶識自己也有習氣，當七轉識被完全染污時，祂就會不斷集藏分段生死的種子，這就是祂的習氣；當眾生把分段生死的煩惱斷盡了，阿賴耶識就不再積集分段生死的種子了，但祂還是會不斷集藏異熟性的種子，這也是祂的習氣。雖然阿賴耶識心體如來藏本身即是自性清淨涅槃，卻還是有祂本身的習氣，若再加上祂所含藏的七轉識習氣種子，可就多到無法計數了。因此說，眾生在欲界中流轉時，八識心王的習氣種子不斷地現行運作，所以 世尊說「習氣成暴流」；猶如尼加拉大瀑布一樣，很雄壯地不斷流注出來。

這個阿賴耶識心體又名如來藏，祂是究竟的眞心嗎？或者不是眞心呢？這眞的很難界定。如果你要說祂就是眞心，祂心中卻含藏著使有情繼續不斷流轉生死的種子，怎能說祂是眞心呢？所以眞的不能說祂就是眞心。然而，眾生若是離開了如來藏阿陀那識心體，就只能向外去找尋別的眞心，卻又不可能再有眞心被眾生找到，因此也不能說祂是妄心。講到這裡時，還沒有證得阿陀那識的眾生們聽了都會產生迷惑，這就是「眞非眞恐迷」的意思。

阿陀那識究竟是不是眞心呢？這眞的很難理解，眾生聽了都很容易誤會的。這不是單單經中或我們這樣子說，事實上也確實是如此。想想看，古今有那麼多專業修行、專業弘法的大法師們，誤會了第八阿陀那識的聖教；白紙黑字清楚地寫在那邊，可以再三、再四、再五地仔細閱讀及研究，他們都能誤會到那麼嚴重的地步；若是一般非專業的學佛人，要教他們不誤會，也眞的是很困難的事。你若要說祂就是眞實心，那麼當眾生證得如來藏心時，卻又發覺如來藏心中含藏著七識心自己的各種無明種子、煩惱種子；既然這個如來藏心就是眞心，那麼我就依著祂所含藏的不淨種子去過生活、去修道，不必改變自己的不良心行，那就會永遠流轉生死而無法解脫生死了！可是如果因此就說祂是虛妄心，那麼眾生就只得拋棄祂、放下祂，再度向這個不生滅心以外去尋找別的眞心了！可是如果外於這個如來藏心而想要尋找別的眞實心時，卻又永遠都找不到眞心了，那麼想要證悟實相法界而發起般若智慧，也就遙遙無期了。所以，阿陀那識非眞亦非妄，很難簡單幾句話就說得清楚，確實是「眞非眞恐迷」，這個道理眞的不是部派佛教中的聲聞凡夫僧所能理解的。

古今都有很多人勤讀唯識系的經典，也就是閱讀第三轉法輪的經典時，總是誤會經中的意思，接著就自以爲懂而大膽地主張：第八阿賴耶識是虛妄識，因爲祂含藏著使人流轉生死的種子，所以應該把祂滅掉。聖嚴法師在書中不正是這樣說的嗎？眞是誤會嚴重。又有人讀到唯識經論中說：「阿賴耶識，阿羅漢位捨。」從文字表面閱讀時，是說修行人修到了阿羅漢位的時候，就必須把第八阿賴耶識捨掉。他們誤會而落入文字表面的意思中，於是就開始破斥阿賴耶識。印順法師也破斥阿賴耶識，主張說沒有第八識如來藏，說如來藏就是蘊處界緣起性空的別名，那麼如來藏心體到底是有或沒有呢？

印順在註解《攝大乘論》時就是這樣顚三倒四，前言不搭後語。印順總是斷章取義，再加上扭曲解釋，而且他扭曲得很厲害，讓人不能不說印順是古今曲解經義最嚴重的人。不論是誰，閱讀一部經或一部論時，一定要把前後的經文論文貫串起來，不能只看其中的一小段或單獨一句，絕對不能只取自己所要的那一段或那一句；必須是整部經、整部論都攝受，不能捨棄大前提而只取其中的局部。不該只買了車子的局部，譬如只買了零件回家，就說自己已經擁有整部車子。譬如有人只買了賓士車的方向盤以後，就宣稱他買了一部賓士車，然後把方向盤拿出來，就在馬路上學人家把方向盤轉過來又轉過去，就在馬路上炫耀說：「**你們看！我正在駕駛賓士車。**」大家不笑他瘋了才怪呢！可是印順正是以這種邏輯在炫耀說他懂得所有佛法了，其實只是斷章取義自以爲懂，卻還是有許多愚癡人相信他呢！（編案：印順後來在二〇〇六年死亡。印順死前大約三年，還是耳聰目明，當他校對潘煊爲他寫的傳記書中的錯別字時，同意把他的傳記副書名定爲〈看見佛陀在人間〉，可見印順是自認爲懂得全部佛法，認爲自己已經成佛了。）

同樣的道理，在第三轉法輪經典中，已經很清楚說明阿賴耶識不是眞心，但是也同時說祂不是妄心，因爲將來成佛時還是這個第八識心體；可是現在證得這個如來藏心體時，還不能說祂是眞心，因爲祂仍然含藏著分段生死的種子不斷現行著。即使斷盡了分段生死種子而成爲阿羅漢了，這時改名爲異熟識了，卻還含藏著變易生死的種子，所以「**習氣成暴流**」，不斷地流注著各類習氣種子，使異熟生死的習氣種子不斷地現行，所以還不能說祂就是眞心。

那些古今大法師們，譬如佛護、月稱、寂天、阿底峽、宗喀巴、印順、月溪、聖嚴……等人，他們只讀了這一小段經文而且嚴重誤會了，就排斥他們所無法實證的第八識，直接否定阿賴耶識而說祂是妄心，所以聖嚴法師與自在居士都學月溪法師的胡說，就指斥說「**阿賴耶識是妄識**」，所以都在書中公開說：**要把祂滅除掉，才能說是開悟的聖者**。但問題是，他們根本都還沒有找到祂，怎麼能滅除祂？得要先找到祂，才有資格宣稱自己是否已經滅除祂。他們都還不知道阿賴耶識心在哪裡，怎麼有能力滅除祂？當他們否定阿賴耶識心體的存在時，就表示他們都還沒有找到阿賴耶識心的所在；那麼他們顯然是還沒有滅除阿賴耶識的，依他們自己的說法，他們當然都是還沒有開悟的凡夫，卻又都宣稱自己已經證悟了，這豈不是自相矛盾的說法呢？眞是可笑！

而且不論是印順、星雲、聖嚴、證嚴、惟覺，他們全都落入意識境界中，全都錯執意識或識陰六識爲常住不壞的金剛心，都是未斷我見的人；未斷我見的凡夫，竟然可以宣稱是證悟大乘法的賢聖。依他們的標準來看，顯然大乘法的證悟者絕對不如二乘聲聞，這完全違背聖教與實證者的現觀，眞不知道他們的理論是哪門子的歪理！即使他們未來眞的找到阿賴耶識心了，他們也絕對滅不了祂的。假使那些大法師們有一天終於找到阿賴耶識的所在了，可是自己滅不了祂，心想：「那我請求諸佛幫忙來滅掉祂，這總可以吧！」但我明著預先告訴他們：「不行！」諸佛也無法滅掉阿賴耶識心體，沒有任何大威德有情可以把任何一個卑微有情的第八識給滅掉，所以祂是金剛心。《金剛經》所說的金剛，正是指這個道理。

第八識心體是金剛性、是常住不壞性，因此說第八識心體是眞，而祂所含藏的七識相應種子仍然不清淨，所以說祂仍然不是眞心。雖然祂心體中含藏的種子仍然不淨，可是祂心體自己卻一直都是清淨的，從來不曾有過染污的心行；而且祂是常住不壞的金剛心，所以又不能說祂不是眞心。如果沒有這個第八識心體的存在，根本就沒有辦法把祂心中內含的染污種子轉變清淨，就無法把祂所含藏的有漏法種消除，也無法把祂所含藏的無漏法種增長圓滿，所以一切修行都要依第八識心體爲基礎來進修。

阿陀那識又名阿賴耶識，同時也名爲異熟識，異熟識的名稱是函蓋凡夫位與阿羅漢位的；因爲在集藏分段生死種子的階段，同時也是在集藏異熟種子，是阿賴耶性與異熟性同時存在的。經論中所謂的「阿賴耶識，阿羅漢位捨」，是說捨掉阿賴耶的名字，而不是如同聖嚴法師書中說的要滅掉祂。也就是說，阿賴耶識位的第八識心，有集藏分段生死種子的體性；當我執斷盡時，到了阿羅漢位，這時祂集藏分段生死種子的體性消失了，就捨掉阿賴耶識這個名字，剩下執藏異熟種子的體性，這時被稱爲異熟識而不再被叫作阿賴耶識了；到達這個狀態時，就說阿賴耶識是阿羅漢位捨，是捨識名而不是教你把識體捨掉，只是捨阿賴耶名。

因此，若說阿賴耶識是眞心，並不很正確；若說祂是妄心呢，更不正確。若說祂是眞心呢，也對，因爲離此阿賴耶識心體，就再也沒有眞心可以被尋覓出來了；若說祂是妄心呢，也對，因爲祂所含藏的分段生死種子還沒有被消除掉。可是這個道理眞的很難理解，所以讀經閱論時千萬不能斷章取義，一定要全盤貫通；爲大眾說法時，也要把法義具足宣講，不可以只講一半而使人誤會。就因爲這種原因，所以 佛說：這個如來藏心若說是眞心，或者要說祂不是眞心，眞是很難幾句話就講清楚的；由於很深奧難解的緣故，恐怕簡單宣說以後眾生都會迷惑，所以我釋迦牟尼佛大部分時間都不爲人解說這個法義。這就是經文說的：「**真非真恐迷，我常不開演。**」換句話說，世尊只對利根菩薩才演說如來藏的法義；不知諸位是利根人或是鈍根人呢？竟然能聽受這個深妙法，而且還能信受地一步一步修上去，最後終於能夠親證，這當然是利根人。若是鈍根人，才一聽到如來藏妙義時，心中就想：「**如來藏心常住不壞，這個似乎違背緣起性空的正理，恐怕是自性見外道法吧！**」殊不知緣起性空是依如來藏的常住不壞，才能有蘊處界的緣生緣滅；也是依如來藏心的常住不壞，才能藉諸緣而生起蘊處界諸法，而有諸法緣起性空的道理，因此說緣起性空是依常住的如來藏心來說的；依蘊處界而說的只是緣生性空，不是緣起性空，因爲沒有一法來藉緣生起無常性空的蘊處界。

世尊不常開演如來藏妙義，所以在初轉法輪時期專講聲聞羅漢法時，只說有這個本識常住而出生蘊處界，不宣講這個如來藏心的體性與所在。在二轉法輪時期的講經之時，也不明講祂的所在，只是宣講祂有些什麼自性，有時只是略說祂叫作心、非心心、無心相心、無住心；只有在非講經時間，觀察已經迴小向大的阿羅漢們悟緣成熟時，才個別給予教外別傳而直指如來藏的所在。所以在第二轉法輪時期，世尊很少用如來藏這個名字來說佛法，也不用阿賴耶識名義來說法。有時則稱爲不念心，是說祂從來都不曾想念一切法，從來都無住，從來都沒有見聞覺知心的法相；這全都只是在總相上面來講，同時宣講祂的各種別相，由此證明 世尊很少開演如來藏妙法。一直到最後十來年，因爲有許多阿羅漢轉入大乘法中證悟如來藏了，想要幫助他們進入諸地中，才開始宣講如來藏名爲阿賴耶識、阿陀那識，又名爲異熟識、所知依、心、無垢識等等妙法。正因爲祂的法義確實很難令人聽懂，只有實證者才容易聽得懂如來藏妙義，所以 世尊說：「**真非真恐迷，我常不開演。**」

「**自心取自心，非幻成幻法；不取無非幻，非幻尚不生，幻法云何立？**」

「自心取自心」這一句，如果是會外的善知識，他們可能會這樣解說：「**我們這個離念靈知出現以後，都是在執著自己這個離念靈知，所以就是在六塵裡面去打轉。**」說老實話，能夠這麼講的人，雖然只是依文解義，卻已經很難得了！縱使只是似是而非的說法，我還是要讚歎的。因爲他至少不落入意識中，不曾把意識認定爲常住無染的心。那麼「**自心取自心**」的眞正意思是怎麼說的呢？意思是說，其實都是如來藏在取如來藏自己。譬如說，從如來藏心中出生了六根，接著以六根爲緣而從如來藏心中又出生了六塵；再由如來藏將自己所出生的六根與六塵爲緣，如來藏因此又出生了六識；當六根、六塵、六識都從如來藏心中出生了以後，接著是由如來藏出生的六識覺知心以及六根中的意根，來執取如來藏所出生的五色根及六塵諸法，這不是如來藏心取如來藏心自己嗎？這就是「**自心取自心**」。

如來藏自己不取六塵，卻出生了意根與六識覺知心，來共同執取如來藏自己所出生的六塵，這才是自心取自心的眞正意思。當六根與六塵相觸的時候就有六識生起，六識生起了就會攀緣六根來執取六塵。請問六根是誰所生的呢？是如來藏生的；再請問六識是誰所生的呢？也是如來藏生的；最後問六塵是誰出生的呢？還是如來藏出生的；這樣看來，能取的意根與六識心是如來藏所生的，被取的六塵與五色根也是如來藏所生的，如來藏藉著自己所生的意根與六識心，來取自己所生的五根與六塵，結果還是如來藏自己取自己，這不正是「**自心取自心**」嗎？正是這樣。

所以，當眾生正在人間享受時，所領受的六塵都是如來藏自己所出生的；而能領受六塵的覺知心與意根自己，也還是自己的如來藏所出生，總歸一句話，就是自己玩自己——**自心取自心**。所有的眾生無始劫以來都是住在自己的如來藏心中運作，從來不曾超出於如來藏之外，因爲凡所觸受的六塵全都是自己的如來藏所變生出來的，有情的覺知心從來不曾接觸到外六塵。

能夠接觸外六塵的是如來藏而不是覺知心的自己，是由如來藏藉五色根來接觸外六塵；覺知心從來不曾接觸到外六塵，但眾生總是誤以為自己有接觸到如來藏心外的六塵。這個道理，數百年來很少人講過，所以凡是不落入我見中的善知識，都解釋作覺知心自己取覺知心自己；雖然是依文解義，其實也不能苛責他們，因為證悟的菩薩永遠都是極少數人，末法時期更不容易有人願意出世弘揚這種難免會被凡夫僧抵制的妙法。

人們的見聞覺知心所接觸到的，從來都是自己的如來藏變現出來的內六塵，不曾接觸過外六塵；因為六塵既然歸屬於各人的十八界中，當然十八界中的六塵不是指外六塵。如來藏出生了六根與六識，再由自己所生的六識覺知心及意根來執取自己所出生的六塵與五色根，這不是如來藏自己在玩自己嗎？當然要說是「**自心取自心**」了。菩薩親證了這個法界中的事實以後，已經能夠現觀了，完成第一大阿僧祇劫的修行以後，再將初地滿心的猶如鏡像現觀、二地滿心的猶如光影現觀完成時，自然會知道在人間修學佛法、行菩薩道，根本就是夢幻中的佛事，知道一定是在夢幻當中來成就佛法，才能在最後修行成佛。只有在入地以後的初地滿心位開始，才能夠如實作這種現觀，地前都只能理解與思惟而推知確實是這樣。

關於夢幻佛事，一般人的講法是：「修學佛法以來幾十年，就這麼快地過去了，簡直是作一場人生大夢一樣。」他們是這樣來解釋夢幻佛事，卻與我們根據現觀所說的不一樣。實際上所有的眾生，從無量劫以來一直延續下來，一直都是「自心取自心」，一切有情從來都沒有離開過自己的如來藏心運作的範圍以外，一直都在自己如來藏所出生的種種六塵境界中喜怒哀樂、造業受報；所以無始以來都是在自己的如來藏中生活著，也都是在自己的如來藏境界中生起苦樂憂喜捨受，當然所造所學一切有記業、無記業的種子，最後仍然是落謝在自己的如來藏心中，一點兒都不會散失。當你證得如來藏之後，也就是明心之後，都可以多分信受我現在所講的話；若是還沒有證得如來藏的人，可能心中有些許的懷疑：「是眞的嗎？」你當然有懷疑的權利，因爲你畢竟還沒有親證。但是等你親證了，一步一步進修以後一定會證實：「當年我的懷疑，確實是多餘的。」

既然確定是「自心取自心」了，請問：如來藏所生出來的法，是不是應該歸屬於常住不壞的金剛心如來藏中？答案當然是肯定的。當你無始劫以來都是在自己如來藏中生活運作時，生滅不住的蘊處界等法攝歸常住的如來藏時就成爲非幻之法了。所以依菩薩的所見來說，實證了聲聞菩提果以後，卻反過來說聲聞菩提中所否定的幻法蘊處界，全部反轉過來成爲非幻法，這當然是依常住的金剛心如來藏含攝萬法時才這樣說的。可是眾生或不迴心的二乘聖人不懂這個道理時，就把原本歸屬於金剛心的蘊處界等非幻法，外於常住非幻的如來藏心而獨自加以觀察，於是就在自心如來藏的境界中，以自心如來藏所生的六根與六識，來執取自心如來藏所生的六塵境界；不能觀察常住金剛心如來藏的緣故，就指稱原本應該歸屬於金剛心如來藏的非幻法蘊處界，全都是緣生緣滅的虛幻法，這就是 世尊所說的「**自心取自心，非幻成幻法**」。

蘊處界等法究竟是眞或是假呢？這一句偈中說是「非幻」。依二乘聖者而言，蘊處界全都是虛妄如幻的假法，大乘法中的凡夫也應該如是觀察而確認爲幻法，因爲這是斷我見、證聲聞初果的基礎。當你找到如來藏而證實蘊處界都該歸屬於金剛心如來藏時，才可以說蘊處界等法是眞實不壞的非幻法。可是修學二乘法而沒有親證二乘法的所有凡夫們，由於無法現觀蘊處界等法全都攝歸如來藏心，於是就把非幻的蘊處界等法說成幻法，說一切法都是緣起性空，都是假有的。於是就勸人說：「**你們都不要執著，都應該捨棄自我而入涅槃。**」可是當你明心以後，從如來藏的眞性來看時，六根六塵六識其實都只是如來藏中的一部分，不該說不是如來藏中的一部分啊！當你們找到如來藏心體時，一定會發覺事實眞的是這樣，所以蘊處界等法就攝歸常住的金剛心如來藏，一旦歸屬於金剛心如來藏時就成爲如來藏所有的無漏有爲法；依這樣的無漏有爲法，所以諸佛成佛之後有解脫色—解脫的色身色法—是永遠離開了分段生死與變易生死的解脫色。這是印順法師一派人所無法接受、無法承認的，然而諸佛法界的事實卻正是這樣。因爲他們都不懂聲聞菩提而無法現觀蘊處界的虛妄，才會建立細意識常住說；連聲聞菩提都不懂了，當然更不懂佛菩提，完全不能理解如來藏妙義，所以諸佛菩薩所見非幻的解脫色，到了聲聞聖者心中都會變成幻法——「非幻成幻法」；而這個道理，他們是連想都不曾想過的，又怎麼能眞正懂得這個道理呢？

如果能夠不取，也就是說，不再像眾生一般昧略了如來藏心的事實，不再像他們一樣錯認爲六塵實有，以致於由七轉識執取自心如來藏所變生的六塵；也就是說，不再認知能取的覺知心與意根是眞實的自己，改以無我性的自心如來藏爲自己；不再認知被取的六塵爲外六塵，也不再認知被自己覺知心所取的六塵是實有的，而認知被取的六塵也是自己的如來藏所變生的。這時已經知道離取的道理了，於是遠離能取與所取的錯誤知見，知道能取與所取全都是自心如來藏所變現的，於是確實能夠遠離能取與所取了，這時也就是完全轉依如來藏了。此時從如來藏自心的立場來看能取的覺知心與所取的六塵時，知道自心如來藏於所有境界中，都不對自己所變生的境界有所取，這時當然不會再認知**幻**與**非幻**了，已經沒有**非幻**的作意存在了，所以「**不取——無非幻**。」

既然**不取**而沒有**非幻**的法存在了——沒有對**非幻法**的認知了，**法**與**非法**都消泯了！這時「**非幻尚不生，幻法云何立？**」當你證得如來藏之後親身加以體驗：覺知心所觸受的六塵果然是自己的如來藏，是如來藏藉五根和意根而顯現出來的，本該歸屬於常住的自心如來藏，果然是「**非幻**」；因爲六根、六塵、六識全都屬於如來藏的體性之一，本就是如來藏心中無量種子中的局部。可是當你這樣不斷地觀察證實而高興起來時，已經是取「**非幻**」了。事實上自心如來藏從來都不取幻與非幻的法性，因爲從來解脫、從來不了別這些法。由這裡回轉到自心如來藏的自住境界中時，自然會知道：「**由於如來藏從來不取任何一法，當然如來藏自心中是絕對沒有非幻這個深妙法義可說的。**」這時如果完全都弄清楚了，通達了以後，轉依如來藏而住於不取的境界中了，連「**非幻**」之法都不了知、不存在了，何況還能夠有蘊處界虛幻不實的法義存在心中呢？所以又說「幻法云何立」？這時就是理上的究竟解脫了。

譬如我們那本《我與無我》，剛開始流通時，有不少佛教徒剛看到封面的太極圖時就想：「你們不是佛教嗎？怎麼會用太極圖作封面呢？你們究竟是佛教還是道教？」那是因爲還沒有看我在裡頁寫的那一首偈：「太極唯臆想，根本實眞識；無明生兩儀，萬法由茲生。無我中有我，我中有無我；涅槃餘眞識，我無我俱泯。」也就是說，道家所說的太極其實就是如來藏心，但他們對太極都只是臆想猜測而未能實證，無法涉及實相法界。他們都無法了知太極的內容，當然更說不出來，所以他們都只能在現象界中來說，那就是兩儀生四象，四象變八卦，八卦衍生六十四卦，於是衍生了萬法。道家的八卦在世間法上來說，確實是正確的；但是八卦從四象來，四象從兩儀來，兩儀從太極來，太極究竟在哪裡呢？他們可就弄不清楚了，只能施設一個太極圖，終究無法稍知太極的本質。

所謂「太」就是超過的意思，「極」是究竟的意思，所以太極就是無極，無極是說再也無法超越它了！然而無極或者太極究竟是什麼呢？道家對此始終是渺渺茫茫一無所知而作猜測，終究對祂覺得窈冥黯淡而始終無法猜測，所以才會說：「窈兮冥兮，其中有精。」因此說，老子《道德經》中所說「**其中有精**」的精，究竟是什麼？道家修行者自古至今始終都找不到那個眞精，但我們卻可以找到，那就是如來藏金剛心。所以我說太極或者無極，根本其實是眞相識如來藏：「**根本實眞識。**」他們道家找不到的眞精就是《楞伽經》中 世尊所說的眞相識，也就是如來藏心阿賴耶識。有位師兄很有智慧，他說：「**老師這首偈作得好，這裡面有依他起性，有遍計執性，也有圓成實性，都圓滿具足了。**」我說不但這樣，到最後還得要全部泯除。因爲當你入了無餘涅槃時，或者住在如來藏離見聞覺知的境界中，可就「**我無我俱泯**」了。既然那時我與無我全都泯除了，連我都不存在了，何況還有無我可說？所以我那首偈中所說的，跟這五句偈的道理是相通的。

「**是名妙蓮華，金剛王寶覺，如幻三摩提，彈指超無學。**」世尊在《楞嚴經》中所講這首偈中的道理，就叫作「**妙蓮華**」，也就是「**妙法蓮花**」，跟《法華經》講的其實是同一個道理。佛說這是勝妙的蓮花，爲什麼會被稱作蓮華呢？因爲祂是清淨無染性，是本來就清淨無染的，而且是實相法界與現象法界中都恆常存在的眞實法，又能出生現象界萬法，並且是三乘菩提所證涅槃的本際；有這樣微妙奇特的自性，所以叫作「**妙蓮華**」。

如果學佛人能夠證知這個道理，能夠如此現觀如來藏金剛心確實是這麼寶貴與奇特，證實祂確實是萬法之王，那麼你這樣的覺悟就是「**金剛王寶覺**」。只有如來藏心才有資格被稱爲金剛王，因爲一切有情、一切世界都從如來藏生，除了祂以外，沒有誰可以被尊稱爲金剛王。這樣實證的修行宗派，才有資格自稱**金剛乘**。男女邪淫亂倫的外道雙身法，竟被藏密喇嘛教宣稱爲金剛的法，其實只是藏傳佛教喇嘛逞慾的說詞與工具，沒有絲毫金剛性可言；又是欲界中最低層次的貪慾法，根本沒有資格自稱金剛乘。但是密宗假藉佛法名相及佛教外表，又大膽使用佛法中最高的果證名目，以凡夫之身欺瞞世人，宣稱已經成佛，使人在不知內情的情況下，不敢加以評論。然而將來我們將會加諸以法義上的評論，把事實眞相公開，也把密宗的所有祕密全部公開，並以法義辨正將密宗法義的荒謬處公諸於世，使世人全都了知密宗其實是千年大騙局，根本就不是佛教。（編案：這是二〇〇二年夏天講的，後來已經出版了，就是《狂密與眞密》總共四輯五十六萬字。也可以直接從「成佛之道」網站 http://www.a202.idv.tw 免費下載。）

只有在親證如來藏以後，如法進修成佛之道，才能夠成就「**妙蓮華**」；究竟的「**妙蓮華**」是佛地的境界，能夠徹底而究竟的證悟一切佛法時，才是「**金剛王寶覺**」；也就是修到最後身菩薩位了，再示現於人間成佛時，那時具足一切種智了，才是究竟的金剛王，這才是究竟的「寶覺」。可是所有神聖的佛法果證名相到了密宗時，全都變質了，顯示法義微妙的「蓮華」與體性常住不壞的「金剛」，在密宗裡竟然可以改為指稱女人與男人性器官的代名詞，而密宗「經」中所說尊貴的法王，本質竟然只是一個擁有超優異性交能力的午夜牛郎，與佛法的修證完全無關。若是有人不信我說的這些話，可以去檢查密宗那些大法王們，有誰是斷了我見的人呢？又有誰是開悟明心的人呢？一個也沒有！

除了三百年前的覺囊派法王，而且也不是每一代都有證悟，是大部分法王有證悟；但是覺囊派的他空見正法竟被密宗四大派誣稱為異端邪說，於是在達賴五世聯合蒙古與清朝的政治勢力夾殺之下，覺囊派就被薩迦與達布二派消滅掉了，密宗從此以後就不再有正法存在了。所以眞正的「妙蓮華」不是淫人妻女的密宗所能擁有的，眞正的「金剛王寶覺」也是只有在顯教大乘菩薩中才有。密宗沒有絲毫金剛法，密宗自稱的金剛法只是欲界中層次最低、最下賤、最貪淫、最邪淫的地獄門。那些喇嘛們將來得要下地獄去，這不是咀咒，而是因為他們都自稱是證果的大妄語者，事實上卻是連我見都沒斷，更別說是大乘法中的明心開悟；而他們這樣子以凡夫身冒稱證果聖者以後，都是免費淫人妻女而且收受供養的，完全是以出家身行在家法而收受供養。

如果受報完了離開地獄回來人間時，只怕免不了要去當午夜牛郎，因爲心性已經與午夜牛郎相契了。而那些背著丈夫與密宗喇嘛合修雙身法的女人，將來受報完了回來人間時，恐怕也得去當綠燈戶的妓女；因爲他們所造的業就是盡其一生努力追求淫欲的最大樂受，而這些業種都存在自己的如來藏金剛心中，不會無緣無故散失掉啊！如果密宗法王這一世始終都在行善，但沒有否定顯教大乘、沒有未證言證的大妄語業、也沒有誹謗大乘賢聖，只是淫人妻女，那麼地獄業是比較輕的，還不到無間地獄罪，會比較快一點回來人間，卻仍然免不掉去當午夜牛郎。如果說法中曾經有一句話是誹謗正法與大乘賢聖，下一世必然不在人間，一定要下無間地獄的，因爲他們謗佛、謗法：世尊從來沒有說過那是佛法，而密宗僞造經典誣稱是 世尊親口所說的佛法。謗佛與謗法是三界中的最重罪，是諸天天主都不敢輕易造作的大惡業。

因此說，只有從實證如來藏的法門中直趨實相法界，親證大乘要義而成爲實義菩薩，親見金剛心如來藏的本來清淨、本來涅槃、本來清涼、本來寂靜，這樣的法門才能宣稱是「妙蓮華」；這樣的實證而覺悟法界實相者才能說是「金剛王寶覺」，而這樣實證覺悟的境界又叫作「如幻三摩提」。爲什麼說是「如幻三摩提」呢？「三摩提」就是三昧。證得如來藏而現前加以觀察，當你觀察越深入時，智慧自然越來越深妙，對實相法界的瞭解必然越多，那時一定會發覺：從常住不壞的金剛王如來藏體性，來看待五蘊十二處十八界以及蘊處界衍生出來的一切法時，全都虛妄不實。這時現前觀察到現象界諸法全都不實如幻，就是發起「如幻三昧」了；這個如幻三昧在明心後繼續努力進修，進一步眼見佛性而住入第十住時，就能夠圓滿；而佛性其實是如來藏的見分，因此說親證如來藏而發起的智慧三昧，以及眼見佛性而現觀世界與身心如幻時，都是親證「如幻三摩提」。

這個如幻三昧的親證，並不是經過幾年、幾月的時間，住在如來藏境界中觀察思惟現象界諸法的虛幻，而是在親證如來藏時就可以現前觀察出來的，就可以當場證實現象界諸法（包含蘊處界自己）全都虛妄不實猶如幻化；特別是在十住位時親眼看見自己的佛性遍滿山河大地時，那時是眼見山河大地、自己的蘊處界完全虛妄，不是像明心後經由思惟、比對、觀察而獲得這個如幻觀三昧，而是在眼見佛性的當下，在那一剎那間就完成而圓滿的。而佛性就是如來藏的妙眞如性，又名「覺大」；即使是親證如來藏而沒有眼見佛性的人，也是在幾分鐘、十幾分鐘內就能觀察身心與世界的虛幻了，所以說這個如來藏法門的實證者，確實是「彈指超無學」。

爲什麼說是彈指之間就超越了聲聞無學聖者呢？世尊所說「彈指超無學」是眞實語，就這麼一彈指，當場就超越聲聞無學聖者了，也就是超越阿羅漢的智慧了！我很笨，從小至今學不會彈指，我就換一個方式，我說「拍掌超無學」；我只要一拍掌，這麼一刹那之間就超越了聲聞無學聖者阿羅漢。事實上也確實是這樣，當你明心以後演說了一些實相般若正理，譬如無餘涅槃中的本際；可是不迴心的阿羅漢們總是聽不懂，導致他們心裡很嚮往：「這位菩薩爲什麼能這樣說法？我將來捨報時一定能入無餘涅槃，可是我不曉得無餘涅槃裡面到底是怎麼一回事？而這位菩薩還沒有證得無餘涅槃，他竟然能夠完全知道無餘涅槃中的本際，這智慧眞的很難令我想像。」這時你知道自己的智慧確實超越不迴心阿羅漢了，這當然可以叫作「彈指超無學」；眞的是「彈指超無學」，也眞的是「拍掌超無學」。還沒有明心的人，等你們以後破參明心了，自然會知道我沒有一點點打妄語，眞的是這樣子。

「此阿毘達磨，十方薄伽梵，一路涅槃門。」這樣的如來藏心體的實證，以如來藏妙眞如性的眼見與功德，才是最究竟的阿毘達磨。「阿毘達磨」就是針對法義所作的議論，像這樣子針對大乘法義的深入議論與演述，才是究竟的法義討論。**針對如來藏與祂的妙功德性所作的論議**—阿毘達磨—才是十方世界所有諸佛同樣一路的涅槃門。十方所有諸佛所證得的四種涅槃，都是從如來藏這一條路而實證，以外沒有別的道路可以實證十方如來所證的四種涅槃，這是成佛的唯一實證標的，求證十方如來的涅槃也只有這一條路。

於是阿難及諸大衆，聞佛如來無上慈誨祇夜伽陀，雜糅精瑩妙理清徹，心目開明，歎未曾有。阿難合掌頂禮白佛：「我今聞佛無遮大悲性淨妙常真實法句，心猶未達六解一亡舒結倫次，惟垂大慈，再愍斯會及與將來，施以法音，洗滌沉垢。」阿難就是想要從 佛那裡一直挖寶。當 佛陀把無上妙法慈悲地教誨大眾，老婆心切地演說了長行以後，又重新再一遍演說了偈誦—重頌—把如來藏妙義雜糅之後分析成精瑩的妙理、清徹的見地；這時阿難等人聽完以後，眞的心眼打開而變成很明亮了。也就是說，世尊把很多眞實而微妙的成佛法教，雜糅在一起而清徹地顯示給大眾。

這眞的是雜糅精瑩啊！我們沒有看過有哪一部經典像這樣從最淺的法義講到最深的法義，深入而且能夠淺出地演說出來。在這一首重頌中，又簡明扼要地舉說出來，這眞是雜糅精瑩啊！所以這部經典與其他經中純說某一些法義的情況不同，既是根、也是塵，又是處、又是蘊、又是界，接著還有七大，然後把這些精瑩剔透的妙法雜糅起來，眞的是「雜糅精瑩」；所說的全都是深妙法，所以一般大法師們都無法理解其中的妙理，誤會不斷。這部經中雜糅了種種精瑩的妙法，並且把妙理非常清徹地顯示出來；所以當時阿難等人心目很開明了，個個都非常感動地讚歎說：「這眞是未曾有法，是我們從來都沒聽聞過的深妙法。」所以阿難就起身頂禮 世尊，然後合掌向 佛稟白：「我如今聽聞佛陀無所遮隱的、依於大悲心而說出來的本性清淨微妙常住的眞實法句，但是我心中還沒有達到完全理解六解一亡打開生死結的各種次第；惟願世尊垂下大慈之心，再度憐愍同在這個法會中的大眾，也憐愍將來的佛弟子們，請再度以法音布施給我們，洗滌大眾沈積已久的污垢。」

因爲 佛陀確實已經把如來藏妙義明說了，所以我只需依照 佛所說的字句一一解釋就行了！這樣，我也等於是爲你們明說了啊！你如果聽完了還沒有找到如來藏，那可是你的事情了。已經破參明心的人總是會心大笑，還沒有破參明心的人就只好傻笑。但是也不必急，等禪三共修後明心回來時，你自然就會隨同大眾呵呵大笑了。所以說，世尊眞的是無遮而演說了妙義。其

實 佛在前面這四卷經文中，都已經明講了；可是眾生總是被無明所遮蓋，無法眞的了知 世尊的聖教。由此緣故，阿難說這就是無遮無隱的大悲性淨妙常眞實法句；也因爲 世尊所說的都是眞實法，不是方便說，也全都是眞實語。

可是阿難聽完 佛陀的說法以後，卻說他心中還是沒有辦法眞正通達六解一亡的道理。「倫次」的倫，就是規矩或道理，「次」就是次第或順序；因爲六根的結共有六個，總不能一次同時解開六個結吧？當然要先選擇其中一個比較容易解開的結；有了解開第一個結的經驗以後，其餘的五個結就容易解開了。因此阿難請求 佛陀再一次垂愍大眾發大悲心，也憐憫將來的佛弟子們，請求 世尊再度布施法音，洗滌眾生心中沉積的污垢。

【即時如來於師子座，整涅槃僧，斂僧伽梨；覽七寶机，引手於机；取劫波羅天所奉花巾，於大眾前綰成一結，示阿難言：「此名何等？」阿難大眾俱白佛言：「此名為結。」於是如來綰疊花巾，又成一結，重問阿難：「此名何等？」阿難大眾又白佛言：「此亦名結。」如是倫次綰疊花巾，總成六結；一一結成，皆取手中所成之結，持問阿難：「此名何等？」阿難大眾亦

復如是次第酬佛：「此名為結。」】

講記：世尊聽完了阿難的問疑，隨即於獅子座上，整理下襬；然後把穿在外面的大衣向內收斂起來；接著伸手把放在身旁的七寶製成的小桌子拉過來，很自然地伸手從七寶桌子上面取了夜摩天所供奉的花巾，在大眾面前彎曲而綁成一個結，示現給阿難等人看，就問大眾說：「這個叫作什麼名稱呢？」阿難與大眾都同樣稟白 佛陀說：「這個名稱叫作『結』。」於是如來再度彎曲花巾重疊穿過以後，又打成另一個結，重新再問阿難等人說：「這個名稱是什麼呢？」阿難與大眾又稟白 佛陀說：「這個名稱也是『結』。」就像這個樣子，如來依照順序，一次又一次彎曲花巾穿疊起來，總共打成六個結；每一個結打成了，都同樣取手中花巾所打成的結，拿起來問阿難等人說：「這個名稱是什麼？」阿難與大眾也都像這樣子，隨著一個又一個結而酬答於 佛陀：「這個名稱叫作『結』。」

請大家看我們佛像的手印是什麼？就是在解結；這就是楞嚴手印，是說法大印；這是我們多年來就一直在尋覓的佛像，終於給我們遇見了。你們如果要請佛像回家時，千萬要注意手印；手印若是錯了，就不要請回家。其他各種手印的佛像你都可以買，就是某一種手印的佛像不能請回家；有一種佛像的手印是這樣的（平實導師做出密宗大日如來「佛像」的手印），這叫作什麼如來呢？大日如來。但密宗那個大日如來並不是佛教中的大日如來，眞正的大日如來不可能每天都在修雙身法，更不可能以雙身法的手印時時刻刻示現給世人看。

時時刻刻示現象徵雙身法交合的手印，就是在告訴大眾說：「**我時時刻刻都在想著要與女人交合受樂。**」這也正是密宗的根本教義，所以密宗雕刻的大日如來並不是佛教中眞正的大日如來，那種佛像千萬不要請回家。那個手印正是密宗喇嘛與女人合修雙身法時的性器官交合狀態，若是請了那種「佛像」回家供奉，就會招來密宗的鬼神假冒爲佛，在夢中開示，教你要好好學「佛」，而他在夢中教你所學的「佛法」就是密宗的雙身法；於是有人醒來以後就會很歡喜說：「**佛陀親自來教我學佛了，我要去學密法了。**」就開始走入邪道中，一世又一世墮落下去了！等你們看過《狂密與眞密》第二輯的封面時，就瞭解那個手印的象徵了。

即時如來於師子座，整涅槃僧，斂僧伽梨；覽七寶机，引手於机；取劫波羅天所奉花巾，於大眾前綰成一結，示阿難言：「此名何等？」阿難大眾俱白佛言：「此名為結。」佛陀聽完阿難的答覆以後，就在獅子座整理涅槃僧，也就是把外衣的下襬向身體收斂一下；然後把身旁的七寶桌子拉過來，從桌上取了一條花巾；這條花巾是劫波羅天的天主所供養的，劫波羅天就是夜摩天。古時沒有現代針織各種花樣的自動機器，所以一般的布料都是用同一種白色綿線織成素色的，需要色彩時再染色上去，都是同一種顏色。若是想要用不同的色線織成各種花樣時，就得用各種不同的色線，完全依靠人工一梭又一梭慢慢地織成，這在當時是非常費工而成為極貴重的布料。如來手中這一條花巾又是夜摩天主所供養的，當然更精緻、更貴重。

這時如來把夜摩天的天主供養的花巾拿起來，在大眾面前彎曲以後穿成一個結（「綰」讀作「宛」音，就是彎曲的意思），然後拿高一點給阿難與大眾看見，隨即問阿難等人說：「這個應該叫作什麼名稱呢？」阿難跟大眾就向 佛稟白說：「這個名稱叫作『結』。」佛陀在世時有很多教外別傳的公案，只是都不被重視，所以有被記錄下來的並不多。當時 如來在法座上收斂僧衣下襬，又把七寶机攬過來，再伸手出去從七寶桌子上面拿起夜摩天供養的花巾打起結來。這有很深的用意，只是當時阿難與大眾都錯過了，都只一心等著如來解說「結」的意思。可是聽聞 如來解說那些「結」的意思，不如直接從 如來打結之中解開自己的結，這樣更來得快速許多；可惜的是阿難與諸大眾當時全都忽略而只重耳聞，於是便錯過了。

於是如來綰疊花巾，又成一結，重問阿難：「此名何等？」阿難大衆又白佛言：「此亦名結。」世尊看阿難與大眾都不會，於是又把劫波羅天供養的花巾再度打轉彎曲纏繞過來，另外又打成一個結，又再問阿難等人說：「這個名稱叫什麼？」阿難與大眾又回答說：「這個名稱也叫作『結』。」

如是倫次綰疊花巾，總成六結；一一結成，皆取手中所成之結，持問阿難：「此名何等？」阿難大衆亦復如是次第酬佛：「此名為結。」就像前面這個樣子，如來一個結又一個結不斷綁下去，總共綁成了六個結；當每一個結綁成了，都會問阿難與大眾：「這個名稱叫作什麼？」阿難跟大眾都回答說：「這個名稱叫作『結』。」如今六個結都已經結成了，如來想要說明「解結」的前提已經布置好了，接下來：

【佛告阿難：「我初綰巾，汝名為結；此疊花巾，先實一條；第二第三，云何汝曹復名為結？」阿難白佛言：「世尊！此寶疊花緝績成巾，雖本一體；如我思惟，如來一綰得一結名；若百綰成，終名百結；何況此巾只有六結，終不至七，亦不停五，云何如來只許初時，第二第三不名為結？」佛告阿難：

「此寶花巾，汝知此巾元止一條，我六綰時名有六結，汝審觀察巾體是同，因結有異；於意云何？初綰結成，名為第一，如是乃至第六結生；吾今欲將第六結名，成第一不？」「不也！世尊！六結若存，斯第六名終非第一，縱我歷生盡其明辯，如何令是六結亂名？」佛言：「六結不同，循顧本因，一巾所造；令其雜亂，終不得成；則汝六根亦復如是，畢竟同中生畢竟異。」

講記：佛陀告訴阿難等人：「我剛剛開始彎疊花巾穿成一個結的時候，你說它的名稱叫作『結』；這個被我穿疊了一個結的花巾，剛開始時其實只有一條花巾而沒有結；後來我又彎疊成第二個、第三個結時，爲什麼你們都同樣把它們的名稱叫作『結』呢？」阿難稟白 佛陀說：「世尊！這一條由天上的寶物重疊織成美麗花樣的手巾，雖然本是一條而沒有其餘的個體；如果依照我的思惟，如來每一次穿疊以後就得到一個結的名稱；若是一百次穿疊而成的時候，終究應該名爲百結；何況這一條花巾只有穿疊成六個結，終究不到第七個結，也不是提早停留在第五個結，爲什麼如來只許剛開始時的第一個可以稱爲『結』，第二個及第三個就不許把名稱叫作『結』呢？」

佛陀告訴阿難說：「這一條寶貴的花巾，你們都知道這花巾一開始就只有這麼一條，當我六次彎疊穿成六個結的時候名爲『有六個結』；你們再詳細觀察的結果，花巾本體是相同的一條，只因爲穿了六個結而與以前有所不同；你們意下如何呢？當初彎轉而穿結成功時，名爲第一個結，就像是這樣繼續彎轉穿過去以後，乃至有第六個結出生了；我如今想要將第六個結的名稱，說爲第一結，可以嗎？」阿難回答說：「不可以啊！世尊！六個結如果都還存在時，這第六個結的名稱終究不是第一個結，縱使我阿難歷經一生的時光，用盡我所有的智慧來辯解，又如何能使這六個結隨意胡亂命名呢？」

佛陀於是開示說：「六個結雖然各不相同，但是你們循著這些結來觀察這六結的根本因，其實仍然是由同一條花巾所造成的；你們若是想要使這六個結互相雜亂，終究是不能成功的；那麼你們六知根等六個結的道理也是像這樣的道理，都是在畢竟相同的本體之中產生了畢竟異的六根等外在現象。」

佛告阿難：「我初綰巾，汝名為結；此疊花巾，先實一條；第二第三，云何汝曹復名為結？」阿難白佛言：「世尊！此寶疊花緝績成巾，雖本一體；如我思惟，如來一綰得一結名；若百綰成，終名百結；何況此巾只有六結，終不至七，亦不停五，云何如來只許初時，第二第三不名為結？」佛陀打成六個結，一一問了大眾以後，就跟阿難說：「我剛剛開始彎疊花巾穿成一個結的時候，你說它的名稱叫作『結』；這個被我穿疊了一個結的花巾，剛開始時其實只有一條花巾而沒有結；後來我又彎疊成第二個、第三個時，爲什麼你們都同樣把它們的名稱叫作『結』呢？」當　世尊第一次把寶貴的花巾打成第一個結時，阿難等人把它叫作結；如果這第一個結就是寶花巾本體，而不是由寶花巾穿疊變成的，那麼第一個結應該就是寶花巾，寶花巾也應該就是第一個結，那麼就不應該再有後來的五個結了！如果第一個結等於寶花巾時，當寶花巾只有一條時，就應該只有第一個結可以被稱爲結；假使後來繼續穿疊而成的第二、第三個結，當然就不該是同一條寶花巾了，那又爲何可以說是同一巾體所成的結呢？當大家都認爲寶花巾綰成的第一個結可以稱爲結，後來再綰成其他的結，當然也可以稱爲結，大眾都是這樣認爲：本來就應該同樣叫作結。可是　佛不這麼想，不是像眾生的觀點一樣看待；所以祂叫作　佛，眾生就叫作眾生。

剛才大家剛剛聽完時還沒有理解到　世尊的意思，所以都覺得很奇怪，於是阿難就向　佛陀問疑：「世尊！這一條由天上的寶物重疊織成美麗花樣的手巾，雖然本是一條而沒有其餘的個體；如果依照我的思惟，如來每一次穿疊以後就得到一個結的名稱；若是一百次穿疊而成的時候，終究應該名爲百結；何況這一條花巾只有穿疊成六個結，終究不到第七個結，也不是提早停在第五個結，爲什麼如來只許剛開始時的第一個可以稱爲『結』，第二個及第三個就不許把名稱叫作『結』呢？」確實如此，然而大家都是沒有聽懂 世尊的意思，才會有這樣的問疑。阿難當時的看法是，這條寶花巾雖然本來只有一條，可是把它每綁一次就多一個結；如果把它綁上一百次，就應該叫作百結。何況 如來手中的花巾只有綁成六個結，既沒有第七個結，也不是停留在第五個結就不再綁了，爲什麼 如來只允許第一個叫作結？卻不允許第二個、第三個以後所綁成的也叫作結呢？

這其實是沒有聽清楚 如來所要表示的意思：當第一個結就是花巾全體時，這條花巾就不該再有第二乃至第六個結了，當然第二乃至第六個結就不該同樣是這一條花巾的結了，應該就與這一條花巾不同了！怎能再說爲結呢？所以，世尊的意思是：第一個結不等於花巾全體，而是花巾所綰成的，是附屬於花巾上面而不等於花巾本身。這就是說，六根固然都是如來藏的妙眞如性所出生的，但六根中的第一根並不等於如來藏全體，只是附屬於如來藏上面而不等於如來藏自體，更不等於如來藏全體；若第一根就是如來藏全體，那麼如來藏就不該再有第二乃至第六根出生了。大眾千萬別在聽到 世尊說「眼根本如來藏妙眞如性」時，就把眼根當作是如來藏自體全部；也別把六根合起來當作是如來藏全體，因爲六根只是依附於如來藏心而顯現出來，不等於如來藏。因爲六根只是如來藏所顯示出的模樣，不等於如來藏自體；如同六個結不等於花巾本身，而是由花巾顯現出來的現象罷了！所以六根終究只是依附在如來藏心體表面顯現出來的暫時現象，不等於如來藏自體，也不等於如來藏的全部。更何況把六根中的某一根（譬如處處作主的意根自我），當作是眞實自我的如來藏全部，當然更是誤會一場了。

佛告阿難：「此寶花巾，汝知此巾元止一條，我六綰時名有六結，汝審觀察巾體是同，因結有異；於意云何？初綰結成，名為第一，如是乃至第六結生；吾今欲將第六結名，成第一不？」由於阿難等人聽不懂 世尊的開示，所以 佛又對阿難等人開示：這一條寶貴的花巾就只有一條，當它被綁六次的時候，就說有六個結；然而詳細觀察這六個結的時候，可以看得出來，這六個結都屬於同一條寶花巾；所以從第一結到第六結，名稱與位置雖然都不相同，卻都同樣是這一條寶花巾。正因爲有同一條寶花巾，才會有六個結的差異；這意思是說，若不是有同一條寶花巾，根本就不可能有六個不同的結。同樣的道理，如果不是有同一個如來藏心，就不會有六根的差異表現出來。當第一次綁成結時，這個結就叫作第一結；第二次再綁時就說是第二結，如是乃至到了第六個結產生時，就稱爲第六結，終究不能將第六結說成是第一結。同理，當如來藏出生意根時，就說是第一根；出生眼、耳、鼻、舌、身根時，就說身根是第六根，終究不許說身根是第一根，而把最先出生的意根說成是第六根。所以 世尊問阿難：如果要將第六結硬說爲第一結時，能不能講得通呢？阿難這時當然聽懂而知道這個道理了，於是答覆說：

「**不也！世尊！六結若存，斯第六名終非第一，縱我歷生盡其明辯，如何令是六結亂名？**」阿難表示說：當六個結全都存在時，這第六個結始終是第六個結，終究不能把第六個結說成第一個結。縱使讓阿難以整整一生的時間，用盡阿難所能用的語言來分明辯解，也是無法把第一結跟第六結互相錯亂的。阿難這時說出來的話，正是佛陀早就預料到的，所以 佛就接著說：

「**六結不同，循顧本因，一巾所造；令其雜亂，終不得成；則汝六根亦復如是，畢竟同中生畢竟異。**」花巾綁成的六個結雖然不同，可是如果順著這六個結加以周遍觀察，詳細觀察六個結的本因究竟是什麼？其實全都是同一條花巾所造成的，全都依附於同一條花巾而存在。假使有人想要使這六個結互相雜亂，始終是沒有辦法成功的。同樣的道理，如來藏所生成的眼根、耳根、鼻舌身意根，也都一樣是由同一個如來藏心造作成功的；當如來藏造作成功六根以後，這六根終究無法互相混淆而互相代替，卻同樣是附屬於同一個如來藏心；如果沒有同一個如來藏心，就不會有六根的生起以及同時同處存在。所以，當同一個如來藏心出生了六根以後，同樣是附屬於同一個如來藏心，是息息相關而不是互不相干的，這是無法推翻的正理，所以說「畢竟同」；然而在同一如來藏心所生的六根而說為「畢竟同」之中，這六根的功德卻是各不相同的，所以又說為「畢竟異」。正因為這六根同屬於一個如來藏而顯現出不同的自性，所以成為「畢竟同中生畢竟異」。

因為六根本來就是如來藏種種功能中的局部，全都是由如來藏所顯現出來的；而如來藏只有一個，卻出生以及顯現出六根的差異性；既然這六根互有差異性，當然六根的內涵與順序絕對不可能被混亂。所以不論什麼人，都不可以說眼根就是意根，也不可以說耳根就是鼻根。這六根的出生既然有不同的次第，也就是說，意根先出生了，然後引生了如來藏心中的大種性自性，藉著父母與四大的因緣而先後成就了五色根，才使六根次第結成，當然不該說六根是突然間全部一起生成的；所以這六根結的生成，是有次第性的啊！世尊就以寶巾綰成的六個結，來譬喻六根有其生成的順序；既然生成這六根是有其先後順序，而意根以及其餘五色根的功能差別也各都不同，事實上每一個人這六根的自體還是各人自己的如來藏。因爲是由同一個如來藏所生的，當然是同一體，成爲「畢竟同」。然而「畢竟同中」卻出現了「畢竟異」的現象，因爲六根全都是在同一個如來藏中生出來，而且都附屬於同一個如來藏，也在同一個如來藏中同時各自運作，所以說六根「畢竟同」的時候，這六根的功能差別卻完全不同，所以是「畢竟同中生畢竟異」。接著 世尊又開示說：

【佛告阿難：「汝必嫌此，六結不成；願樂一成，復云何得？」阿難言：「此結若存，是非鋒起，於中自生：此結非彼，彼結非此。如來今日若總解除，結若不生，則無彼此；尚不名一，六云何成？」佛言：「六解一亡，亦復如是；由汝無始心性狂亂，知見妄發；發妄不息，勞見發塵。如勞目睛則有狂花，於湛精明無因亂起；一切世間山河大地、生死涅槃，皆即狂勞顛倒花相。」】

講記：佛陀告訴阿難說：「你心中如果必定要嫌棄『畢竟同中生畢竟異』的道理，那麼這六個結的道理就不可能成立了；你如果只願意有一個結的道理可以成立，這種道理又如何能建立成功呢？」阿難尊者答覆說：「假使我只承認第一個結的道理，不承認其餘的五個結也是同一個如來藏所生的，當我讓這個道理存在時，是非就會不斷地生起，自然會有這樣的情況出生：這個結顯然不同於那個結，那個結顯然也不同於這個結。如來今天如果把所有的結一總解除了，當所有的結都不再出生的時候，就沒有這個結與那個結的存在了；那時尚且不能把它名爲第一結，六結的說法又如何能夠成立呢？」

佛陀知道阿難這時聽懂了，就開示說：「當六個結全都解開時，一結也就跟著亡失了，眞正的道理也是像這樣。由於你們自從無始劫以來心性發狂亂想，於是不斷執著對六塵的能知與能見，也就虛妄地發起了；就這樣發起虛妄法而不停息的緣故，如來藏心就由於這一類的心勞妄見而發起了六塵。如同勞累了眼睛以後就有虛空中的狂花出現一般，同樣的道理，於澄湛精明的如來藏中只需有無始無明就夠了，不需要再有別的原因，就能使妙眞如性狂亂地生起六根；一切三界世間與人間的山河大地，乃至學佛以後所認知的生死與涅槃，全部都是如來藏心由於無明及執著，而在狂妄勞頓之中顚倒虛妄生起的狂花法相。」

佛告阿難：「汝必嫌此，六結不成；願樂一成，復云何得？」這就好像百法明門是有次第性的，而且同樣是講到最後時一切皆泯除啦！那時也就沒有一法可說了！佛告訴阿難等人說：如果你們一定要嫌棄「六結全屬同一個如來藏」的道理，或是嫌棄「六結是畢竟同中生畢竟異」的道理，那麼這一個結就不可能出生與存在，那麼現象界中六結同時存在的事實也將會跟著被推翻；那就與現象界中六根同時存在而又同屬一個有情的事實不符，也與現象界中六根同屬一個有情而功能差別互不相同的事實不符；這樣一來，六結—六根—的道理與事實尚且不能成立，在這種情況下，希望其中的一個結的道理可以成立，也就不可得了！

六結也就是六根，全都屬於同一個根源——全都屬於同一個如來藏心；這六個結之中，只要有一個結存在不滅，就輪迴生死不能止息了！意思就是說，這六根之中只要還有一根存在不滅，就一定是在三界中。譬如睡著無夢時，雖然五色根沒有像白天醒著的時候那樣運作，然而意根還是在不斷地運作著。那時五色根眞的沒有在運作了嗎？其實不然，只是眠熟以後意識斷了，已經沒有證自證分現行，所以不知道五色根還是在運作；所以眠熟時並不是只剩下意根在運作，而是六根全都在運作不斷；由於對六根的執著，所以眠熟時覺知心都斷滅以後，如來藏不會在眠熟以後捨身而去。

什麼時候是只有剩下意根在運作呢？是生到四空天中的天人們，當解脫道中的實證者生到四空天時，如果他們入了滅盡定中，那就只剩下意根，既無眼耳鼻舌身等五色根，也沒有意識存在了，那時就只剩下意根。那時如果要探究他們的意根還在的時候，是要處在三界內、或是三界外呢？當然還是要在三界內。如果想要出三界，就得要六根全部滅除，也就是六結都亡；這時六根全都滅盡了，當然其餘的六塵與六識全都跟著滅盡了，那就是十八界全都滅盡了，那才是出三界的無餘涅槃境界，否則就是還在三界內啊！

阿難言：「此結若存，是非鋒起，於中自生：此結非彼，彼結非此。如來今日若總解除，結若不生，則無彼此；尚不名一，六云何成？」當阿難聽到 佛陀開示以後，已經知道其中的道理了。如果否定了六結同屬一條寶花巾——否定了六根同屬一個如來藏心所生——的道理時，或者否定了同一條寶巾所出生的六個結各不相同——否定了同一個如來藏心所出生的六根自性各不相同——的道理時，當然就會有是非不斷地出現了。什麼問題呢？譬如同一個如來藏心所出生的六根，若不該有互異的自性，那就應該只有一根存在而不該有六根同時存在；或者應該有六個相同自性的六根同時存在，而不該有六個不同自性的六根存在；這時當然會成爲「此結非彼」而「彼結非此」，也就是「此根非彼」而「彼根非此」，於是矛盾就必然會出現了。

假使 如來今天把正理解說清楚，使阿難等人把所有疑惑都解除掉了，大眾就可以把六根全部滅掉，後世的結（根）就不再出生了！那時就沒有彼結與此結—彼根與此根—的差別了，也就回復到如來藏心沒有出生六根時的涅槃狀況了。如果六根全都消滅了，還會有這一根與那一根的差別存在嗎？那時就全然解脫而不再有六根互不相同的問題，也沒有六根無法滅除的問題了，就成爲無餘涅槃而解脫生死了！如來藏心的本來自性清淨涅槃正是這個樣子，你們明心的人，現在觀察自己的如來藏是不是正好住於這個狀態中？你們現在只從如來藏自己所住的境界來看，暫把六根、六塵、六識的境界全都放在一邊不加理會，只從如來藏自己所住的境界來看時，是不是正好這樣子？所以，悟後如果把十八界滅除掉，其實就是把六根滅除，也就是對六根的自我執著滅除了——六結已經滅除了；這時六結都不存在了，自然是沒有六結的彼此不同可說了，這不就是六個結都滅除了嗎？這時連一個結都不存在了，何況還有六個結可說呢？

佛言：「六解一亡，亦復如是；由汝無始心性狂亂，知見妄發；發妄不息，勞見發塵。如勞目睛則有狂花，於湛精明無因亂起；一切世間山河大地、生死涅槃，皆即狂勞顛倒花相。」佛說六解一亡的道理也是一樣的，當你把六個結全都解開了以後，所說唯一的結就不存在了，就回復到寶巾打結以前開展而清淨美麗的狀態了，這就是本來解脫而清淨的不生不死境界了。所以只要把執著六根而產生的種種輪迴生死的執著性滅除掉了，死後不再入胎或受生到天界去，就不再出生六根全部或其中的一根，只剩下如來藏獨自存在，那時根本就沒有六根自我存在啦！何況還會有六塵我及六識我存在呢？那時所有的自我都已經不存在了，完全無我，就是無餘涅槃，自然不再有輪迴可說了，當然就不會再有生死痛苦了。

同樣的道理，眾生都是由於不瞭解這個道理，打從無始劫以來就因爲心性狂亂——對眞實的自心如來不能理解而產生了虛妄見解，於是就從如來藏妙眞如性狂亂地出生了能知與能見，落入六塵之中；一旦這種狀況出現了，由於六識覺知心的虛妄想不斷地出現而不停息，就會使如來藏妙眞如性不斷運作而發起勞累；於是「勞見發塵」——不斷勞動能知能見的種子而發起六塵相，不斷地想要維持六識覺知心的存在，於是導致不斷出生六根與六塵，才能使六識見聞覺知功能繼續存在；於是就以六根、六識不斷地執取六塵境界，永遠無法滅除妄知與妄見，就無法回復如來藏原本就有的全知一切境界的能力了，而這個能力是無始以來就始終存在而不曾被顯發出來的。就好像有人把眼根不斷運用而不休息，當眼根非常的勞累時就會看見虛空中出現了許多狂花；譬如俗話說的眼冒金星一般，在本來無物的虛空中似乎出現了很多花；其實都是虛生虛滅的狂花，並不是虛空中眞的有花，只是眼根過勞而有狂花妄生妄滅、無因亂起。

一切五陰世間與山河大地的出生與存在，也是同樣的道理，都是從共業有情如來藏澄澄湛湛的精明性中無因亂起；並不是有一個特別的原因，而是無始以來由於無始無明的緣故，就從澄澄湛湛的如來藏妙眞如性中，因爲無始無明熏習很久而產生疲累的緣故，所以有六根無因亂起，於是虛妄的能知與能見就跟在後面出生了！無明眾生從此開始不斷地在虛妄想中打滾，打滾久了以後虛妄想就越來越多，又從原來的虛妄想中產生更多邪見，繼續引生更多虛妄想，於是眾生就這樣一直延續而輪迴不止。

佛法的修證也是一樣，當你第一步起步時方向若是正確，接下去就只需保持正確的方向，途中不要再被錯悟的大法師們影響而改變了正確的方向，那麼接下去的每一步就會全部正確。當你第一步的方向錯了，接下去就會衍生出越來越多的錯誤。譬如一九九〇年時我的開悟若是錯誤的，那麼接著出世弘法以後所說的法義將會全部錯誤，那我今天該怎麼收拾誤導眾生的後果呢？也沒辦法繼續說法了！因爲一定會產生自己掌嘴的現象，一定前言不對後語─今年說的法義與明年所說互相矛盾─就必須每年不斷修正、沒完沒了。可是一開始的開悟若是正確的，從這個正確的實證繼續衍生出去，所說的法義自然全部正確，不必再三修正自己以前所說的法義，也不怕被人辨正以後無法回應。

同樣的道理，眾生一直都在虛妄想中打轉；由這個虛妄想中引生出無量無邊的虛妄想，都不可能契合法界中的實相，所以說那種虛妄想都是無因亂起，就會不斷執著想要六根自我永遠存在，就等於不斷執著要有六個結存在，於是就會持續在人間受生入胎而不斷使每一世都有六根，於是不能了知如來藏的妙眞如性，所以無法解脫於六根─六結─的繫縛。同樣的道理，世間人所認知的一切世間，不論是欲界世間、色界世間、無色界世間、人世間、畜生世間、地獄世間……等，這所有世間以及這些世間所生存的器世間等山河大地；乃至修學佛法者心中所知所想的生死與涅槃等法，其實全都是「**狂勞顚倒花相**」，於如來藏自己所住的實相法界中是從來都不存在的。

爲什麼這樣子說呢？一般人都認爲：生死只是凡夫眾生在輪迴，涅槃則是聖人解脫生死而永恆地存在，是分割爲二的。卻不知道生死與涅槃其實是同一個法，因爲他們都不知道，所以就在那邊互起爭執：「你說的都是生死法、有爲法，而你們正覺同修會說有如來藏，其實如來藏也是生死法、有爲法，是自性見。」他們都跟你爭執，認爲他們說的覺知心一念不生住在無餘涅槃中，才是正確的證涅槃。這其實是落在見取見中，所以十幾年來不斷地抵制我們正覺的勝妙法，說我們的法義不對。可是我們大前年開始辨正出書以後（編案：這是指二○○○年出版《楞伽經詳解》第三輯起，開始辨正抵制正法的大法師們的錯誤法義），他們將來一定無法以書面回應的，永遠都只能在口頭上強加誹謗。

他們都不知道生死就是涅槃，涅槃就是生死。可是我們這麼說時，他們一定會否定而跟我們爭辯：「明明生死就是輪迴嘛！涅槃是離開輪迴，你怎麼說生死就是涅槃？」但他們說的不但不符合二乘菩提，更不能符合大乘菩薩所證的佛菩提。他們有人甚至會因此而對我們發脾氣，作出種種很難聽的無根誹謗：外道、邪魔。但是當你悟了以後再來看，生死與涅槃確實不是兩個啊！生死是依如來藏而有蘊處界的生死，涅槃也是依如來藏的不生不死來說的。當那些大法師們正在生死當中，他們的如來藏卻都沒有生死啊！祂還是本來自性清淨涅槃，何曾有生死呢？可是大法師們各人的生死卻是依不生不死本來自性清淨涅槃的如來藏，才能夠有他們蘊處界的生死。他們的生死是依附於本來涅槃的如來藏才有生死，涅槃既然是如來藏，生死也是依本來涅槃的如來藏而有，所以生死與涅槃本來就是同一個，怎麼會是兩個呢？所以說，那些大法師與眾生們都不知道，於是就分開生死與涅槃二法，就必須永遠輪迴生死了！

也正因不懂一切法全都是自心如來藏所出生的，於是就說山河大地是外面的，我如來藏中從來就沒有山河大地。其實山河大地都是由共業有情的如來藏共同變現出來的，仍然是如來藏心中的山河大地；外於共業有情的如來藏心，也就沒有山河大地可以存在了。而且眾生心中所知的山河大地，全都是自己心中所知所想的，而這些妄想也是依於自心如來藏才能存在的。可是現代大法師與眾生們都一樣不知，於是就成爲「**狂勞顛倒花相**」了。若是眞悟的菩薩，悟後深觀到這裡時，眾生世間以及山河大地就成爲自心中法，涅槃與生死也成爲自心中法，不再是「**狂勞顛倒花相**」了。今天講到這裡。

今天般若信箱怎麼特別多啊？是有志一同相約一起來提問的吧？第一張：「……。」……（編案：以上是講經前的當場答問，移轉到《正覺電子報》〈般若信箱〉中刊載，以廣利學人，此處容略。）今天我把它全部答覆完，四十五分鐘已經過去了！（編案：這是二〇〇三年夏天所講。當時為攝受楊先生等退轉者，因此不計時間來解答他們所提出的疑問。）剩下七十五分鐘，繼續講《楞嚴經》，現在要從八十七頁第二段第七行開始：

【阿難言：「此勞同結，云何解除？」如來以手將所結巾偏掣其左，問阿難言：「如是解不？」「不也！世尊。」旋復以手偏牽右邊，又問阿難：「如是解不？」「不也！世尊。」佛告阿難：「吾今以手左右各牽，竟不能解；汝設方便，云何成解？」阿難白佛言：「世尊！當於結心，解即分散。」佛告阿難：「如是！如是！若欲除結，當於結心。阿難！我說佛法從因緣生，非取世間和合粗相。如來發明世出世法，知其本因，隨所緣出；如是乃至恒沙界外一滴之雨，亦知頭數；現前種種松直棘曲、鵠白烏玄，皆了元由。是故阿難！隨汝心中選擇六根，根結若除，塵相自滅；諸妄銷亡，不真何待？阿難！吾今問汝：此劫波羅巾六結現前，同時解縈，得同除不？」「不也！世尊！是結本以次第綰生，今日當須次第而解；六結同體，結不同時；則結解時，云何同除？」佛言：「六根解除，亦復如是；此根初解，先得人空；空性圓明，成法解脫；解脫法已，俱空不生；是名菩薩從三摩地得無生忍。」】

講記：阿難問說：「這個見勞連同手巾綁成的六個結，應該如何來解除呢？」當時如來便以左手將所結的手巾偏往一面掣向左邊，問阿難說：「像這樣子解，能夠解開嗎？」「不可能解開的啊！世尊！」如來隨即又以右手偏向一面而將打結的手巾牽往右邊，又問阿難說：「像這樣子解，能夠解開嗎？」「不可能的啊！世尊！」佛陀於是告訴阿難：「我如今以手向左方或右方各自牽引過去，終究不能解開這六個結；你阿難施設一個方便，看有什麼方法才能解開這六個結？」阿難稟白 佛陀說：「世尊！應當在結的中心點把它解開了，結就可以分散了。」佛陀告訴阿難說：「正是如你所說的這樣子！正是如你所說的這樣子！假使想要除掉手巾上的結，應當於結的中心來解開。阿難！我所說佛法從因緣出生的道理，並不是只取世間法父母四大和合等粗糙的法相而說的。如來發顯及明示的世間及出世間法，是要先知道這些世間、出世間法出生的根本因，然後才隨著所緣的父母、四大等藉緣而出生的；就像是這樣子深入觀察，最後乃至對於恒河沙數世界外的最遠世界中的一滴又一滴之雨，亦都能知道究竟是多少的數量；而近在眼前的種種事相，譬如松樹爲何是直直往上生長而荊棘爲什麼總是彎曲？鵠爲什麼多是白色而烏鴉爲什麼總是黑色？都必須要了知這些事相原本的因由。由於這個緣故，阿難啊！隨著你心中自行選擇的六根，每一根中的結若是解除了，六塵相自然就會跟著消滅；種種虛妄法都銷爍亡失的時候，若還是不能發起如來藏原本的眞性，那麼還要再等到什麼時候才能發起呢？阿難啊！我如今問你：這一條劫波羅巾的六個結顯現在你眼前，你若是想要解開這六個結，可以在同一時間全部解除嗎？」「不能同時解開六個結啊！世尊！這六個結本來是有先後次第綁成的，今天應當要有先後次第而解開；這六個結固然都以同一條劫波羅巾爲體，然而結的綁成並不是同一個時間一起成就的；那麼想要把結解開時，怎麼可以同時解除呢？」佛就開示說：「有情身中對這六根執著的解除，也像是這樣的道理；當這六根的結剛剛解除完畢時，就是先證得『人我空』而成爲慧解脫了；然後針對『人我的本因』深入觀察而證得空性，並且悟後起修而把空性如來藏的內涵圓滿地發起光明，成就諸法解脫；解脫於諸法以後，人空與法空的知見也都不會生起了，轉依如來藏而住在如來藏自體境界中，這時一法都無；這就稱爲菩薩從三昧中得到了諸法無生的安忍了。」

阿難言：「此勞同結，云何解除？」如來以手將所結巾偏掣其左，問阿難言：「如是解不？」「不也！世尊。」旋復以手偏牽右邊，又問阿難：「如是解不？」「不也！世尊。」今天有人幫我準備了六個結，雖然不是劫波羅巾綁成的，但還是要感謝他。我們就把它假設爲劫波羅巾綁成的六個結，這條手巾上面的第一個結，當然不能說它是第六個結，因爲六個結綁成的時間一定有先後次第，所以「六不成一」。如今阿難向 佛陀請問：這個狂勞顛倒以及這六個結，究竟應該要如何解開而除掉呢？阿難這麼問了，如來就以左手將所結的寶巾偏掣到左邊去。掣，是拉的意思。然後就問阿難，看這樣子解結，能不能解得開？阿難當然會回答說，像這樣子是無法解開結的。這當然是 世尊早就料到的回答，然後 佛就換右手，把劫波羅巾向右邊拉過去，再問阿難，看這樣子能不能解得開；阿難當然回答說，這樣子也是沒有辦法解開的。

佛告阿難：「吾今以手左右各牽，竟不能解；汝設方便，云何成解？」阿難白佛言：「世尊！當於結心，解即分散。」這樣子實際操演一回以後，佛就開示說，單單用左手把它拉到左邊去，是解不開結的；單單用右手把它拉到右邊去，也是解不開結；像這樣子牽過來又牽過去，都是解不開手巾上的結。接著就吩咐阿難，要求阿難施設一個方便法，看怎麼樣才能夠成功地把結解開。阿難的答覆是說，應當在結的中心點，分別向不同的方向拉開，不能單用一隻手從手巾的邊緣往右邊拉、或往左邊拉。要像這樣子，用兩手從結的中心往兩邊拉開；這樣一解，結就可以分散了。

佛告阿難：「如是！如是！若欲除結，當於結心。阿難！我說佛法從因緣生，非取世間和合粗相。」當阿難把解開手巾結的道理說過了，世尊就接著說，要像阿難所講的那樣來解結；如果想要把結解除掉，一定要從結的中心來拆開；也就是說，想要解開對六根執著的結，也得要從這個結的中心來下手解開；單單是從六根結的表面或邊緣去下手，永遠都解不開這六個結的。因此世尊就開示，說自己在聲聞解脫道上面為大眾所說的佛法中，說「**有因有緣世間起**，有**因有緣世間滅**」的道理，是把因與緣分開而並列，是這樣為大眾說法的。並不是單單說明世間只藉各種**助緣**就能生起及壞滅；而是先要有**根本因**，再藉父母及四大、山河大地等**藉緣**，具足了因與緣的時候，才能出生五陰世間以及壞滅五陰世間，所以說「**佛法從因緣生**」。而這個**根本因**是很深妙難證，也是非常深奧而難懂的深妙法，並不是單從世間法的蘊處界等**緣法**粗相上面去說的。

到這裡，佛為了想要讓大眾理解眞正的佛法與聲聞解脫道，特地講出重點來了！也就是說，世尊所講的諸法因緣生、因緣滅，以及諸法**緣起**性空，不是單說**緣生**性空。印順法師等人所說的緣起性空理論，其實是**緣生**性空而不是緣起性空；因為印順的法義只是思想而不是佛法，只在世俗法蘊處界的藉緣出生以及無常性空上面來說，至於蘊處界世俗法是如何藉緣而生起的？印順並不知道！每一個人的蘊處界等世俗法，又是由什麼法來藉眾緣而生起的？印順也不知道！印順只知道蘊處界等世俗法藉緣生起的現象，但是在藉緣生起的背後，究竟是由哪一個法來藉眾緣而生起蘊處界？印順等人是從來都不知道的；所以說印順等人只知道緣生性空——蘊處界諸法由眾緣和合而生起以後本性無常故空，成為無因唯緣論的外道見。因此，印順等人否定了第八識如來藏以後，就永遠無法懂得緣起性空的眞實義，永遠只知道緣生性空的表面義理，與世尊在四阿含中所說的緣起性空眞義相違背。

世尊在四阿含中所說的緣起性空，是依第八識如來藏來說的，是從這段經文中說的「本因」來說的，「本因」就是第八識如來藏。不可外於「本因」，單從「粗相和合」所成的蘊處界世間來說諸法緣生緣滅（編案：詳見平實導師於《阿含正義》中對四阿含經文的舉證）；世尊是依八識論的基礎，來開示聲聞解脫道的義理，不是印順等人所說六識論邪見為基礎來解說聲聞解脫道。若是依印順等人所主張的六識論為基礎，想要實證解脫道是絕對不可能的，所以印順法師等一派人，至今還沒有人能斷我見；至於佛菩提道的見道或實證，就更別提了！

印順等人在六識論邪見牢不可破的前提下，連聲聞解脫道都無法見道，當然不可能稍稍懂得定性聲聞聖人所不能知的《楞嚴經》。所以，一向主張六識論的古今所有應成派中觀師，他們假使想要註解這部經，絕對沒辦法註解的。因爲若是勉強依文解義而註解出來時，一定會自打嘴巴；否則就只能明目張膽而強加曲解，卻一定瞞不過天下人的眼目。所以他們從來不講《楞嚴經》，如果不得不提起《楞嚴經》時，就都只有一句話：「**那是後人創造的僞經。**」再也不會有第二句話了。不但如此，他們也永遠不講《阿含經》，因爲他們落入六識論中的時候，如果依照四阿含中的解脫道正理來弘法，就必須強調意識是生滅心，因爲四阿含諸經中處處說意識是由意根觸法塵作爲藉緣才能生起的，又處處說意識等十八界法是入涅槃時必須永滅的；那麼他們主張意識或細意識常住，想要避免落入斷滅空的說法，可就全部穿幫了！所以古今所有應成派中觀師，始從佛護，中如月稱、寂天、阿底峽，末流即如宗喀巴、達賴、印順等人，都不願意弘揚四阿含所說的聲聞解脫道。至於宗喀巴則是全面扭曲四阿含解脫道，然後隨意幾句話帶過去，仍然主張意法因緣生的意識心是常住心、是持種心，以書本文字公然說謊欺騙世人及密宗學人。

所以，眞正的三乘菩提，都是以八識論爲基礎來演說、來弘揚的。在這一段經文中，佛明確地說明：「我說佛法從因緣生。」也就是說，世尊所說的諸法因緣生、因緣滅，都是在根本因—本識—常住不壞的前提下，來解說緣起性空的義理；也是在這個前提下，來建立蘊處界的緣生性空說，全都不是單從和合粗相的蘊處界來講的，才會說因緣生、因緣滅，一直都是有因也有緣的。和合粗相，是說色身及覺知心等五陰十八界，全是由很粗糙的物質相—四大—和合成爲五色根；加上已有的意根而成爲六根以後，再藉四大所成的五色根爲緣而生起覺知心所領受的六塵，再藉六根與六塵才能由如來藏生起六識。而這十八界法都是很粗糙的，都是明顯可見的；這樣的五陰世間是以各種粗相和合起來的，所以是世間粗相。然而 世尊所講的緣起緣滅，並不是單從五陰世間等粗相來講的，而是從如來藏根本因（簡稱爲本因）爲大前提，來解說五陰世間和合粗相的緣起緣滅；所以四阿含所說的聲聞解脫道，其實仍然是依八識論爲前提而演說出來的，絕對不是當代所謂阿含專家等假專家所說的「阿含只說有六識」。如今 世尊提出這個有因也有緣的道理來說明，想要使阿難等大眾建立正確的知見。

「**如來發明世出世法，知其本因，隨所緣出；**」世尊接著又解釋這個道理：如來「發、明」了世間法與出世間法的眞實義，把世間法與出世間法的眞實義詳細顯現及解說以後，就使世間法與出世間法的眞實義，從原來隱晦不見之中顯現出來，而且都能夠詳細瞭解了。那麼大眾在 世尊說法之中究竟是看見了什麼？又是詳細瞭解了什麼呢？就是把蘊處界等世間法**緣生**性空背後的眞相，也就是世間法蘊處界爲什麼能夠緣**生**的眞相顯發出來：正因爲有一個「本因」如來藏，才能藉緣出生世間法蘊處界世間；也正因爲有一個「本因」如來藏，才能使世間法蘊處界一步又一步漸趨壞滅。這樣的眞相，才是四阿含中所說「**有因有緣世間集**，**有因有緣世間滅**」的眞理，而不是六識論的應成派中觀師譬如印順、宗喀巴等人所說的**無因唯緣論**的外道知見。

「**知其本因**」以後，才能確實理解「**隨所緣出**」的眞義。換句話說，獨因無緣時不可能出生五陰世間，**無因唯緣**時也不可能出生五陰世間。同理，獨因無緣時不可能滅壞五陰世間，**無因唯緣**時也不可能壞滅五陰世間。五陰世間的出生以及壞滅，都同樣必須因與緣具足，才能出生或壞滅，這才是「**知其本因**」的「**隨所緣出**」的眞義。若不懂「**知其本因**」的道理，而說他能懂得「**隨所緣出**」的道理，那種人其實不懂「**緣起**」性空的眞理。眞懂以上所說的道理時，自然就能懂得出世間法如來藏如何能藉緣生起五陰世間蘊處界的道理，那麼他就懂得出世間法如來藏是如何繼續藉緣壞滅五陰世間的眞相；能夠這樣現觀的人，才是眞正懂得「有因有緣世間集，有因有緣世間滅」的菩薩。不迴心的聲聞阿羅漢們，只能信受 世尊所說的這種眞理，都是無法現觀這種緣起的境界。所以說，定性聲聞聖者只能現觀緣生性空而無法現觀緣起性空；對於緣起性空的眞理，他們只能信受佛語而知道無餘涅槃中不是斷滅空，因此願意在捨壽後不生起中陰身而不再受生，永滅後世的蘊處界有，永遠不再出生後世蘊處界而不再有後世的生死痛苦。

怎麼樣才是對世間法與出世間法的「發」與「明」呢？也就是讓大眾看見五陰世間無因生有的道理不能成立，讓大眾看見五陰世間無因唯緣而緣起緣滅的道理不能成立；這也就是讓大眾看見四阿含中所說「有因有緣世間集，有因有緣世間滅」的道理，這就是「發」的意思。然而大眾看見這個道理時，還是無法如實理解的，這時就得要爲大眾加以解釋了！當 世尊爲大眾詳細說明無因唯緣不能出生五陰世間，也爲大眾說明五陰世間不可能無中生有的道理；當大眾終於瞭解必須有因有緣才能出生五陰世間，也必須有因有緣才能滅壞五陰世間的道理時，就是把世間法和出世間法都很清楚顯現出來而讓阿難與大眾都如實瞭解了，這就是先「發」之後終於確實有「明」了。

講到這裡，當然要解說如何才能使大眾都能「明」的道理了，這當然要先知道五陰世間法和三乘菩提出世間法的「本因」。也就是說，一切世間法以及出世間法，究竟是從哪裡來的？一定是有一個「本因」；不可能無因而只單憑眾緣，就能使五陰等世間法隨機生起而能夠符合因果律；也不可能無因而只單憑眾緣，就使三乘菩提出世間法隨機成就而出離三界生死。因為無因唯緣而成就的世間法及出世間法，都不符合三界中現實存在的因果律，所以世尊當然要為大眾解說萬法根本因——本因——的正理，這就是此段經文中特地提出「本因」來解說的緣故。

知道了世間法與出世間法的「本因」以後，然後再說「隨所緣出」，大眾就容易理解真正的解脫道與佛菩提道了。換句話說，先有「本因」的本住、常住不壞，才能容受世間法與出世間法的各類法種；有了本住法如來藏收存各類法性時，才能隨著這個本住法收存的各類種子流注出來，而藉外在的各種外緣，譬如山河大地、父母、四大……等作為藉緣，才能出生五陰世間及三乘菩提出世間法。若是否定了「本因」如來藏心，卻說能夠緣起緣滅而主張諸法無常性空，就成為無因生有的無因唯緣論者，本質其實是外道見。因此說，世尊來人間降生示現，目的就是《法華經》中講的「開示悟入」四字，就是開佛知見、示佛知見、悟佛知見、入佛知見。是爲了「開、示」諸佛的所知與所見，然後幫助大眾「悟、入」諸佛的所知與所見中。

這完全不像一神教講的由上帝創造世界及有情，諸佛從來不說世界及有情是由佛自己所創造，而說由一切共業有情的自心如來共同創造世界，也由有情的自心如來各自創造自己的五陰世間。諸佛所知所見的這個法界中的事實，是本來就存在著的，不是由某佛、某神創造出來的；所以 世尊解說了這個道理，阿難結集此經時就不說「創造」，而說是「發明」。因爲這一些事實眞相是屬於發現而能明白的，不是創造的；而出生山河世間及五陰世間的本住法如來藏，是本來就存在的，是「**法住法位、法爾如是**」，是無量無數阿僧祇劫之前就已存在這個事實，無法推究出最早開始的時間，是沒有一個開始而本然就在的眞理。諸佛只是證實這個道理，然後依自己實修的過程與內容，來人間教導有緣的眾生去轉變自己心中的染污法種，就能把自心如來中原有的勝妙法性顯現出來。當修行到究竟清淨時，原本具足圓滿的無漏有爲法就具足顯現出來，就能不經六根、六塵、六識來了知，就不再被十八界的功能所侷限了。

「**如是乃至恒沙界外一滴之雨，亦知頭數；**」由於諸佛的所知與所見眞的太深奧了，沒辦法全部說出來，所以先從佛菩提智裡拿出一小部分來說；譬如先講解脫道——二乘菩提——讓眾生聽了就能取證，證明佛法確實可以使人出離三界生死；當眾生有信心了，然後再宣講佛菩提：「**其實二乘菩提所證的解脫智慧境界，只是半途中的化城。**」眾生心想：「**這只是化城，不是究竟的解脫，無法成佛；但我想要最究竟的智慧與境界，也想要利益更多有情。**」所以就想要修到究竟佛地，那就得要修學佛菩提呀！這就是 世尊爲什麼要宣講《法華經》的主旨所在。

同樣的道理，一定要讓眾生理解世間法與出世間法的「本因」就是如來藏，然後才能夠從這個「本因隨所緣出」世間法與出世間法，從根本證實世間法五陰的虛妄，才能徹底斷除我見、我執與法執。換句話說，心外無法，十方虛空一切世界莫非是如來藏法，莫非是自心眞如法；若是究竟成佛時，一切世出世間法莫不了知，所以如是一一修證具足圓滿以後，「**乃至恒沙界外一滴之雨，亦知頭數**」。恆河沙數世界以外的世界是多遠呢？諸位一定想像不來的，我們就來說說看吧！確實理解以後，才會知道諸佛的境界是如何不可思議，絕非諸天天主、天神所能想像的。

從一個三千大千世界到另一個三千大千世界，距離是非常遠的。且先不說我們距離別的三千大千世界是多麼遙遠，單說我們這個娑婆世界，從這一端的邊緣經過中央到達另一端的邊緣，需要十萬光年才能到得了；以光的速度還得要跑十萬年才能到達另一端的邊緣，卻還只在這個娑婆世界中。若是要從娑婆世界到達另一個三千大千世界，那可是這個距離的很多、很多倍；而一個三千大千世界比喻爲恆河沙數中的一顆沙，像這樣把全部恆河沙，在同一個直線上面，每過一個世界就放置一顆細沙；直到所有恆河沙都放置完了，那個最遠的世界距離我們娑婆世界究竟是多遠呢？請大家想像一下吧！佛卻說：「乃至恒沙界外一滴之雨，亦知頭數。」說乃至恆河沙數世界以外的某一世界中，正當下雨時總共下了幾滴雨，都知道所下的那些雨的緣由與滴數。

你們如果有機會去印度聖地朝禮，就有機會去看恆河；恆河很長，而且下游有多寬呢？早上可以乘船在這一面岸邊，看太陽從恆河另一邊河岸旁的水上升起來，而那邊的河岸，你在船上是看不見的，只能看見河水，你說恆河下游寬不寬呢？這還不是最下游的地方，還只是在瓦拉那西，就已經可以在恆河上看日出——看太陽從恆河另一邊的河面升起來。像這樣寬而且很長的恆河沙，數目究竟有多少呢？而且，恆河下游的沙子大小，大約只有白沙灣那些沙子的六分之一。這樣每過一個三千大千世界才放置一顆很小的恆河沙，把那些無法計數的恆河沙都放完了，那個最遠的世界究竟是多麼遠呢？眞的很難想像，所以是非常遙遠的世界。佛卻說，在那麼遠的世界中所下的雨，諸佛也都知道是什麼緣由而下那一些雨，並且也都知道究竟下了多少滴雨。這叫作窮盡因果，等覺、妙覺菩薩所不能知。

「**現前種種松直棘曲、鵠白烏玄，皆了元由。**」窮盡因果是很困難的，所以 佛陀開示說，因果非常難以了知，不是等覺、妙覺菩薩所能盡知，只有諸佛才能夠究竟了知。剛才說的是極遙遠的地方發生了什麼事，諸佛都會知道；接著拉回來說現前的「**松直棘曲**」，諸佛也知道其中的緣由。寒帶的松樹有些是灌木類，但亞熱帶地區的松樹大多是喬木，所以是一根主幹筆直往上長；因此說亞熱帶松樹多是直的，我們說那就是杉木，譬如南洋杉。以前人們都把南洋的松木拿來當房子的屋樑或柱子，所以說「**松直**」。棘就是荊棘，就是枝枒處有刺的灌木類，枝幹往往好像攀藤類一般彎來彎去。亞熱帶松樹爲什麼會是直的？而荊棘爲什麼都是彎曲的？諸佛都是知道原因的。

「**鵠**」讀作湖，是指天鵝；烏是指烏鴉，「**烏玄**」的玄字是說黑色。假使有人說法時，讓人覺得根本就聽不懂，就說他講得太玄了！「玄」就表示如同烏漆一般讓人看不透而不能瞭解，所以玄就是烏黑的意思。古時在天上飛的天鵝都是白色的，古人根本沒有機會看見黑色的天鵝，黑天鵝可能是後來育種變化以後才出現的吧？即使現代，想要在天上看見黑天鵝飛翔，都很少有機會呢！譬如在野外看見天鵝飛過去時，都是白天鵝。佛說，修到最後成佛時，不但知道極遙遠世界中下了多少雨，也知道那裡下雨的原因；甚至天鵝爲什麼會是白色的？烏鴉爲什麼都是黑色的？「**皆了元由**」，都知道是什麼道理才會這樣。

「**是故阿難！隨汝心中選擇六根，根結若除，塵相自滅；諸妄銷亡，不眞何待？**」佛向阿難說，由於這些不可思議智慧的緣故，究竟了知諸法緣由了，當然知道「**本因**」的正理。所以就開示阿難說，隨便你阿難選擇六根中的某一根用功修行；若能把你所選定這一根的結縛修除了，塵勞之相就自然而然消失了；這時「**諸妄銷亡，不眞何待？**」如果選定的某一根中的結縛可以解掉了，就能以同樣的方法把其他五根的結一一解開。當佛弟子把六根中的所有結縛都解掉了，當然「**諸妄銷亡**」了，這時眞心如來藏中的所有種子全部清淨了，當然不會再有虛妄的法種了！這時如來藏心中的全部功德就一一顯發出來，功德無量亦無邊。

這時可不許再說第八識非眞非妄了，佛地的第八識只能說是**眞常唯心**了。因爲這時的如來藏心中一切種子都不會再有變異了，當然是眞常唯心了！只有佛地的第八識無垢識，才有資格說**眞常唯心**，因爲裡外（也就是心體與所含藏的種子）全都常而不變了！所以**眞常唯心**的義理，不是那些六識論的應成派中觀師們所能了知的；他們連我見都斷不了，都還在主張意識心常住呢！怎能稍知如來藏修到佛地時的**眞常唯心**道理？他們對第八識的所在與自性都完全不知，竟然用自己所想像的虛妄法去否定眞實心如來藏，太可笑了！

「**阿難！吾今問汝：此劫波羅巾六結現前，同時解縈，得同除不？**」佛又提出問題了：這一條劫波羅巾，如今有六個結，而這六個結都是由同一條手巾綁成的；可是修行人都只會看到結，就開始計算說：「**這是第一個結，這是第二個結……這是第六個結。**」他們都沒想到從第一結到第六結的本體是什麼，都是只看到結本身而沒有看到結是由巾體綁成的。眾生正是這樣子，都只看到妄心覺知心；而二乘聖者最多就只能看到六根、六塵、六識，現觀這十八界法全都虛妄。傳到如今的末法時代佛門中，當代所有宣稱已經開悟的大法師們，卻連六根六塵六識都分不清楚，連五陰的內容都不明白—總是把識陰中的意識當作是常住不壞的眞如心—我見都還具足存在；像這樣子，連我見都斷不了，卻說他們都已經開悟實相般若了，眞是奇怪而大膽的行爲。

少數擁有阿含解脫道基本知見的法師或居士們，最多就只有看到自己對六根的執著——只看到六結中的局部，卻還是不能具足看到自己總共有六個結。阿羅漢們都能看見六個結而全部滅除，卻根本沒看見六結背後的手巾自體，也就是沒看見六根背後的如來藏。我們把如來藏比喻作鏡子，把五陰比喻作鏡中的影像；如同愚癡的猴子只看到鏡中的影像，不知道鏡中影像虛妄，而且也沒有看到鏡體，這就是執著五陰或執著意識常住的凡夫眾生。古今所有應成派中觀師都是如此，才會主張意識心常住，最具體的例子就是宗喀巴與印順法師。阿羅漢們看見鏡中影像時，都知道影像是生滅法而不執著，卻仍然看不見鏡體；所以雖然已經是聖人了，在大乘法弘傳初期卻還被世尊稱爲愚人。換句話說，二乘聖者只看到結，也知道結的虛妄，卻沒有看到手巾自體；執著自我的眾生卻連結都不知道，當然更沒有看到手巾自體，這就是當代自稱開悟的凡夫大法師們，全都落入鏡中影像—意識—境界中。

如果你看見這六個結，雖然知道這六個結是虛假的，但也知道這六個結其實還是巾體所成的——直接看到巾體；所以就不再教導別人外於這六結而尋覓佛法了！這時你說：「我的六根六塵六識，其實是以如來藏爲體，是由如來藏心體打成的結，不外於如來藏本因。」那麼我就說你已經開悟了。但是問題來了，得要先把如來藏找出來，才能分辨出結與巾體之間的關係——分別出六根與如來藏之間的關係，這時就是有實相般若智慧了；從此時開始，漸漸會知道要從什麼地方開始解結了。還沒有找到如來藏的人，往往誤會了：「我聽來聽去，你講《楞嚴經》時說『見就是眞心』，怎麼又說我能見聞覺知的心不是眞心？」然而我有說「見就是眞心」嗎？我只說「『見』非眞非妄」，因爲是轉依如來藏而把「見」攝歸如來藏的緣故。然而「見」是從哪裡來的？還是從如來藏心中生出來的啊！所以得要把如來藏找出來才算數啊！同理，劫波羅巾結成了六個結，這六個結不曾外於劫波羅巾體；是由巾體打成的結，所以結的自體還是巾體啊！可是證實這個道理以後，知道巾體也知道結了，終於懂得把巾體所成的結打開，就可以回復巾體原來的平整美觀了！問題是，這六個結當初是一個接一個次第結成的，現在想要把這六個結同時解除掉，當然是沒有辦法同時解除的。所以阿難回答說：

「不也！世尊！是結本以次第綰生，今日當須次第而解；六結同體，結不同時；則結解時，云何同除？」阿難尊者回答世尊，說這六個結以前打成時，不是同時結成的，而是有次第性的一個又一個綁成的；今天終於知道結也是巾體的一部分，也知道結是由巾體所綁成的；如今想要把所有結解開時，還是得要選擇解結的先後，依照次第一個又一個來解開。因爲六個結雖然是同一條巾體綁成的，但是成結的時候卻是有先有後的；那麼這六個結在解開時，怎麼可能一次就同時解開六個結呢？

佛言：「六根解除，亦復如是；此根初解，先得人空；空性圓明，成法解脫；解脫法已，俱空不生；是名菩薩從三摩地得無生忍。」佛陀聽到阿難尊者如此回答，就開示說：對於六根等結的解除，道理也是像這樣子；只要把六根中的一根給解開了，其餘五根中的結也可以用同樣的方法一一解開了。**「此根」**是指六根全體。當大眾把「此」六「根」的結全都解開時，就是斷了我執而證得「人空」了！這個六根諸結的道理，到了末法時期，有多少大師稍微懂得呢？他們之中有誰懂得這六根的內涵呢？如果是講最粗淺的五色根，他們多少還可以懂一些，也還不是完全懂得；若是講到意根時，現代所有大法師們都只能猜測而無法正確了知的。這要等到以後我們把書本印出去讓他們閱讀以後，才終於能懂得一些的。記得我這一世早年初學佛時，由於胎昧而忘了前世的修證，那時讀了大法師們的書以後，也曾隨順他們的說法；當大法師們在書中說意根就是頭腦時，我當時也相信，現在卻覺得當時眞是呆頭呆腦。

譬如印順法師書中說，意根就是頭腦（或者說是腦神經），我初學佛時還相信他的說法呢！但是後來漸漸理解佛法義理以後開始會思惟了，所以深入十八界法中整理以後就發覺不對：**「意根怎麼可能是頭腦或腦神經呢？意根如果眞的是頭腦或腦神經，而意根是要從此世去到未來世投胎的，那麼就應該每一個人死時都要把頭腦或腦神經割下來，帶去下一世的母胎中了。」**那時思惟到這裡，才發覺那些大法師們都說錯了！這正是玄奘菩薩說的**「愚者難分識與根」**。因此說，想要眞正而如實地了知六根，在末法時期還眞的不容易呢！所以我們才會編造禪淨班的教材，請各班親教師把正確的六根知見傳授給諸位。那麼六根：眼根、耳根、鼻根、舌根、身根，這五色根你都如實瞭解了，還得要瞭解意根。意根是**無色根**，**是心**，絕對不是頭腦或腦神經。五色根各有浮塵根與勝義根，浮塵根是哪個部分？勝義根又是哪個部分？學佛人都得要確實瞭解。

當你把五色根確實理解了，由於執著色身而產生的身見就斷了！可是還有由覺知心的我產生的身見還沒有斷除啊！那你得要再從哪裡下手斷身見呢？要從意根下手。這時得要思惟一下：我這個能覺知的心、能思惟的心、能觀察的心，每個晚上都會斷滅，顯然不是常住而不間斷的心，當然不是眞心——不是父母未生前的自己本來面目。既然每天晚上都會斷滅，自然就知道是虛妄法。再詳細觀察覺知心須依存於什麼才能存在呢？必須依存於正常無壞的五色根才能生起，當然是依他起性的心，是緣生緣滅的無常法。那麼眠熟而使覺知心斷滅以後，還剩下什麼心呢？剩下的是會思量的心，也就是時時處處都在作主的心啊！當你睡著無夢時，身體不舒服，意根還會督促如來藏生起少分意識—很簡單的覺知心—來分別那個不舒服的境界，就知道是身體受壓久了所以難受，應該翻身了，然後就由意根決定翻身；翻身好了以後，覺知心又消滅了，但作主而不能詳細了知的意根卻還是繼續存在，那當然不是覺知心意識，顯然還有覺知心以外的另一個能領受法塵、能作主的心在，這就是意根。若是分不清楚意根與意識的分際，就是「不分識與根」的愚人，這不正是當代所有大法師們的寫照嗎？

當然，意根並不是只有這麼簡單的體性，我們以後會從各個不同的方面，一點一滴慢慢爲大家說明；當《楞嚴經》聽完了，你就能大概瞭解意根是什麼，就可以找到自己的意根了。言歸正傳，這時還要對意根弄清楚——要有能力觀察意根的所在，接著再觀察意根也是虛假的。因爲意根可以遍緣一切法，只要有法現起時，六塵界中的一切法，意根無所不緣——意根是在一切時中同時遍緣一切法的。當你這樣觀察清楚時，把六根都弄清楚了，就知道六根眞的很虛妄。一旦知道六根確實虛妄，而且心中也確實完全接受而生忍了，我執也就斷盡了，於是證得「**蘊處界所形成的人我無常故空**」，這樣證得人空而沒有我執時，就是阿羅漢啊！如果現觀人空時，還沒有能力把自我的執著在歷緣對境中全部修除掉，就只能是初果、二果人，最多只能成爲三果人，還是無法成爲阿羅漢，因爲「忍」沒有生起。

「**此根**」是講六根全部，「**此根初解**」是說這六根的所有執著剛剛全部解開時，這時是證得人空——五陰人類自我無常故空。必須是對意根的自我執著也完全斷除了，才能成爲阿羅漢；這時是六根的自我執著全部斷除了，成爲慧解脫的阿羅漢，就是實證**人空**。但這只是聲聞解脫道的完成，還不是菩薩解脫道的完成；因爲菩薩的解脫道，不但要斷盡我見與我執的現行，還得要進斷我見與我執的習氣種子；而聲聞的解脫道，只要斷除見惑與思惑煩惱的現行就可以了！當菩薩斷盡我見與我執等煩惱障的現行時，就是證得人空；這時解脫證境同於阿羅漢，卻還得再起一分思惑—留惑潤生—再生起最後一分思惑以潤未來世生，否則就會入無餘涅槃，不可能繼續進修佛道了！所以菩薩從入地開始，都是有能力取證有餘及無餘涅槃的，卻都不取證而說沒有證得聲聞涅槃，因爲都故意留惑潤生。

接著再從如來藏深入觀察，直到對如來藏空性的自性以及所含藏的一切種子都具足了知時，就是對空性已經圓明無礙了！這時當然已經如同世尊所說，具足了知一切法的因由；也就是前面所說，對一切法「**知其本因，隨所緣出**」，這樣才是到了「**空性圓明**」的時節，才能「**成法解脫**」，這樣才是證得法空觀的八地境界；若是具足法空觀時即是究竟佛地境界，圓滿具足「**法解脫**」。「**法解脫**」並不是一般大法師們所想的另外有個什麼法得解脫，「**法解脫**」仍然是在自己的十八界所衍生出來的種種法中，觀察自心如來在十八界中總共有多少染污法的種子？也具足了知自心如來總共有哪些功德法？全部親證以後就能解脫於一切法，而不是如同聲聞阿羅漢只解脫於見惑與思惑等三界法，而是已將五陰十八界的習氣種子也全部斷盡了。

菩薩必須現觀和十八界同在一處顯現的自心如來一切法，若能夠完全了知的時候，就能具足現觀一切法都是從本因如來藏中，藉種種助緣而從如來心中出生；具足現觀而無所不知時，就是圓滿具足「法解脫」了，就是解脫於一切法而不是只解脫於見、思二惑。這時一切諸法都不能繫縛你了，就是解脫於諸法，就是七地滿心位的無生法忍具足圓滿了。

所以剛明心乃至剛剛眼見佛性時，仍然不是無生法忍，只是無生忍。這個無生忍是大乘的無生忍，是如來藏本來無生之忍，不是聲聞解脫道的蘊處界滅後無生之忍。因爲這時菩薩已經能忍於五陰自己確實虛妄——能忍於不生後世的五陰，也能夠忍於自心如來藏及其所生一切法的本來無生，所以是大乘的無生忍。而這種大乘的無生忍是不會取無餘涅槃的，都會依十無盡願而繼續受生，繼續向九地乃至等覺、妙覺地前進。

但這只是總相、別相的智慧而已，明心後，接下去要觀察如來藏配合六根、六塵、六識而輾轉出生的無量無邊種種法，究竟是怎麼來的？根源又是如何？都要窮究因由。窮究到最後會證實：原來是本因如來藏和眾緣配合而輾轉出生的，卻都始終不離自心如來藏以外。這樣繼續進修，先從百法的親證與現觀，再來是千法、萬法明門不斷地深細親證下去，這些都屬於諸地的無生法忍，這才是眞正的緣起性空觀。佛道必須依照這樣的次第來進修，不該隨意跳躍選取所要修學的內容。

講到這裡，我倒是想要說一些題外話。我們早期有些師兄姊眞是沒有智慧，我幫他們明心了，甚至其中也有人被我幫助而眼見佛性了，他們卻來告訴我說：「老師！你不要再講《成唯識論》啦！講那麼多的名相作什麼？」我說：「這是在幫助你們往上進修，是幫你們將來證得無生法忍，你們爲什麼要嫌這些法義囉嗦？」佛之所以能夠成佛，就是因爲智慧很深妙、很微細嘛！正是因爲有如來藏的一切種智，所以阿羅漢們都沒有辦法像 佛陀那樣說法呀！所以 佛陀入滅以後，沒有誰能夠被推舉爲佛，因爲所有阿羅漢們的智慧都遠不如諸地菩薩，並且連等覺菩薩 彌勒都不敢紹繼佛位了，還沒有明心的不迴心大阿羅漢們，又怎敢自稱成佛而承接佛位呢！難道不考慮會被已明心的未入地菩薩們問倒嗎？

佛教可不像天主教，教宗死了以後，大家再推舉另一個人出來當教宗。他們那些凡夫主教們共同推舉出來的人，怎麼會是眞正的教宗？我看是無法究竟天主教的宗旨，所以只是徒有一個名字叫作「教宗」而已。在佛教中，當 世尊入滅以後就沒有第二佛了，得要等到以後緣熟時 彌勒尊佛再來時。所以，我繼續解說《成唯識論》的目的，就是在解說百法明門的親證，這是要幫助大家完成初地滿心的功德，爲什麼他們卻要愚癡地反對我呢？我宣講《楞伽經》也是要幫助大家進入初地，可是他們那幾個人都不能領受我的好意，反而嫌我說：「老師怎麼講得那麼囉嗦！講那麼多法相做什麼？」這怎麼會是法相呢？這可都是自己心中的法事呀！

如果證悟如來藏了，就應該依據我所說的法義，從自心裡面一一驗證，「知其本因」之後接著觀察「隨所緣出」，才能夠解脫於諸法「成法解脫」嘛！以後才能於一切法都無所障礙啊！將來若是能夠對百法無所障礙時，就能證得初地滿心的現觀而成爲初地滿心的菩薩；若是能於千法無所障礙，就能證得二地滿心的現觀而成爲二地滿心菩薩。就這樣一直往上走，直到究竟成佛時，就是解脫於一切法。完全解脫於一切法的時候，「俱空不生」；因爲當你於一切法都得解脫的時候，就不會有所執著而一心想要住在如來藏空性中，也不會住在人空與法空中，因爲都不需要住於空中來修除異熟種子了！這才是究竟「成法解脫」的佛陀。

如果悟後很久了，卻還是要一天到晚住在空性中，對一切法畏首畏尾而不得解脫，那豈不是跟定性聲聞羅漢一樣了嗎？那還能稱爲菩薩嗎？那時只怕會每天貪著靜坐中的定境了，因爲打坐時覺得好舒暢啊！每天都想要進入等至位中繼續深入，覺得定中眞是太好了！這也是某些人對定境貪著的原因，總是想一直轉進更深的定境中享受。可是我在這裡要說一些眞話：如果沒有道種智，定中是很不容易轉進的，修定也一定事倍而功半；修行的事相多修了一倍，卻只能得到一半的結果。可是如果有了道種智，將來修學禪定三昧時就事半而功倍；因爲那時對佛道與禪定的整個內涵已經很清楚了，那時在各種定境中（定境中的很多境界都是無法言詮，都是唯證乃知的，就跟眼見佛性是一樣無法說明），那時如果有了道種智，在各種定境中都知道應該要如何轉進，知道要轉進哪個方向去，將來這樣修定時可就事半而功倍，何樂不爲呢？

戒慧直往的菩薩，爲什麼成佛之道的修行過程會比戒定直往菩薩快？正因爲戒定直往菩薩在還沒有迴入菩薩乘之前，很努力在四禪八定等法上面付出很大的精力與時間修行，事倍而功半。如果運氣好，遇到好老師教導，他就會改變次第先修慧學，然後菩薩道就會走得很快。但是現在根本是連戒定直往菩薩都不存在的，在這個世代，有誰能教導大眾修證四禪八定？都沒有！同修會外有很多人自稱證得第四禪，可是把他們的書翻出來讀，看他們對四禪是怎麼解釋的？其實都錯了，他們的定力其實都比你們修得的無相念佛功夫還要差。眞的是如此啊！他們都認爲只要一念不生時，就是捨念清淨定，就是證得第四禪了。當你要求他們在一念不生之中，把無相念佛的淨念提起來時，他們卻問你：「無相念佛？沒有佛號的念，怎麼能夠念佛？」他們都不會啦！所以定力比你們還要差。只要未到地定的定力很好，就一定會無相念佛，還不必有初禪的定力；然而他們自稱證得第四禪了，卻還不會無相念佛，有這種道理嗎？由此證明他們都是未證言證的妄語人。

如果有了道種智，你就依照佛陀安排的菩薩道次第進修，就會比別人更快完成佛道的修行。我們都不必、也沒有那個本質可以自以爲有多麼厲害，沒有誰的智慧高到可以推翻世尊安排的佛道次第，我們就依照 世尊施設的佛道次第進修。有的人偏不，還沒有學到般若的別相智慧，還不到該修禪定的階段，就急著想要修學禪定。像這樣子修學禪定，即使坐斷了腿，這一世還是得不到初禪的。我在禪定上的證量，並不是靠努力打坐得來的，是因爲我有智慧，所以自己修出禪定的境界來。如果會外有誰自認爲有禪定證量，就應該在書中稍微講一講；像我講經時偶然講一講，完全從自心中直接講出來，從來不需準備綱要才講；要這樣直接從自心實證中講出來，讓大眾評斷一下他是否有實證。如果你有了道種智，禪定的修法原理，我只需解說過一遍，你就知道禪定的道理，以後就能夠自己實修，大約不必再來問我了。你所不知道的是禪定的事相，當我把禪定的事相境界與內涵爲你解說以後，你只需要運用道種智就可以在家裡自己修習，很快就能成功。

至於什麼時候該修禪定呢？應該遵循 佛所安排的次第來作，這樣才會快。因爲 佛會安排那樣的成佛次第，一定有其道理。假使有人想要跟 佛所說的次第顚倒去修，當然也可以啊！就是會比人家走得慢嘛！譬如這條筆直的道路，我們本來就是應該依照平順的原路走；有人偏不要這樣走，偏要去走彎曲山路，繞了很遠的崎曲山路，花掉了很長的時間先走另一段；再從坎坷的山路繞回來走眼前這一段，然後再由另一段山路彎來彎去而走入另一段；這樣子老是在山路裡繞來繞去，不是一直在筆直平坦的大道上前進，速度可就很慢了！往往自以爲走得很快，其實是非常慢。

同樣的道理，明心了——證得大乘無生忍，並且眼見佛性之後，應當要修學般若別相智，接著要進修無生法忍而入地。可是無生法忍的修證，必定要以如來藏的無生忍爲基礎；也就是說，必須先證得如來藏，先從如來藏的無我性和能生萬法的體性觀察清楚；純依如來藏的無我境界來現觀六根、六塵、六識自我的虛妄性，確實轉依無我性的如來藏而滅除對蘊處界自我的貪愛，這樣人空就具足證得了！解脫果就與阿羅漢一樣了！智慧卻遠超不迴心的大阿羅漢們，這樣依如來藏現觀蘊處界自我的虛妄而斷除我執，才是菩薩所證的人空。

二乘聖者的人空，只要觀察十八界虛妄，心中信受 佛說有一個不生不滅心常住於涅槃中，所以無餘涅槃中並不是斷滅空；如此觀察而斷盡我執就可以了，不必實證如來藏心，這就是聲聞乘四果聖者所證的人空。入地菩薩所證的人空與聲聞羅漢相同，卻還要證得如來藏心，觀察如來藏自性中沒有我、我所，祂自始至終都離我、我所，因爲恆住不生不死、不來不去的涅槃境界中；然後再從如來藏的境界中，重觀十八界自己全部虛妄不實，證實蘊處界我全部虛妄，一樣可以在捨壽後入涅槃，卻特地留惑潤生，這才是菩薩所證的人空。這樣雙具人空與法空的空性觀，如果能夠繼續探究，越來越深入及微細，具足現觀如來藏所擁有的諸法全都無我，這樣的現觀圓滿具足時就是「空性圓明」了，就具足「法解脱」而解脫於諸法——不被諸法所繫縛。

解脫於諸法時就是無生法忍——入地了。到這個時候，在無生法忍的智慧境界中安住時，就用不著像剛破參的人那樣，常常注意觀察自己的如來藏自性，不需要再瞭解這些粗淺的般若了，反而是開始瞭解如來藏所含藏的各類種子了；同時也在深入觀察蘊處界諸法，本來都是如來藏中所含藏的一切無漏有爲法，這就一直往前進修無生法忍，不必再回頭觀察如來藏的自性了。這樣繼續進修，同時注意在斷除三界愛的習氣種子，歷經一大阿僧祇劫來斷盡三界愛的習氣種子；同時在諸法無我上面進修，終於能夠安忍於一切法無我、一切法無生，對於三界中的一切法都無遺漏而能安忍，就是「解脱法已」，就是「俱空不生」。這時都不再執著已經實證的人空與法空，「是名菩薩從三摩地得無生忍」，這時就進入第八地而獲得大乘無生忍了。

剛悟的人會有這麼一分執著，特別是看到那些錯悟的大法師們寫的書時，往往會這樣說：「哎呀！怎麼講這種東西！太粗淺了！」「這又是在講什麼？笑死人了！根本就不懂空性。」剛悟的時候會好奇：到底哪一個大師有悟？哪一個大師沒有悟？會因爲好奇而去拿來讀一讀，只是因爲好奇而不是爲了救護眾生、想要破邪顯正。這表示他對所悟的如來藏還沒有放下，還在法喜之中。事實上應不應該放下？其實還不該放下，因爲這是初心菩薩悟後必經的過程。得要這樣一步一步繼續走上去，走到了無生法忍的階段，你不必刻意放下，它自然就會放下，自然就不再執著如來藏心了。

譬如進入初地的菩薩，你教他說：「你得要一天到晚看著佛性，小心以後看不見佛性。」他才不管你這句話，根本連看都不想看；因爲他有無生法忍，開始能運用佛性了，又何必繼續看？根本不怕佛性看不見。他會一直前進，不想退回總相中，這時「俱空不生」，根本不再執著人空與法空，對空性已經沒有任何的執著，當然就是「菩薩從三摩地得無生忍」。這個「從三摩地得無生忍」就是入地後的無生法忍，但這個三摩地並不是指打坐所得的禪定境界，而是觀行所得的智慧三昧。三摩地有時稱作三昧，有時譯作三昧耶（但密宗的三昧耶，其內容是自創的，是凡夫外道妄立三昧及非戒取戒，佛學辭典中引述及解釋的三昧耶，多屬密宗自設的三昧耶）。

三昧，有時是指禪定的境界，有時則是指觀行以後所產生的智慧境界。所以入地所證的道種智百法明門中，在意識的別境心所法中有一個定心所，所講的定就有兩種眞義：第一是禪定的定心所，第二是心得決定而不再改易的定心所。第一個定心所，是指專注於一個定境而不搖動，譬如住於欲界定中、住於未到地定中，又如住於初禪的等至位中、等持位中……等，這是意識覺知心的心所法就稱爲「定」。第二個定心所，是指心得決定而制心一處、決不改變，譬如住於斷我見、斷我執的智慧境界中，制心於這種智慧境界而不動搖；這制心一處而得決定，也是「定」心所。

又譬如大乘法中的一行三昧，這個一行三昧完全是般若智慧，跟四禪八定的定境完全無關，但也稱爲三昧—定—三摩地，所以稱爲一行三昧。爲什麼這個般若智慧又叫作三昧定呢？因爲心得決定而制心於這個智慧境界中，決定住於這一處，毫不猶豫、不再轉變；既然心得決定，從此以後不再改變他對法界實相的認知了，就是制心一處，當然就是定，所以這個智慧也叫作三昧。這是由觀行實相法界而產生的定心所，所以也叫作三昧耶。以上所說是「菩薩從三摩地得無生忍」，是現見如來藏本來無生所以永遠無死；能夠如實安忍如來藏的本來無生，就是大乘的無生忍；也是制心於這個智慧境界中決不改變，所以也是三昧。這跟聲聞道的解脫果所證的無生忍是不一樣的，並且與聲聞解脫道一樣都不是從修定來的，而是觀行所得決定心；由心得決定而不再改變了，所以就稱爲三昧——三摩地。

【阿難及諸大衆蒙佛開示，慧覺圓通，得無疑惑，一時合掌頂禮雙足而白佛言：「我等今日身心皎然，快得無礙；雖復悟知一六亡義，然猶未達圓通本根。世尊！我輩飄零積劫孤露，何心何慮預佛天倫？如失乳兒忽遇慈母。若復因此際會道成所得密言，還同本悟，則與未聞無有差別。惟垂大悲，惠

我祕嚴，成就如來最後開示。」作是語已，五體投地，退藏密機，冀佛冥授。爾時世尊普告衆中諸大菩薩及諸漏盡大阿羅漢：「汝等菩薩及阿羅漢生我法中，得成無學；吾今問汝，最初發心悟十八界，誰為圓通？從何方便入三摩地？」】

講記：阿難及諸大眾已經承蒙　佛陀開示妙法，大眾的智慧經過　世尊開示覺悟之後，已經能瞭解緣起法，知見超越於聲聞法了；這時只是還沒有實證，但在知見上面已經圓滿通達六根與如來藏本來一體，對這個道理已經沒有懷疑及迷惑了！於是一時之間生起了進一步實證的想法，便起身合掌，欠身伏地頂禮　世尊雙足，然後稟白　佛陀說：「我阿難等人今天身心光明清徹，非常喜歡得到這種沒有障礙的智慧；雖然現在已經悟知一心六結全部亡失的眞實義理，然而依舊未能到達圓通於諸法的本來根源。世尊！我們這一些聲聞弟子們，多劫以來隨業浮沈，四方飄零，這樣子不斷累積同樣的過程以來已經很多劫了！在很多劫中總是孤獨無依地獨自探索佛道，一世又一世都沒有人正確地指導我們，如同無依無靠的孤兒一般獨自修學佛道，何曾起心動念想到今天能在這一場楞嚴法會中聽聞深妙法？又何曾思慮今天竟然能參預及享受如來家中的天倫之樂？今天我們就如同失去母乳養育的孤兒，忽然又遇見了慈母一般地幸福。如果再度因爲這個勝妙際會悟道以後所成就而了知的祕密眞言，還是如同本來在聲聞法中所悟一般，就與尚未聞熏今天這一場佛法勝會時的低劣智慧沒有差別了。惟願世尊垂下大悲之心，惠賜我們這些弟子祕密妙嚴之法，因此而成就如來這一場佛法勝會中的最後開示。」

阿難尊者說了這些話以後，五體投地禮拜 世尊，隨即退下來隱藏著心中祕密祈求的機緣而不外露，期望佛陀能在言語中暗地裡授予首楞嚴祕密妙法。這時世尊普遍告訴楞嚴法會大眾中的諸大菩薩，以及所有已經三界漏盡的大阿羅漢們：「你們這些菩薩們以及阿羅漢們，出生在我釋迦牟尼的佛法中，因此而可以修成無學果位；我今天問你們，最初發心悟知十八界的時候，是以什麼作爲圓滿通達之法？又是從什麼樣的方便法證入三摩地呢？」

在這一段經文中說，阿難以及大眾得到 佛陀加被開示，所以有了一些智慧，對於覺悟佛菩提的圓滿通達道理，已經有所了知，在理上沒有疑惑了；所以阿難與大眾當時就一起合掌頂禮 世尊雙足，並且向 世尊稟白。意思是說，與會的大眾今天已經身心洞澈明了，心中覺得很暢快，對於佛菩提的中心法義已經沒有疑惑了！爲什麼能夠沒有疑惑呢？就是了知佛菩提的證悟是以如來藏為標的。證悟佛菩提而生起實相智慧，是由於親證如來藏而觀察萬法都從如來藏中出生，現觀如來藏與蘊處界等法不一不異。這時雖然還沒有親證佛菩提—還沒有親證如來藏—但是由於已經了知這個道理，於是漸漸了知成佛之道的原理，因此說「得無疑惑」。

自古以來佛弟子修學佛法的最大盲點，就是不知道般若應該如何實證—不知道成佛之道應該如何見道，並且把禪宗的開悟當作是與經教中的佛法無關的修證。有很多人修學大乘佛法，知道應該證悟般若；可是般若的實證是以什麼作為檢驗的標準呢？三百年來，一直都沒有人知道；而眞正證悟的人也沒有出來弘法講清楚，是因為環境因素而無法出世弘法講清楚；所以有許多人開始走上經論研究的路子，誤以為只要理解經論中的意思，就是開悟了。然而知道與實證是有很大距離的，因為所謂的知道，都只是從文字表面來理解，是透過語言上的閱讀與思惟所得到的認知，並不是實證，這樣的認知一定有許多地方是誤解經論的。我們正覺同修會的重要任務，就是告訴佛教界：**般若的實證是以證眞如為標準，證眞如則是由親證如來藏而達到；只有親證如來藏了，才能觀察如來藏的眞如性；能觀察如來藏的眞如性時，就擁有法界實相的智慧。**

但是這樣理解了，仍然與實證般若有很大的距離。當時阿難與大眾也是如此，當世尊說完正理以後，大眾聽得眞爽快，心地通澈，已經悟知六結與巾體不一不異—六根與如來藏不一不異—的道理，也知道六結都解開時就沒有一結與六結的問題存在；但是畢竟還沒有通達圓通本根，也就是還沒有找到如來藏，仍然只是知道而無法現前觀察來親自證實。諸位看吧：佛陀爲大眾講了這麼久，還沒有教導大眾證得如來藏。眞的沒那麼簡單，因緣若是還不具足，哪有那麼隨便就能證得如來藏的？已迴心的阿羅漢們想要證得如來藏，也是要靠 世尊另外以教外別傳的方式來證悟的；若是不迴心的阿羅漢，可就完全沒有因緣可以證得了！阿難等人當時還沒有證得如來藏，所以這樣向 世尊稟白：

「**世尊！我輩飄零積劫孤露，何心何慮預佛天倫？如失乳兒忽遇慈母。**」

「我輩」是自稱「我們這一些人」。「飄零」是說，業風吹來時，大眾都各自隨業所飄而往生在各種不同的所在，無法永遠都聚在一起，零落地分散在各處。「積劫」是一劫又一劫，都是同樣的狀況而沒有改變。「孤露」是說，獨自一人沒有所依，如同露天席地無所遮蔽一般。「何心何慮」是說，從來都沒有想到，根本沒有智慧可以思慮出來。「預」是參預的意思。「佛天倫」是說，如來之家裡面的天倫之樂。

當 佛陀繼續深入解說，幫助大眾不斷深入自心如來藏的妙法之中，使阿難以及大眾領受到 世尊是眞的想要幫助他們進入如來家中，成爲如來家中的一分子（我說的是「入如來家，成如來子」，也就是進入初地的意思），當時感動不已，所以就這樣子向 佛陀發露心中的感受：「世尊！我們這一些聲聞弟子們，多劫以來隨業浮沈，四方飄零，這樣子不斷累積同樣的過程以來已經很多劫了！在很多劫中總是孤獨無依地獨自探索佛道，一世又一世都沒有人正確地指導我們，如同無依無靠的孤兒一般獨自修學佛道，何曾起心動念想到今天竟然能在這一場楞嚴法會中聽聞深妙法？又何曾思慮今天竟然能參預及享受如來家中的天倫之樂？今天我們就如同失去母乳養育的孤兒，忽然又遇見了慈母一般地幸福。」

剛剛悟入大乘佛法時，就如同在如來家中剛才出生的未開眼嬰兒一般，還無法領受如來家的天倫之樂，得要入地以後才能眞正領受如來家的天倫之樂。因爲諸如來的智慧與作爲，入地後的菩薩已能承受而有所作，而且超越聲聞、緣覺等無學聖人。不但菩薩性是聲聞、緣覺無學聖人所無法比擬，佛菩提智也不是聲聞、緣覺無學聖人所能臆測，因此能獨力承擔如來家業，世世常蒙如來護念，常常參預如來之家的天倫之樂。佛菩提道中的實修是很長遠的道路，得要歷經三大阿僧祇劫才能完成；在這個成佛之道的過程中，得要一世又一世都有如來護念，否則總是積劫自修而無依無靠，就叫作「積劫孤露」；所以若是有如來護念，可就很幸福了。

佛菩提道本是出世間法，爲什麼也說天倫之樂呢？譬如歸依三寶而開始修學佛法以後，就把自己所歸依而受學的僧寶認作是自己的父執輩一樣，有了師徒之情而享受師徒之間所能領受的道情，就叫作天倫之樂。好比去到某一個寺院，禮拜某一位法師做你的老師時，就稱他「師父」，也就是教導自己佛法的「老師父親」，簡稱爲「師父」！爲什麼師字之後還用父字？因爲「一日爲師，終生爲父」，所以就稱他爲師父，這就是出家法中的天倫，是天經地義的。所有人都不會拜他爲師以後卻說是「某某老師兄」，或者稱爲「某某師傅師兄」。學法的人在 佛陀捨壽以後，心裡不會這樣想：「我是三寶弟子所以是佛陀的弟子，您雖然是我的老師，卻仍然是佛陀的弟子，所以我應該和老師以同門師兄弟相認。」不會這樣子想嘛！仍然是有師徒之情的，這正是佛法中天經地義的事，所以名爲「如來天倫」或名爲「佛天倫」。

譬如儒家也有同樣的思想或準則，所以儒家學子或秀才，家中廳堂上都有個牌位，牌位上面寫的是：天、地、君、親、師。他們每天早上要對這個牌位供香、供水的，每年三節還得要供奉冷豬肉。天要供養，地要供養；至於君就是皇帝，親是指六親，但主要是指堂上二老以及已經過世的祖先；師就是教導儒生修學四書五經禮樂等法的師長，這就是儒門的五倫。儒生們每天早上都必須上香、供茶，供養天地君親師，就是尊重五倫感恩戴德的意思。六親之間互相的關係，譬如祖父母、父母、子女、夫妻、伯叔、甥舅等人倫關係，也是生來就該如此的，就稱爲人倫。六親之間的關係應該保持良好的互動，在六親之間良好互動的行爲就稱爲敦倫；而六親之間良好的關係，本來就是天經地義的事，所以也稱爲天倫。

同樣的道理，世間法中有天倫，出世間法中也有天倫——天經地義的倫理，就是師徒關係。譬如你拜在佛陀的座下，修學的是出世間法；這時的師徒關係就不屬於人間家庭，而是如來家的道情法親。在如來家中的法親應該保持良好關係，人人都應該保持師徒之間的良好關係，這也是敦倫；如法敦睦師徒天倫—敦倫—可以使自己道業快速增上，因此師父與徒弟之間都應該保持雙方間的良好關係，維持不壞。這種關係保持住，一直都是如來家中的一個成員，永不改變，是天經地義的；所以修學佛法而入地了，名爲「生如來家、成如來子」，然後繼續保持與 佛陀之間的良好關係，時時都有互動而互相認定都是如來家中的成員，就說是「預佛天倫」。

當時阿難與諸大眾的想法是，諸大菩薩的證量高不可攀，所有阿羅漢們都覺得自己與諸大菩薩距離好遠、好遠。如今這一場楞嚴法會中，佛陀卻是非常努力想要幫助大眾都成爲如來家中的成員；阿難與諸阿羅漢眾都沒有想到還能夠參與如來家的弘道與修行，都沒想到自己不久即將成爲 佛陀大家庭中的成員，所以才說：「何心何處預佛天倫？」心中感受到這個事實正在實現時，覺得好幸福。好像是正在哺乳階段的嬰兒還沒有辦法食用固體食物，當他還只能吃母奶的時候竟然失去母親了；正在存亡關頭而無法可想時，突然間又遇到慈母了，豈不是嬰兒最高興的事情嗎？意思是說，世尊如同慈母一般，在阿難與諸大眾想要修學佛法卻又沒有佛法可學時，世尊竟然不嫌棄大眾都是聲聞人，願意教導佛法大義—把佛法的法乳耐心地餵養大眾—要讓大眾都進入如來家，不只是成爲聲聞人。

可是話說回來，如果因爲這樣的楞嚴法會的際會，聽聞佛法妙義以後，所獲得的佛法中不許明傳的祕密法言，竟然與尚未入如來家之前所聽聞的聲聞解脫道法義相同——仍然是聲聞法的解脫道法義，就與尚未聽聞楞嚴法會祕密勝妙法義以前沒有差別了。既然沒有差別，那麼特地聽聞這一場楞嚴妙法，世尊特地宣講楞嚴妙法，又有什麼意義呢？這就是說，阿難與諸大眾還沒有證得如來藏，無法確實證知佛菩提中的祕密法義，所以才提出這樣的說法。

如來藏的所在是佛菩提道中的最大祕密，不許不迴心的聲聞有學與無學聖者聽聞與親證。這是菩薩道的根本所依，只有菩薩才能證得如來藏的所在而了知祂的一切祕密；所以只有迴心大乘以後的聲聞有學、無學聖者，才能在 佛陀的幫助下證得如來藏，以及現觀如來藏的妙眞如性——眼見佛性；所有不迴心的大小聲聞人，都無法獲得 世尊的加持而親證。修學大乘法而想親證如來藏是困難的事，除非有大善知識再來人間弘揚。而如來藏的所在永遠都是大乘佛門中的最祕密義，自古以來千聖不傳——都不會以語言文字明說，所以禪宗門下自古以來就很少有人能實證自己的如來藏。禪宗裡的證悟者，在歷代中都是少數人，所以只要證悟明心了，就成爲禪門裡的重要傳承人物，而且會被傳誦不絕。若是悟錯了，在世時縱然有大名聲，死後不久自然就很快被人遺忘了；這種事相，自古以來一直如此，未來也仍將如此。

雖然有很多人由於找不到如來藏，所以都抱怨 世尊諸經中都說得太隱晦。可是對於眞悟者來說，其實有許多地方都是明講的；有的地方甚至講得太明白了，我講經時也只好略說幾句話就帶過去，不許再深入解釋了。這樣不許明傳的佛菩提祕密義，也就是如來藏的所在，就是佛菩提中的「道成所得密言」。阿難說，如果今天因緣際會參預了楞嚴法會以後，所悟的「道成所得密言」，是跟沒有悟得本心之前的聲聞法一樣，那就等於沒有來聽聞 佛陀所說《楞嚴經》的妙理了。一定是聽了以後有所悟入，而所悟的智慧是與以前不同，是更勝妙於聲聞法的，世尊才沒有枉費脣舌。所以就向 佛陀請求把如來藏所在的密意教導大眾。

佛陀其實已經把密意說了，但是當時阿難等人會不到，就誤以爲 佛陀不曾說，於是就請求 佛陀把密意指示給他們。我出來弘法十來年了（編案：這是二〇〇二年時所說），狀況也一直都這樣，都認爲我沒有明說如來藏的所在。但這種誤會並不是現在才有，其實阿難以前早就問過了。我們常常說，當你悟了以後，你的如來藏跟你悟前的如來藏自性是一樣的，祂並沒有因爲你悟了，祂的清淨自性就轉變了。你開悟之前，祂是本來自性清淨涅槃；當你悟了以後，祂還是本來自性清淨涅槃，悟前與悟後並沒有轉變，心體的清淨自性還是如同悟前一樣。

也許有的人聽了就說：「**那我何必求悟？既然悟後跟悟前一樣，開悟有什麼用？**」可是悟前與悟後在智慧上面並不一樣啊！當你悟了如來藏以後，你的如來藏中的種子是開始不一樣了，所以悟後每一天你都擁有以前所不曾有的實相智慧。但如來藏是實相智慧的本體，你悟了祂以後，雖然祂自己的體性並沒有轉變，還是和悟前一樣本來自性清淨涅槃，但是你覺知心中的智慧就出現了。而這個實相智慧卻與如來藏無關，智慧是你覺知心所擁有的，而如來藏是你的智慧所要了知的對象；你學佛求智慧，這個佛法實相智慧所了知的對象與內容，就是如來藏的自性與祂含藏的種子差別；只要你悟得如來藏了，就能現前觀察祂，於是你就有實相智慧了嘛！

所以，從覺知心意識來說，悟了不同未悟；但是若從如來藏自身來說，悟了還同未悟。因爲如來藏的自性仍然不曾改變，體性還是像你悟前那麼清淨，不會因爲你悟了，如來藏就要求你：「**你是因爲找到我而開悟了，所以你欠我一份情，以後要聽我的。**」祂從來、也永遠不會這樣子，還是依照悟前的原樣繼續配合你來運作。所以當你沒有找到如來藏以前，往往誤會善知識的說法，參禪時就會出差錯；當你找到了如來藏，就知道法界中的實相本來就是這樣嘛！

那麼阿難爲什麼要這樣子問呢？（當時的阿難還是聲聞初果人。但阿難入滅之前很早就已經是初地菩薩了。）他當時這樣子請法，心中想的是，希望 佛陀垂憐，升起大慈悲心，把恩惠施加給他，也施加給楞嚴會中同時迴心大乘的阿羅漢們。這意思就是說，如來藏到底在哪裡呢？請 世尊以隱密的方式暗示出來。而這個意思不可以明講，所以阿難「退藏密機」；假使 世尊同意要把如來藏的所在告訴他們時，也不可以用語言明講，必須隱藏在語言之中暗地裡講給阿難與大眾知道，所以說「冀佛冥授」。當 世尊施設方便而在大眾面前把如來藏的密意告訴大眾了，阿難等人就可以領受到「因此際會道成所得密言」了。阿難等人是如此希望的，假使 如來眞的把密意隱藏在語句中說給阿難等人知道了，那麼「如來最後開示」便「成就」了。

爲什麼說如來藏的所在是「如來最後開示」呢？因爲這是 釋迦如來示現在人間的唯一大事因緣。假使 如來在人間把這個密意傳授了以後，第三轉法輪諸經也就全部都可以演說了，那麼 如來降生人間傳授如來藏的任務也就完成了。釋迦如來初轉法輪只說聲聞解脫道，只傳授斷我見、我執的道理與方法，不必證如來藏；當 世尊度眾生成就解脫果，於是大眾生起大信心了，不免會有慢心；世尊於是開講阿羅漢弟子們所不知的般若密意，讓阿羅漢們知道自己仍不是如來；教導他們應該迴心大乘、行菩薩道，然後再以教外別傳的方式，把如來藏密意傳授給已經迴心大乘的阿羅漢們，讓他們在如來以後繼續示現於其他星球時，還可以維持這個星球中的佛法法脈。所以，聲聞與緣覺道的法義，都只是 釋迦如來的方便施設所說；教導大眾迴心大乘而實證如來藏，繼續隱覆密意而弘傳如來藏，才能使大乘佛法不致於斷絕。因此，當如來把如來藏的所在與密意傳下來以後，最後開示便完成了。

雖然阿難等人這樣懇求 世尊，然而 世尊還是不會立即應允的；因為密意宣講了以後，還有第三轉法輪諸經中的很多法義，可能大眾就沒興趣聽聞了！所以 釋迦如來還是按部就班來說法。當阿難向 世尊請求了以後，就「**五體投地，退藏密機**」。他把自己心所想的隱藏起來，因為在座還有一些三明六通的大阿羅漢，他們是不迴心的定性聲聞，還不該得菩薩的妙法，世尊當然不該以語言公開明講如來藏的所在。如果阿難在心中以語言文字想著，要求 世尊以語言文字密傳如來藏的妙義，那些三明六通的不迴心大阿羅漢就會知道他在想什麼。因此，他心中希望 如來冥授時，卻必須「退藏密機」。

釋迦佛的冥授，我是體驗過的。以前 佛陀召見我時，我當時心中有別的想法而沒有立即遵命實行，佛陀就立即加持我，讓我在心中突然一念閃過去，就知道 世尊的意思了！佛陀只是讓你心中一念閃過，都不用語言文字來說，你心中自然知道 世尊的意思了，這就是「冥授」。阿難跟在 世尊身邊很久了，當然知道這種事情，所以不該把心中所想「冀佛冥授」的意思顯示給不迴心阿羅漢們知道，所以他就「退藏密機」，心中都不動聲色，都不在腦子裡說：「佛陀啊！請將密意告訴我們。」免得不迴心的大阿羅漢們知道了。雖然阿難是 世尊的堂弟，一生用心服侍 世尊，可是 世尊仍然沒有接受阿難的請求，而是要讓所有不迴心阿羅漢們知道大乘菩提的勝妙，當然就得作各種較量。至於誰有因緣、誰該證悟佛菩提，還是要觀察各人的因緣；若是因緣適合，世尊會以教外別傳的方式早一些幫助證悟；若是因緣還不適合，就暫時等候一段時間，等到將來因緣適合時再幫助悟入如來藏的密意。

所以 世尊接著普告大眾說：「諸位大菩薩以及所有漏盡的大阿羅漢們……。」先指定某一些人，要讓他們各人都講一下自己所證的圓通法門。也就是說，在楞嚴法會中聽聞如來藏妙法的弟子之中，是函蓋三乘弟子的。佛世也有緣覺啊！但因為佛世的所有緣覺實證者，全都是聽聞 世尊解說因緣法而成為緣覺，並不是自參自悟緣覺菩提的，所以仍然屬於聲聞人而擁有緣覺菩提的實證，所以當時大眾的證量是函蓋三乘菩提的。這時 世尊指稱楞嚴法會現場中的大菩薩及大阿羅漢們，說他們都是出生在 世尊三乘菩提妙法中（生身是父母所給的，然而法身慧命卻是世尊所給的，所以說大眾的法身慧命都是在如來的佛法中出生的），今天既然能夠成為無學聖者，也就是至少已經證得聲聞果中的第四果了，如今就問大眾：「你們最初發心悟知十八界的時候，是以什麼作為圓滿通達之法？又是從什麼樣的方便法證入三摩地呢？」

【憍陳那五比丘即從座起，頂禮佛足而白佛言：「我在鹿苑及於雞園，觀見如來最初成道，於佛音聲悟明四諦；佛問比丘，我初稱解，如來印我名阿若多妙音密圓，我於音聲得阿羅漢。佛問圓通，如我所證，音聲為上。」】

講記：這個時候，憍陳那等五位比丘就從座位上站了起來，同時頂禮 佛陀足下而稟白 佛陀說：「我是在鹿野苑以及在雞園中觀見如來最初成就佛道的弟子，我是在佛陀的音聲之中悟明四聖諦的眞理；如今佛問諸比丘在佛法中的圓通法門，我是如來法中最早被稱為證解佛法的人，所以如來印證我的名字為阿若多妙音密圓，我是在如來的音聲中證得阿羅漢果。佛問眾人如何實證圓滿通達的智慧，若是依我憍陳那的所證，如來音聲為最高的圓通法

門。」】

「驕陳那五比丘即從座起，頂禮佛足而白佛言：」第一位站起來回答的是驕陳那比丘，還有四位比丘跟隨他一起從座位上起立。驕陳那，有時候翻作憍陳如，驕陳那是姓氏；阿若多，意思是「初知」，也就是第一個知道，或者說爲「已知」；他是人間最先知道 悉達多太子已經成佛的人，所以名爲「初知」。從事相上來說，這時只有驕陳那比丘最有資格從座位上站起來，因爲娑婆世界中的這個地球，世尊在鹿野苑雞園中初轉法輪時才開始有比丘，他是 釋迦如來的教團剛剛成立時的第一位比丘。當驕陳那成爲比丘的時候，佛教的三寶才正式成立；在此之前人間只有佛寶、法寶而沒有僧寶，所以驕陳那成爲阿羅漢的時候，三寶才算具足了。這就是說，驕陳那當時證悟菩提而成爲阿羅漢時，他是使人間三寶具足的第一人。驕陳那同時也是人間第一位知道 悉達多太子成佛的人，所以這時候他最有資格首先站起來說明自己所依的圓通法門。

驕陳那教團總共有五個人，因爲他們悟得四聖諦而具足了三寶。他們當初都是 佛當太子時的侍從。悉達多太子出家學道時，一一經歷各種外道學法，因爲那時都沒有人知道怎麼成佛，於是示現拜訪一切名師修學。在修學過程中，跟著第一位外道證得初禪，又跟第二位外道證得二禪，然後是跟隨一切外道證得他們所證的一切境界；世尊都是隨學隨得，不久便證得非想非非想定。這些外道們都是錯將禪定境界誤認爲涅槃境界，悉達多太子追隨的最後一位外道，是證得非想非非想定的鬱頭藍弗；後來成佛後想要度他，卻已經捨報生非非想天中，佛陀授記他將來會下生人間當水獺而殺害河中的魚類。後來他的徒弟，也就是證得三界最高禪定非想非非想定的一百二十歲外道須跋陀羅，也自認爲是證得涅槃；直到 世尊即將入滅時才來求見，成爲俱解脫阿羅漢，立刻在 世尊之前先入涅槃了。外道都把禪定境界認作不生不死的涅槃，各個都自稱是阿羅漢；然而 佛陀成佛前一一證得了以後，檢查的結果認爲全都不是涅槃境界，認爲他們都不是眞的阿羅漢。

但是應該怎麼樣實修才能成爲涅槃？要怎麼樣實證才能證阿羅漢果？要如何實證才能成佛？都沒有人知道，只好自己探究。最後遇到苦行外道，日食一麻一麥，這樣經過六年的苦行以後，依舊沒有辦法成佛。經過六年的苦行，每天只吃一顆麥、一顆麻，六年下來會變成什麼模樣呢？成爲皮包骨了。你們如果想像不出來，等一下講經完了，銀幕收起來以後，去看經櫥中的一尊 世尊的苦行雕像就知道了。當年 世尊六年苦行下來，發覺苦行根本沒有辦法使人成道；所以認爲要有氣力，精神充足了才能觀行，才能把實相弄清楚，不是專靠著苦行住在定境中等待。在定境中再怎麼待，都沒有辦法證得解脫果，更沒有辦法證得佛菩提果。所以當時 世尊作了一個決定，不要再修苦行了，改修不苦不樂行，要從智慧上面作觀行。

在以前的六年苦行中，往往住在禪定境界中，一坐就是一個月、兩個月。有一次，當 祂出定時準備要起身，竟發覺頭上有鳥巢，鳥巢中有了小鳥，心想：「**大概是母鳥當作我是個石頭、雕像，所以就在我頭上築巢。我假使一動身，母鳥一定不敢再來餵食，這一些小鳥可能都要餓死。**」所以只好重新再入定中，等到那些小鳥成長而會飛翔了，世尊才重新出定。這樣子六年苦行，身體當然停滿了灰塵，想要進食而有氣力觀行之前，先得去河邊沐浴後，才好乞食；於是才往河邊沐浴，再接受牧羊女供養乳糜，然後才在菩提樹下觀行成功，不但實證阿羅漢果，而且具足圓滿智慧而成爲人天至尊。

釋迦世尊正是如此，既然沒有人能幫忙證得出三界的涅槃，也沒有人能幫忙成就佛果，乾脆就自己來觀行。人就是要這樣子，當年我就是想：「**既然沒有人能夠幫我，我就自己來。**」要有這個志氣，未來世你們也都要有這個志氣。接下來祂只好去河裡沐浴，當身體洗清潔了，卻已經沒有力氣走上河岸了，所以天神就壓垂樹枝，讓 世尊拉住，才能上岸來；接著剛好就有一個牧羊女看見了，於是供養了乳糜（乳糜就是用羊乳或者牛乳加上米煮爛了），就供養祂。這是供 佛的最大功德，因爲這是 世尊成佛前的很重要供養，也是對 世尊的第一件供養。還有就是最後一件供養，就是即將入涅槃前的那一天，不論誰供養了最後一餐，一樣是最大功德。

這個牧羊女運氣好，供養上了。可是驕陳那五個人看到 悉達多太子放棄苦行時卻起了煩惱：「**太子竟然放棄苦行，貪圖安樂。**」所以他們就離開了，走到很遠的鹿野苑去。鹿野苑中有一個處所叫作雞園，因爲那個園中養了一些雞。他們五個人到了鹿野苑以後，因爲雞園中可以遮陽及避雨，所以就在雞園中繼續修苦行。但他們互相約定說：「**以後如果太子再來找我們，我們都不要理他。**」佛在當晚成道以後，思惟佛法二十一日，把整個佛道的次第，在二十一天中都整理好了！在這二十一天中，也因爲大梵天請求住世轉法輪而從欲界六天開始說法，次第往上而講到色界天中，說完成佛之道的全部內容與次第。後來由欲界天再傳回人間時便具足整個佛道次第與內容了，這就是《華嚴經》。

二十一天過後，世尊想：「**我在人間應該先爲誰說法？**」立即想到伴隨著出家的五個人，受他們照顧了那麼多年，也因爲往世的因緣應該先去度驕陳那；所以 世尊從菩提伽耶走路到鹿野苑，度了五個人成爲比丘，最初成立僧團。世尊是走路過去的，當年我們是坐遊覽車，那時候路況不好，從菩提伽耶坐了好幾個鐘頭的車子才到達鹿野苑；現在如果路況好一點，應該大約三、四個鐘頭可以到達吧！但 世尊當時是走路去度五比丘。這五個人當初約好不理 世尊：「如果太子來了，我們都不起身迎接他，並且不爲他準備好座位，讓他自己找位子坐。」大家都約好了，可是當 佛走到那邊，五個人不約而同站起身來，各種招呼 世尊的動作就一一出現了。

印度相傳初次面見時的情況又不一樣，據說這五個人後來有起身前去相迎，在距離鹿野苑不到兩公里處親自迎接 世尊回到鹿野苑，後人就在那裡建了迎佛塔，現在還有塔基及一些磚土牆留存著。那時候人煙稀少，沒有什麼遮障物，當五個人遠遠看見時，驚訝地說：「啊！那不是我們的太子嗎？」那時驕陳那先站了起來，因爲驕陳那心中對於大眾在以前所作的約定不太認同，所以首先起身前往迎接，其他四個人也不由自主站了起來，大家就跟著去迎接；後人爲了紀念這件事情，就在迎 佛之處建了迎佛塔來紀念。沒有人在見到諸佛時還能繼續安坐於位子如如不動，諸佛就是有這種威德。回到

鹿野苑以後　佛就開始爲他們說法，第一個悟入的人是驕陳那；所悟的當然是聲聞菩提，其實也是隨後就會悟得二乘菩提，因爲　世尊也會爲他們解說因緣法。驕陳那有這個因緣，是最初見佛，也是最先悟入聲聞菩提而成爲阿羅漢，所以驕陳那最先起身禮佛，就報告說：

「**我在鹿苑及於雞園，觀見如來最初成道，於佛音聲悟明四諦；**」在鹿野苑初見，以及隨後在雞園中說法時，驕陳那看見　如來時，是所有人中最先看到　世尊成道的人；在此之前，人間還沒有誰知道　世尊已經成道了。而且驕陳那是第一個悟入解脫道的人，所悟的法義是四聖諦——佛陀當時爲他三轉四聖諦法輪；所以驕陳那是由於　佛的說法音聲而悟明了四諦：苦聖諦、苦集聖諦、苦滅聖諦、苦滅道聖諦。由於是聞聲而悟入解脫道，所以出離三界生死的覺悟法義就名爲聲聞菩提。

「**佛問比丘，我初稱解，如來印我名阿若多妙音密圓，我於音聲得阿羅漢。**」佛陀當時詢問諸比丘是否已經證解的時候，驕陳那是第一個口稱「證解」的人；他最先悟入，當然是最初知道　世尊成道的人，當然應該名爲「阿若多」。如前所說，驕陳那是姓氏；「阿若多」意思是「初知」，又名爲「已知」。由於驕陳那是第一個聽懂三轉四聖諦法輪的比丘，所以　世尊爲驕陳那立名爲「阿若多」比丘，意思是最初理解聲聞解脫道的比丘，或者名爲「已知」解脫道、已知「世尊成佛」的比丘，這就是驕陳那另外擁有「阿若多」名號的緣由。驕陳那是因爲聽聞 世尊三轉四聖諦法輪而悟入解脫道，成爲阿羅漢，所以 世尊說驕陳那比丘是「初知妙音密圓」的人，說他叫作「初知比丘」。

「**佛問圓通，如我所證，音聲為上。**」佛陀詢問在場所有人如何圓滿通達自己所證的法道，驕陳那第一個站起來述說自己的經驗；由於自己是經由世尊音聲而悟道的人，所以認爲如來所說的音聲即是悟道圓通的最上法門。也正因爲如此，所以阿羅漢們所證解脫道中的覺悟，都叫作聲聞菩提—都是要從佛陀的音聲而覺悟的菩提—專指出離三界生死的解脫道。譬如 佛陀解說四聖諦，阿羅漢們從 佛陀的音聲中聽聞而斷除了我見，乃至從 佛陀說法的音聲中斷除了我執—都是從佛口化生—全都是由 佛陀說法音聲中會取而成爲阿羅漢，因此當然要認爲 佛陀說法的音聲是證得圓通的無上法門。

【**優波尼沙陀即從座起，頂禮佛足而白佛言：「我亦觀佛最初成道，觀不淨相，生大厭離，悟諸色性以從不淨，白骨微塵歸於虛空，空色二無，成無學道，如來印我名尼沙陀。塵色既盡，妙色密圓，我從色相得阿羅漢。佛**

問圓通，如我所證，色因為上。」】

講記：當驕陳那說完了，優波尼沙陀隨即從座位上起立，頂禮佛足而稟白佛陀說：「我也是觀察佛陀最初成道時，聞佛說法而從所觀察色身不清淨的法相，由此而生起極大的厭離心，覺悟有情的各種色法自性都是從不淨法中出生，死後成爲白骨微塵，依舊回歸於虛空；最後我觀察到虛空與色法二者全都滅盡而成爲空無，我是這樣成就了解脱果的無學道而成爲阿羅漢，如來印證我爲阿羅漢而賜名爲尼沙陀。微塵色法既然已經窮盡，微妙色法的祕密也就圓明了，我是從色塵的法相觀察之中證得阿羅漢的。佛陀既然問我們各自的圓通法門，就如上面所說我的所證，我認爲以色法觀察作爲因緣，是最上圓通法門。」

「我亦觀佛最初成道，觀不淨相，生大厭離，悟諸色性以從不淨，白骨微塵歸於虛空，空色二無，成無學道，如來印我名尼沙陀。」優波尼沙陀，本義是「無量數」或「微塵數」。優波尼沙陀比丘看見驕陳那比丘說完了，於是從座位上起立，頂禮佛足之後就稟白說：「我也是在佛陀最初成道之後，由於佛陀教導我作不淨觀……」這是因爲優波尼沙陀本來貪欲很重，所以佛陀特別教他修學不淨觀。要從身體觀察種種不淨相，也就是作九想觀，是從色身死後開始膨脹、轉黃、轉黑、暴裂、污水狼藉等等，一直觀到變成白骨，這叫作不淨觀，又名九想觀。由於不淨觀的觀察，作了次第觀身不淨的關係，所以對色身產生了極大的厭離，於是解脫了人間色身的身見；然後再體悟色身的生起也是依靠種種不清淨法，才能成就的；譬如五種不淨中所說的食物不淨、種子不淨、處胎不淨乃至國土不淨等等。這在禪淨班中，親教師都有跟你們教導了。

優波尼沙陀所說的是，從色身的種種不淨體性來觀察，所以斷了對於色身的貪著；當九想觀完成了，接著就要改修白骨觀了。那麼白骨觀總共有十一觀，有另外的修法，這裡且不談它。優波尼沙陀由於修學不淨觀，後來他又深入觀察，最後觀察到最微細的鄰虛塵時，再繼續觀下去以後就歸於虛空了！於是發覺色身不但是不清淨的，乃至最後連白骨都不是眞實有，仍然要毀壞而在最後歸於空無，等同虛空。他就是這樣觀察，到最後是滅盡自己，連虛空與微塵色法全都不存在了；他就因此而成就了無學道，成爲阿羅漢了。至於 如來爲什麼印證他的法名爲「尼沙陀」呢？「尼沙陀」意思是無量數或微塵數，因爲他將死後剩下的白骨觀到最微細時，已經成爲微塵那麼細了，再細觀下去而成爲鄰虛塵時，還能夠計算總共是多少的微塵數目嗎？

根本無法計算了！由於他是這樣細觀而成爲阿羅漢的，所以 世尊印證他成爲阿羅漢以後，又賜給他一個名號，叫作「尼沙陀」比丘——微塵數比丘。所以他是從色塵的性空而悟成阿羅漢的。

「塵色既盡，妙色密圓，我從色相得阿羅漢。佛問圓通，如我所證，色因為上。」既然觀察微塵數色性的法相到最後還是歸於虛空，而覺知心一定要依附於色身才能在人間存在；若是沒有色身，覺知心就沒有辦法再存在了！這樣觀察的結果，粗色與細色乃至微塵色既然全都觀盡了，於是「**妙色密圓**」，也就是窮究色法的微細祕密法相，到這裡時已經圓滿了，因此而使他一直存在的我見、我執全都斷盡，於是證得阿羅漢的果位。當 佛陀垂問每一個人所證的圓通法門時，優波尼沙陀當然認爲從色法的觀行作爲圓通的本因來修證，是最好的方法。

每一個人都說自己的法門是最好的，驕陳那比丘說聽聞 佛陀說法是最好的法門，因爲他一聽就悟入了嘛！但是優波尼沙陀聽了也沒辦法成爲阿羅漢，還得要再藉九想觀去修除貪欲，斷除對色身的貪愛；然後再藉白骨觀而轉入鄰虛塵、微塵相的虛妄性上面來觀察，我執才斷盡，他當然主張以「**色因**」來觀察是最好的法門。正法中的解脫眞的是八萬四千法門，門門可入；

因爲眾生的根機各不相同，不能一概而論。到了末法時代的今天，當然也是一樣，所以必須有很多不同的經典，從不同的方向與層面來講解佛法。但是有一個大前提是，佛陀的時代所說的法義是全面性的，是具足三乘菩提的全面性佛法；我們應該回歸到 佛陀時代的狀況，所以我們今天應該要把佛教推進到全面性佛法的時代，別再像以前那樣分宗分派了！更不要像印順法師一樣把佛法割裂成支離破碎的狀態（編案：這是引用太虛法師語。太虛認爲其徒印順已經把佛法割裂成支離破碎了）。而我們《宗通與說通》出版的目的，就是在強調這一點。今天講到這裡。

……（講經前的當場答問，移轉到《正覺電子報》〈般若信箱〉刊載，以廣利學人，此處容略。）接下來我們繼續講《楞嚴經》，上週我們講到八十九頁倒數第五行講完，現在從倒數第四行香嚴童子那一段開始：

【香嚴童子即從座起，頂禮佛足而白佛言：「我聞如來教我諦觀諸有為相，我時辭佛，宴晦清齋，見諸比丘燒沈水香，香氣寂然來入鼻中。我觀此氣非木非空非煙非火，去無所著，來無所從，由是意銷，發明無漏，如來印我得香嚴號。塵氣倏滅，妙香密圓，我從香嚴得阿羅漢。佛問圓通，如我所

證，香嚴為上。」】

講記：香嚴童子聽完優波尼沙陀的報告以後，立即從座位上起身，頂禮佛足以後就稟白 佛陀說：「我是聽聞如來教導我詳細而正確地觀察種種有爲法的相貌，我在當時聽完如來的教導以後就向佛告辭，自己在各種有爲法上面實地加以觀察；不論是在大眾已經休息的昏暗夜晚，或是在清晨明亮的時光來恭敬禮佛時，我看見諸比丘焚燒沈水香，那香氣寂靜地來到我這裡進入鼻中。我當時觀察這個香氣不是木柴本身、不是虛空、不是輕煙、不是焰火，當香氣離去時並沒有什麼執著而直接消失了，當香氣過來時也並沒有來處可以看見，只是靜悄悄地來了；由於這樣觀察而使我的意識意根銷除了執著，於是發起而且明了無漏法；如來因此印證我已得阿羅漢果，我因此而獲得如來賜給香嚴童子的名號。我觀察沈水香的香氣離去時是突然就滅失了，去無所蹤，而從微妙的沈水香中的祕密獲得圓滿通達，所以我是從香氣莊嚴而證得阿羅漢果。如今佛陀垂問圓通法門，如同我的所證，我認爲香氣的莊嚴最爲至上。」

「**我聞如來教我諦觀諸有為相，我時辭佛，宴晦清齋，見諸比丘燒沈水香，香氣寂然來入鼻中。**」二十五種圓通法門各有不同層次差別。因爲在楞嚴法會當時，已經是宣講大乘法的時期了，所以三乘菩提中的實證者都同樣在 如來座下聞法；這時 如來垂問各人的圓通法門時，同在法會中聞法的三乘菩提實證者，當然會有各自修證互不相同的狀況顯現出來，於是各人都依自己實證菩提的狀況來報告。這時當然就會顯現出所證三乘菩提的同異性了！

三乘菩提有什麼同異性呢？譬如聲聞菩提所證之標的，是斷除我所執、我見、我執；前提是必須相信 如來所說有另一個識能出生名色（名色中的「名」共有七個識——眼等六識及意根），此識是無餘涅槃中的本際。緣覺菩提所證之標的，是聞佛說法之後推定確有本識實存而出生了名色，由於不知蘊處界虛妄的無明，由此無明才使本識出生了一世又一世的名色；滅了這個無明，本識就不再出生名色，永盡後有而入無餘涅槃。以上所說的是二乘菩提。大乘菩提中又有通教菩提與別教菩提的異同，通教菩提同於聲聞及緣覺菩提，所證之標的通於二乘菩提，也通於大乘別教菩提，所以名爲大乘通教菩提，證果時當然同樣是聲聞菩提的果位；但是大乘法中這種通教菩薩，基於悲心度眾的緣故，生生世世都在捨壽前留惑潤生，永不入無餘涅槃，直到將來有一世遇見大乘別教中的實證菩薩時，就會轉入大乘別教菩提法中。然而大乘別教菩提所證，函蓋了二乘菩提，也就是函蓋了大乘通教菩提，卻另有特殊的實證標的，就是親證如來藏而通達實相般若，並且進修一切種智而獲得道種智，次第圓滿一切種智而成佛。這種別教菩提不共大乘通教菩薩，也不共二乘有學無學聖人，唯獨大乘別教菩薩方能親證，他們的智慧不是二乘菩提及大乘通教的實證者所能猜測。所以楞嚴法會中的聞法者，各自依他們所證的圓通法門陳述出來時，當然也是依各自所證三乘菩提的內容來述說的，並不是完全屬於大乘法，也不是完全屬於大乘別教了義法門。所以請閱《楞嚴經》時，對這一點應該先有認知，才不會錯謬理解二十五種圓通法門而產生偏邪，以致對自己的道業產生了負面的影響。

驕陳那五比丘是阿羅漢，從聲塵而入；優波尼沙陀也是阿羅漢，從色塵而入；現在香嚴童子則是從香塵而入，雖然他也是阿羅漢，卻不受聲聞戒而不示現聲聞相，他是示現爲在家相的出家人。在佛法中「童子、童女」兩個名稱並不是指稱小孩子，通常是指保持在家身而不婚嫁的出家人，有時也指稱在家身而終生都不結婚的男、女。有些經典的翻譯比較正確，譯作「童貞」或「童眞」，意思是說他不示現出家模樣的聲聞相，而是示現在家相來出家的菩薩，終生不淫猶如童子、童女。這是發願不結婚而保持在家相，卻一樣是出家人而與僧團共住於寺院中，受持菩薩十重戒中的不淫戒而不是不邪淫戒，本質仍然是出家人，名為菩薩僧。這是 世尊第二轉法輪開始了大乘佛法以後的菩薩僧團中才有的出家人，如同 文殊、普賢、觀音、勢至一樣都是出家人，卻示現在家相，所以叫作「童子」。所以有些經典中這樣稱呼 文殊菩薩：文殊師利童子、妙吉祥童子。這就好像中國許多老人家的觀念：孩子如果一直都沒有結婚，就永遠認為他是個孩子；直到他哪一天成家了，才說他長大了。有一些老人家一直都是這種觀念。

這段經文中說的香嚴童子，意思是說香嚴菩薩是個單身漢，而且是出家的菩薩，只是不受聲聞戒而不示現聲聞相。這樣的人當然是菩薩僧，但他並不是大乘別教法中的實證者，所以是示現在家相的阿羅漢，卻是出家人的身分。這時香嚴童子從座而起頂禮佛足，就向 佛陀稟白說：由於以前聽聞過 如來教導，要詳細觀察種種有為法的無常相，當時聽聞 如來的教導以後，向 佛陀告辭下來自己觀行。後來他在觀行時發現，不論是在大眾宴息後的晚上昏昧時光裡，或是在清晨無雲無霧的明亮時節，當他看見諸比丘由於供佛或驅蚊時點燃了沈水香（沉香為什麼又叫作沉水香呢？因為它質地很堅硬，不太容易被水滲透。由於它是油性的堅硬木頭，當你把它放到水裡時，它會沉下去。特別是沉香木深褐色的部分，是最油最重的部分，有時顏色接近黑色，一放到水裡立刻就下沉，因為質地很細密。純黑色的沉水香點燃起來時很香，卻不容易點得燃，得要混合顏色較淺的部分一起磨成粉，才比較容易點燃。現在我們在店鋪買的沉香環，大概只有三分之一、四分之一的沉香成分，所以並不香。真正的沉香粉點燃後，是很容易熄火的，所以現在的沈香環大部分都是加了很多雜料的。由於沈香很香，所以佛弟子們最愛拿沈香來供養佛陀。據說還有一種很香的東西叫作乳香，現在好像也很少見到；據說如果還有乳香樹的話，那小小的一棵樹一般人是買不起的。乳香樹不很高，我只在電視節目中看見過，長在沙漠中，連一片葉子都沒有），那沈水香的香氣，在他靜坐寂然的時候，飄來進入他的鼻中。

「**我觀此氣非木非空非煙非火，去無所著，來無所從，由是意銷，發明無漏，如來印我得香嚴號。**」沉香燃燒了以後，因為非常地香，所以香氣才剛出現時，大家都會注意到。當沉香被點燃以後，香氣散入空中，正在靜坐中的香嚴童子就聞見了。這時因為以前如來教他諦觀一切有為法，沉水香的香氣也是有為法，所以香嚴童子就開始觀察：沈香的香氣既不是沈香木本身，也不是虛空；這香氣本身既不是煙，也不是火。剛點起來時還可以看見它有煙，煙過去以後就開始變得很香了；這香氣在無煙也無火的情況下，靜悄悄地散開來，沒有人看得見，但是大眾卻都聞到它的香味了。這時香嚴童子詳細觀察的結果，了知沈香被點燃以後的香氣，非木、非空、非煙、非火，雖然看不見，卻靜悄悄地散開來了；當沈香的香氣離開時，它不會對任何事物有所執著，自己靜悄悄地消失了；再反觀香氣來的時候，也無法指稱是從什麼處所、如何飄過來的。

這意思是說，沉水香被點燃以後散發開來的香氣，眞的是因緣所生法，香氣自己也是無所著的。而香氣的產生，是因為有沈香木，也有人工，並且加以火燒的行爲，還得要有虛空，並且要有空氣，然後才能夠飄散開來讓大眾都嗅得見，所以香塵眞的是緣生法。可是這個緣生法的沈香香氣，得要在意根中被接觸到香塵中的法塵，然後才能夠由鼻識及意識來了知；如果沒有意根能夠接觸香塵中的法塵，意識就不會去注意到沈香的香氣靜悄悄地來到，那你就無法了知這種極香的香氣。因此，當鼻根嗅見了以後，意根才能接觸到沈香的香氣中的法塵，然後才會有意識能夠了知香氣的內容。

當香嚴童子這樣觀察以後，發覺這些全都是緣生法，要由眾緣才能了知沈香的香氣，所以意（意根與意識）是無法離開六塵的；由此詳細地觀察，於是斷除了意的自我執著，成爲阿羅漢。如果沒有沈香的香氣，或者雖然有沈香木點燃後的香氣，而沒有空氣、虛空、煙、火等等，那麼鼻根也是嗅不見的。可是當鼻根嗅見了以後，細觀的結果，鼻根也還是緣生法；而意根當然會用意識去觀察，這樣觀察以後，發覺意根、意識、香塵全都是緣生法；在這中間，被聞的香氣本身也無所著，了知香氣的意根、意識也都應該無所著，才能得解脫，於是意（意根與意識）對本屬緣生法的自我的執著就消除掉了。這時一一類比觀察的結果，必然會發覺十八界的自己全都是虛妄的。這時就會使無漏的體性發起，解脫的智慧因此而能夠明朗，於是證得無漏果，成爲大乘法中的阿羅漢——大乘通教中的阿羅漢位菩薩。由這個緣故，所以 如來印證他成爲大乘法中的阿羅漢菩薩，並且賜給「香嚴」這個名號，從此以後他就被大眾稱呼爲「香嚴童子」。

「**塵氣倏滅，妙香密圓，我從香嚴得阿羅漢。佛問圓通，如我所證，香嚴為上。**」沈香木點燃以後的香氣總是靜悄悄地來，卻又突然間就不見了，眞的是來無蹤、去無歸處；能聞與所聞也是一樣的道理，全都是緣生緣滅而全然沒有眞實自在性，所以十八界全都虛妄不實而沒有眞實的我性。由於香嚴童子是這樣從沈香的微妙香氣中，觀察到其中深奧祕密之處，才圓滿通達了解脫道而成爲大乘法中的阿羅漢，他是從香氣的莊嚴法中證得阿羅漢果。

因此，當如來垂問各人所證的圓通法門時，香嚴童子當然依照自己的所證內容與過程，認爲香塵的莊嚴是最容易證得無漏果的。

【藥王藥上二法王子，并在會中五百梵天，即從座起，頂禮佛足而白佛言：「我無始劫為世良醫，口中嘗此娑婆世界草木金石，名數凡有十萬八千，如是悉知苦醋鹹淡甘辛等味，并諸和合俱生變異，是冷是熱、有毒無毒、悉能遍知；承事如來，了知味性非空非有，非即身心，非離身心；分別味因，從是開悟，蒙佛如來印我昆季藥王藥上二菩薩名。今於會中為法王子，因味覺明，位登菩薩。佛問圓通，如我所證，味因為上。」】

講記：藥王藥上二位法王子，以及與他們同時在楞嚴法會中的五百梵天，聽完香嚴童子的說法以後，隨即一起從座位上起立，共同頂禮佛足而稟白佛陀說：「我們兄弟自從無始劫以前就一直都是世間法中的好醫生，在口中親自嚐知娑婆世界的草木金石，所嚐過的各種藥物名字數目，大約來說有十萬八千種；像這樣子全部了知這些藥物的苦醋鹹淡甘辛等味道，並且了知各種藥物應該如何和合使用，也都了知這些藥物俱生的特性，也了知和合使用後會有什麼變異的情況出現；而這些藥物的自性是寒冷或是燥熱、有毒或者無毒，都能夠全部遍知。後來我們承事如來，進而了知所有藥物的味性非空亦非有，不等於是有情的身心，卻又不離有情的身心；我們就這樣以分別各種藥物味道作爲開悟的因緣，是從這些藥物味道的口嚐過程中開悟的，當時承蒙佛如來印證我們兄弟二人開悟，並且賜給『藥王』與『藥上』兩個菩薩名號。如今這一世在楞嚴法會中作爲如來家中的法王子，是肇因於往世對藥物味道而覺悟明了，所以位登菩薩僧數之中。如今佛陀垂問各人所證的圓通法門，如同我們兄弟共同的所證，以味塵作悟因，是最上法門。」

「藥王藥上二法王子，并在會中五百梵天，即從座起，頂禮佛足而白佛言：」現在是藥王、藥上菩薩上場了，這兩位是法王子；法王子是說已經成爲受職菩薩了，最少已經是第十法雲地的菩薩了。受職菩薩就是說，菩薩修到九地滿心時，得到諸佛的加持，獲得諸佛智光灌頂以後生起大智慧，因此進入第十法雲地，具有諸佛的十力，獲得法王職位，從此開始努力利樂有情而不止息，準備將來接受成佛的職務；這樣的法雲地菩薩，名爲受大智職。也就是說，只有十地以上的菩薩才有法王子的稱呼，藥王與藥上兩位菩薩正是這樣的法王子。這樣看來，密宗那些還沒有斷我見的法王們，都只是小孩子辦家家酒的法王，根本不算數。根據《華嚴經》中的說法，受職以後就「墮在佛數」中，因爲他已經具備佛地的十力功德了。這裡面的詳細內容，我們今天沒時間講它，如果諸位想要深入瞭解，可以請閱《華嚴經》的〈十地品〉，閱讀其中第九地滿心即將進入第十地的內容。〈十地品〉也有單獨的譯本，就是《十地經》。由此可見藥王與藥上菩薩是即將進入等覺位了，他們兄弟共有五百位眷屬，這五百位眷屬是色界中的梵天。當藥王與藥上菩薩從座位上起身時，五百梵天就跟著他們「從座而起」，一起「頂禮佛足」，向 佛陀稟白說：

「**我無始劫為世良醫，口中嘗此娑婆世界草木金石，名數凡有十萬八千，如是悉知苦醋鹹淡甘辛等味，并諸和合俱生變異，是冷是熱、有毒無毒、悉能遍知；**」藥王法王子向 世尊稟白，說他們兄弟從無始劫以來，就一直當世間的好醫生，能夠爲人醫治百病，一世又一世都在娑婆世界中，親口嚐盡了種種草木金石。「草」是草本科的植物，「木」是樹木一類的植物，「金」是屬於金屬類的藥物，「石」就是礦物類的藥物。他們兄弟無數世以來親口嚐過的四大類藥物，如果要稱量名稱和數目，大約可以說爲十萬八千種。這樣一一親嚐以後，能夠全部了知這些藥物的苦醋鹹淡甘辛等種種不同的味道。醋是說帶有酸性，由苦醋鹹淡甘辛的同異性之中，可以判斷藥物的功能與寒涼熱溫、有毒無毒等俱生的特性；這兩位菩薩並且知道所有藥物若是被和合使用時，同時會產生各種不同的變異性。有一些藥會被某一些藥給剋制，有一些藥對其他的藥能夠產生相輔相成的效果，這就是和合以後俱生的變異性，這種藥性是俱生的，無可改變。這種說法跟中醫的說法一樣。藥王與藥上菩薩對所有藥物都能普遍了知。

「**承事如來，了知味性非空非有，非即身心，非離身心；**」在很久遠以前的往世裡，遍嚐種種藥物的味道以後，藥王與藥上那時還不是法王子；由於那時曾經承事　如來的緣故，因此而能了知各類藥物的味性「**非空非有**」：既不是身心自己，也不離自己的身心。換句話說，他們的觀察跟前面的菩薩或阿羅漢不太一樣；他們的觀察是說，藥味的體性既不是完全空無，但也不是眞實有，所以「非空非有」。因爲在事相上或現象界中，各種藥物的不同味道確實存在，所以「非空」；但一直都存在的味性並不是眞實法，而是緣生法，所以「非有」。味性也不是有情的身心所能獨自出生，換句話說，酸甜苦辣鹹淡甘辛等藥味，還是要藉外面的草木金石才能夠產生這些味道，所以以「**非即身心**」；但是如果離了有情身心，也就沒有這些味道可說了，所以又說「**非離身心**」。得要有身心之外的各種藥物，也得要有眾生的身心，才能了知藥物的味道，因此要合起來說：「**非即身心，非離身心。**」「**分別味因，從是開悟，蒙佛如來印我昆季藥王藥上二菩薩名。**」由於藥王與藥上是從分別各種藥物的味道作爲悟入的因由，是從各種藥物的味性中來開悟的，所以往世曾蒙某位如來印證他們兩兄弟，並賜給藥王與藥上二個菩薩的名號。當然，開悟的方法有很多種，我們沒有辦法一一宣說；假使要把各種不同開悟的方法全都帶進來講，這部經典可能講到我入滅時都還講不完。我們目的是在《楞嚴經》的本旨上，也就是專在如來藏妙義自身的內容來說，所以不在這二十五種圓通法門的各種事相上來說，因此每一種都只大略說一下就行了。

當然，我們所說的外相分、內相分、見分、相分、自證分以及證自證分等法義，其實也都在這個圓通法門裡頭；因爲他們兩位菩薩都是法王子，法王子的修證絕對不是這麼粗淺的表面所見內容，一定有無生法忍的修證內涵。無生法忍的修證，一定是從如來藏與萬法不一不異悟入以後，漸次通達百法明門、千法明門等等。而且這一段經文中所說的是過去很多劫以前的事情，在很多劫以前住世的某一尊佛，就因爲他們的開悟內涵很深，所以爲他們昆季二人印證開悟，並且賜給藥王與藥上的菩薩名號。「**昆季**」又名「昆仲」，就是兄弟的意思。

「**今於會中為法王子，因味覺明，位登菩薩。佛問圓通，如我所證，味因為上。**」兄弟兩個人一劫又一劫，都以醫術來廣行菩薩道，如今已經次第進修到了十地菩薩位，這一世已經成爲受職菩薩，成爲法王子了。他們兩位兄弟今天返顧無量劫以前的開悟，是因爲對味性能夠覺悟而生起了智慧光明，才能眞的進入菩薩位中——「位登菩薩」。接著是一劫又一劫繼續進修到這一世，才成爲法王子。今天 佛陀既然垂問他們兄弟如何修證圓通法門，於是就以他們兄弟二人共同所證，同樣都是藉味塵作爲因緣，也就是從舌根、味塵而入圓通法門，於是就以自己的悟入方法，主張「味因爲上」。

【跋陀婆羅并其同伴十六開士，即從座起，頂禮佛足而白佛言：「我等先於威音王佛聞法出家；於浴僧時隨例入室，忽悟水因既不洗塵，亦不洗體，中間安然得無所有；宿習無忘，乃至今時從佛出家，今得無學；彼佛名我跋陀婆羅，妙觸宣明，成佛子住。佛問圓通，如我所證，觸因為上。」】

講記：跋陀婆羅菩薩以及隨從他的同伴，總共是十六位已經證悟的菩薩摩訶薩，他們聽完藥王、藥上菩薩的報告以後，隨即從座位上起立，頂禮佛足而稟白佛陀說：「我們十六個人，先前曾在威音王佛座下聞法而出家；於準備熱水等物以後，在洗浴眾僧時，我們隨著往例與眾僧一同進入浴室中服侍，那時忽然悟得水因，知道水的本因既不洗濯塵土，也不洗濯身體，在塵土與身體中間，水性始終安然無礙，由此而悟得前所未有的妙法。由於一世又一世都這樣重新悟入而不斷熏習，因此不曾忘失；乃至今時追隨佛陀而出家成為菩薩，如今已證得解脫道的無學果位。當時威音王佛賜名給我，名為跋陀婆羅；我因為水因妙觸的道理而能宣示明白的緣故，成為眞實佛子而住於如來家中。佛陀今天垂問證悟的圓通法門，如果依我的所證，則是以觸水的因緣最為無上。」

「跋陀婆羅并其同伴十六開士，即從座起，頂禮佛足而白佛言：」跋陀婆羅翻譯為中文叫作賢護尊者，出家的法師們都知道，他是掌管浴室的浴頭。跋陀婆羅是示現在家身相的菩薩僧，以在家身而護持諸佛正法；不僅具足大乘通教的無學果，既是阿羅漢也是大乘別教法中的菩薩大士。根據《大寶積經》卷一一五說：「復有十六在家菩薩，跋陀婆羅而為上首。」這證明他是在家菩薩。「開士」是說他們十六位大菩薩，對佛菩提都已經通達無疑惑了；他們早在 威音王佛時就已經和 釋迦佛同時出家了，同樣發下大願要護持一切如來正法，使佛菩提種永遠常住於十方世界中，永不斷絕。只因爲在　威音王佛時輕賤　釋迦佛的前身常不輕菩薩，因此墮落而延遲至今仍未成佛。「開士」的意思是大心、大勇之人，他們發這樣的大心而護持佛法。這十六人是以跋陀婆羅爲上首，世世護持諸佛如來正法，教化眾生紹隆佛種。

「我等先於威音王佛聞法出家；於浴僧時隨例入室，忽悟水因既不洗塵，亦不洗體，中間安然得無所有；宿習無忘，乃至今時從佛出家，今得無學；」前面由香塵的莊嚴而入菩提的香嚴童子，也是屬於大乘通教的菩薩，這位跋陀婆羅賢護尊者也是屬於大乘通教的菩薩，同時也是別教中修證極高的大士，應該已經位列法王子了。他們頂禮佛足之後稟白說，他們十六個人先前是在　威音王佛座下聞法而出家的；釋迦佛也是在　威音王佛時出家修道的，可見他們修習佛道以來已經非常久遠了。那時他們掌管浴室生火燒熱水等職務，當時因爲僧眾進入浴室來淨身，他們十六個人既然掌管浴室，當然要依循以往的慣例，同時進入浴室來服侍眾僧。當他們正在服侍眾僧洗浴時，忽然間悟得水的根本因：這水的根本因**「既不洗塵，也不洗身體」**，不洗灰塵、也不洗身體。他們從這裡悟得佛菩提道。

從別教菩薩而言，這個水是什麼水啊？是外水還是內水呢？外水當然可以洗身體、可以洗灰塵，可是菩薩所悟得的水既不洗身，也不洗灰塵，這叫作內水。也就是說，水其實不是眞正的水；世間會有水，還是因爲眾生如來藏中的大種性自性所出生的，所以世間才會有水；因此這個水的眞正體性既不洗塵、也不洗體，於是了知原來眞正的水是「性空眞水、性水眞空」，所以在塵與色身之間沒有所謂的洗塵洗身的事情可說。若是這樣悟入，就會從通教菩薩的聲聞果位轉入別教菩薩位中，於是跋陀婆羅等十六人就開始藉著水因，世世與眾生結下法緣；直到 釋迦佛出世時，已經是大乘別教中的等覺菩薩了，仍然以在家的身相而跟著 佛陀出家，幫助眾生紹繼佛種。

跋陀婆羅等十六人，在 威音王佛時應該是同時修學聲聞解脫道，所以出家以後掌管浴室；正當服侍眾僧洗浴時「忽悟水因」，只是忽然弄清楚：蘊處界全部虛妄，水也是一樣虛妄，終歸無常空無，這時洗浴之間又如何會有水與觸的存在呢？所以在這種緣生性空的現觀下，「中間安然得無所有」，都不必再執著水與洗浴了。跋陀婆羅在 威音王佛的時候這樣子悟得水因，悟得了以後「宿習無忘」，也就是一生又一生都有這個種子繼續流注出來，使他們不斷地同樣熏習這個水因，終究沒有忘失。一直到今世以在家相跟著釋迦牟尼佛出家，成爲通教中的出家菩薩，如今已經成就無學果——示現爲在家相的阿羅漢聖者。

「彼佛名我跋陀婆羅，妙觸宣明，成佛子住。佛問圓通，如我所證，觸因為上。」當年　威音王佛因爲他肯服侍眾僧洗身、淨體，由浴僧的職事中悟得水因而證聲聞果，所以爲他立名爲賢護，梵音就叫作跋陀婆羅。他是從服侍眾僧以水淨身的妙觸上面，宣明了佛菩提道的眞旨，後來「成佛子住」，也就是入地而成爲「住如來家」的眞正佛子了。所以發願世世度眾而成爲眞正的佛子，願意幫助無量諸佛，繼續紹隆佛種。他們十六人就這樣安住下來，一世又一世轉生於人間，繼續自度度他，永遠都不求入無餘涅槃。今天　佛陀垂問各人修證圓通的法門，以跋陀婆羅自己的修證來講，當然是以這個微妙水因的觸覺能夠宣示明白，認爲是修學圓通的最好法門。

【摩訶迦葉及紫金光比丘尼等即從座起，頂禮佛足而白佛言：「我於往劫，於此界中有佛出世，名日月燈，我得親近，聞法修學；佛滅度後供養舍利，然燈續明，以紫光金塗佛形像。自爾已來世世生生，身常圓滿紫金光聚；此紫金光比丘尼者，即我眷屬，同時發心。我觀世間六塵變壞，唯以空寂，修於滅盡，身心乃能度百千劫，猶如彈指。我以空法成阿羅漢，世尊說我頭

陀為最，妙法開明，銷滅諸漏。佛問圓通，如我所證，法因為上。」】

講記：大迦葉及紫金光比丘尼等人，聽完跋陀婆羅的報告以後，隨即從座位上起立，頂禮佛足以後就由大迦葉稟白 佛陀說：「我於往昔多劫以前，於此娑婆世界中有佛出世，佛名爲日月燈；我有因緣得以親近日月燈佛，聽聞佛法以及修學。日月燈佛滅度後，我供養日月燈佛的滅身舍利，每晚都點燃油燈，並且持續添油，保持油燈的光明不斷；我又以紫磨光色的黃金，塗於日月燈佛的形像而加以莊嚴。自從那個時候以來的每一世每一生，我的色身經常有圓滿的紫金光聚集著。這一位紫金光比丘尼，即是我大迦葉當年供養日月燈佛滅身舍利時的眷屬，是同時與我發心學法的人。我觀察世間的六塵終歸無常而變壞，因此便單單以空寂一法，修學滅盡蘊處界等法；以此緣故，我的身心終於能夠度過百千劫那麼久遠的時間，而仍然好像一彈指那麼短的時間。我大迦葉是以觀察蘊處界緣生性空之法，專在滅盡的法相上面修成阿羅漢果的，世尊也說我大迦葉是修頭陀行的所有人中爲最第一；我由微妙的諸法緣生性空而開悟明了，因此而銷滅了一切有漏法。如今佛陀垂問各人所修的圓通法門，如果以我的所證來說，是以諸法緣生性空爲因，作爲無上的法門。」

「摩訶迦葉及紫金光比丘尼等即從座起，頂禮佛足而白佛言：」這一段是輪到大迦葉尊者和紫金光比丘尼等人，起來說明他們修成無漏聖境的圓通法門。大迦葉尊者，大家知道他有紫磨金的光彩。紫金光比丘尼是他的眷屬，因為他們出家以前是夫妻；但他們修淨梵行，有夫妻之名，無夫妻之實；是因為奉父母之命而不得不結婚，可是結婚以後就約定互相作為道侶，不行夫妻之禮。他們站起來以後，就頂禮 佛陀足下而稟白說：

「**我於往劫，於此界中有佛出世，名日月燈，我得親近，聞法修學；佛滅度後供養舍利，然燈續明，以紫光金塗佛形像。**」大迦葉尊者說，他在過去多劫以前的這個娑婆世界中，當時有一尊佛在人間出現，名號為 日月燈佛。他當時有因緣能夠親近 日月燈佛，跟隨著聽聞佛法而繼續修學。後來 日月燈佛滅度了，他就供養 日月燈佛的滅身舍利，並且每天晚上都在滅身舍利前面點燈照明，而且每夜添油保持油燈的光明都不間斷。不但如此，他還用紫磨金色的黃金粉，塗在 日月燈佛的形像上面，讓 日月燈佛的佛像保持紫金光色的莊嚴色彩。

「**自爾已來世世生生，身常圓滿紫金光聚；此紫金光比丘尼者，即我眷屬，同時發心。**」自從那一世以後直到今世，大迦葉每一世的色身經常都有很圓滿的紫金色光彩聚集在身上；不但大迦葉自己是這樣奉侍 日月燈佛以及佛像，那時他的妻子就是現今的紫金光比丘尼，也是跟隨他共同成就這一件善事，所以她也一樣生生世世都有紫金光色聚集在身上，因爲這緣故，所以她現在出家時就被名爲紫金光比丘尼。這位紫金光比丘尼是金色頭陀大迦葉過去世的眷屬，他們當年在 日月燈佛座下是同時發心來學習佛法的。

「**我觀世間六塵變壞，唯以空寂，修於滅盡，身心乃能度百千劫，猶如彈指。**」大迦葉是由於在這一世值遇 釋迦世尊修學佛法以後，觀察世間色聲香味觸法六塵都是變異法，最後都會毀壞。前面五位弟子已經講了色聲香味觸，現在輪到大迦葉時，他是六法俱觀，因爲法塵是函蓋前五塵的，不是只有一法。所以大迦葉從法塵上觀察六塵全都是變異法，都會毀壞，就於六塵都無所攀緣、全無執著，純以空寂之法來修滅盡定的境界，對任何一法都不再有絲毫的愛樂了！

由於他純用空寂之法來修滅盡定，因此身心都不攀緣六塵一切法，當然很容易與頭陀行相應，沒有任何的貪愛；正因爲這個緣故，心中沒有任何的攀緣與執著，大迦葉才能夠很長久地安住於滅盡定中，將滅盡定中的色身和意根一心，能夠度過百千劫那麼長的時間，就好像是在度過一彈指那麼短的時間一般。也正是由於這個原因，所以 佛就命令他去雞足山的山洞中進入滅盡定，要等到將來 彌勒菩薩降生來人間成佛的時候才可以出定，為將來的 彌勒尊佛向大眾證明：過去世曾追隨 釋迦世尊，今時龍華三會中成為阿羅漢的人，都是過去 釋迦佛的遺法弟子。

世尊給他這一件任務時，把自己所穿的金縷袈裟交代給大迦葉，要大迦葉帶著去雞足山的山洞中入滅盡定，專等 彌勒菩薩來人間成佛時，面交 彌勒佛。到那個時候 彌勒佛來到隱覆洞門的山洞前，將山洞打開，大迦葉才會出定，出定後就隨即入滅了。將來 彌勒菩薩在人間成佛的時候，人壽八萬四千歲而且身量高廣，不像我們現在這麼渺小；因為那時的人心地好、心量大，現在的人心地還很差，心量也很小。現在想要找一個心量跟我一樣大的人，目前還沒有找到；所以心量要修到很廣大，確實不容易。你們如果得到初禪天身了，心量一定會變廣大；將來得初禪時，如果是運運而發，不是一時之間遍身發，就無法親證初禪天身，當然也無法現觀初禪天身，心量通常不容易廣大。初禪天身一萬六千由旬，但你出定以後就跟你色身合一，就被侷限在人類的小身之中，因此而產生互相摩擦，於是摩擦得最強烈的地方，也就是胸腔中，就會有樂觸出現了。當你現觀初禪天身時，身中都沒有五臟六腑，那你還貪個什麼？身子裡面空蕩蕩的，當時心眼看見身中就是空蕩蕩的，只有雲霧充滿身中。那種雲霧比大晴天最高空的白雲淡一些，但是比一般的霧要濃一點，身中就只有這樣子，全無五臟六腑，也沒有男女根。

在 彌勒佛成佛的時候，人壽八萬四千歲，那時的人們色身很高大；那時 彌勒佛來到大迦葉的山洞前，把山洞門打開了；然後大迦葉禮拜了 彌勒佛，並且面呈 釋迦世尊的僧伽梨；又奉 彌勒佛之命，在虛空中廣作十八變以後就入涅槃了。彌勒佛就取出那件佛衣示現給大眾看，證明大眾都是 釋迦世尊的遺法弟子。不但如此，那個時候天魔也來擁護 彌勒佛，因爲那個時節的魔天也被改變了，全都成爲佛弟子了。所以未來 彌勒佛的時節，人們身量很高廣；那時 彌勒佛帶了一大群弟子（因爲彌勒菩薩成佛是很簡單、很單純的，是今天晚上出家，明天早上便成佛了，不必六年苦行示現。這是因爲很努力修福，而且那時人心淳善，所以是這樣子成佛的），彌勒佛帶著弟子們到雞足山（那個山洞現在大家看不見，已經隱蔽起來了），到那個時候，彌勒菩薩會打開山洞的門，讓大眾看見大迦葉尊者在山洞中打坐；那時自然有人會以法器喚大迦葉出定，然後這大迦葉尊者就把 釋迦佛賜給他的袈裟供養 彌勒佛；那時 彌勒佛就把那件袈裟拿起來，只能套在 祂的兩個指頭上。然後 彌勒佛才開示說，由於 釋迦佛的大悲心，咐囑大迦葉在這山中入滅盡定這麼久，專爲奉命把 釋迦佛的僧伽梨供養 彌勒佛。正因爲他有這個證境，很適合長時間住在滅盡定中等待未來佛，所以 釋迦佛就派給他這個任務。

「我以空法成阿羅漢，世尊說我頭陀為最，妙法開明，銷滅諸漏。佛問圓通，如我所證，法因為上。」大迦葉入滅盡定中，**「身心乃能度百千劫，猶如彈指」**，所以依他的證境而言，五億七千六百萬年其實沒有什麼；他在滅盡定中，一會兒就過去了。所以大迦葉是**「以空法成阿羅漢」**，這意思是說他由於無漏智中的空法現行，在一切法上面觀察其空寂的法性而成爲阿羅漢。多數的阿羅漢們都是在成爲阿羅漢以後，到了 佛陀開始宣轉第二法輪、第三法輪時，他們當然就轉入菩薩行了。

頭陀行第一的大迦葉，是從**「妙法開明」**的法門來消滅一切有漏法；這是從法塵入手觀行，觀見一切法緣生無常、終歸變壞，於是住於一切法空的智慧中，對一切法都無絲毫執著，就這樣子**「銷滅諸漏」**。所以大迦葉對任何法都沒有絲毫貪著，這時的心境是灰色而深沈，是提不起絲毫世間樂趣而呈現極寂靜、極厭世間的心境。既然 佛陀垂問各人的圓通法門修證，從大迦葉來說，直接從法的生滅無常終歸於空而作修證，他當然認爲這是最好的圓通法門，所以大迦葉主張以一切法空寂作爲實證圓通的因緣，就是最好的修行方法。前面六個人已經講過六塵了，接著是有六位佛弟子，轉從六根來說各自的圓通法門。

【阿那律陀即從座起，頂禮佛足而白佛言：「我初出家，常樂睡眠，如來訶我為畜生類；我聞佛訶，啼泣自責，七日不眠，失其雙目。世尊示我樂見照明金剛三昧，我不因眼，觀見十方精真洞然，如觀掌果，如來印我成阿羅漢。佛問圓通，如我所證，旋見循元，斯為第一。」】

講記：當大迦葉說完自己的圓通法門以後，阿那律陀隨即從座位上起立，頂禮佛足之後就向　佛陀稟白說：「我以前剛剛出家時，常常樂於睡眠，不用功修行，當時如來訶責我同於畜生一類；我聽聞了佛陀的訶責以後，啼哭流淚而自責不已，整整七日啼哭自責而不曾睡眠，因此毀壞了我的雙眼。後來世尊開示我樂見照明金剛三昧，我隨即修成這個三昧，從此以後我阿那律陀不必以雙眼的能見作爲見的因緣，而直接觀見十方精細眞實之事物，洞然若揭，猶如眼觀掌中淨果一般，那時如來也印證我成爲阿羅漢了。如今佛陀垂問各人的圓通法門，即如我阿那律陀的所證，迴旋能見的功能而歸循於根元，這就是最爲第一的法門。」

阿那律陀即從座起，頂禮佛足而白佛言：「我初出家，常樂睡眠，如來訶我為畜生類；我聞佛訶，啼泣自責，七日不眠，失其雙目。」阿那律尊者是天眼第一，他是 世尊的堂弟；緣因過去世以飯食布施給辟支佛，感得後來整整九十一劫之中，都領受事事如意的快樂。他就因爲這個緣故，世世安逸地生活成爲習慣了，後來跟著 佛陀出家以後當然循著往世安逸的習氣，不會精進修行。因爲心態安逸而貪著睡眠的緣故，有一次 佛陀就責備他說：「**咄咄何爲睡？螺螄蚌蛤類，一睡一千年，不聞佛名字。**」阿那律尊者就因爲被 世尊這樣責備，說他猶如螺螄蚌蛤一類愛睡覺的旁生，他心中覺得很難過，痛哭流涕地責備自己，整整七天之中都不睡眠。經過整整七日七夜啼泣責備自己，都沒有睡覺，眼睛就哭壞了。

「**世尊示我樂見照明金剛三昧，我不因眼，觀見十方精真洞然，如觀掌果，如來印我成阿羅漢。**」眼睛壞掉以後，不但有失僧寶威儀，還要旁人照顧，也是個麻煩，所以世尊就爲他開示樂見照明金剛三昧。阿那律陀就因爲 世尊的開示而努力修學這個三昧，修成之後就不需要用眼睛來看，反而可以觀察十方一切事物，並且比一般人更精明眞確，可以看得洞然分明；不論是觀看多麼遠的事物，他都好像明眼人在觀看自己手裡拿著的水果一樣清楚。這表示阿那律陀是直接用心眼來看－把能見之性迴轉而向內依循本性－不再使用有色的眼根，直接用覺知心看見十方一切大小事物，這就是「**旋見循元**」。由於這個緣故，阿那律陀也可以觀察到六根、六塵、六識全都虛妄不實；因爲浮塵根及勝義根，都是在面對相應的外塵境才能作用，如今他可以避過根塵而以心眼直接觀察到十方一切事物，於是依此類推繼續深入觀察的結果，我執便跟著斷除了！由此緣故，世尊就印證他爲阿羅漢。

「**佛問圓通，如我所證，旋見循元，斯為第一。**」這個樂見照明金剛三昧，類似《觀經》所說的日觀、水觀等觀行的道理，同樣都不以肉眼來見，而是以心眼來直接看見的；不論什麼人修成這個功夫時，當然都是很歡喜的，當然會常常以心眼來照見十方種種事物的，所以名爲**樂見照明三昧**。而且一個盲者如果修成這個功夫時，一定不會讓它失去，一定會常常保持不壞；而這種見的功夫不藉眼根來見，所以不受外境的黑暗昏昧所影響，依舊可以清楚看見十方一切事物；縱使有種種物體遮障於中間，也一樣可以清楚看見；正因爲這個功夫修成以後，一定不會失壞，所以又名「**金剛**」。因此合名「**樂見照明金剛三昧**」。這種功德是從如來藏心中直接發起的能見之性，是由於「旋見循元」而使覺知心修成這種能力；也就是將本來透過雙眼才能顯現的能見功德，旋歸內心而依循於眼的勝義根，於是就使心眼可以直接看見十方一切事物了。這其實就是說明「觀見十方精眞洞然」的原理，是從能見之性中，把能見之性的精光直接顯露出來，才能照見十方一切事物如同觀看掌中的水果一般清楚，都不必經過眼根來作用。如果 世尊垂問阿那律陀的圓通法門，他當然會說「旋見循元」是最高無上的法門。

假使修行人眞的有智慧，當他觀察到六根的運作始終不離六塵時，就知道自己的六根沒什麼好執著的；因爲六根的作用既然始終是不離六塵的，而六塵是三界中法，六根當然也是在三界中，顯然都是同在三界之內，那就不是出三界法了，根本不可能把六根住在無餘涅槃中，因爲無餘涅槃的境界不在三界內。這就像許多大師們一直在跟我們爭執，說離念靈知就是眞心，說是涅槃心。這個離念靈知，是很多人都在強調的，密宗所有「法王」們都這樣講，顯宗所有大法師們也都這樣講，我這一世的歸依師父聖嚴法師也是這麼說。這些大師們總是說：「當你沒有妄念的時候，就是開悟了！」或者說：「當你能夠把各種家庭、事業、感情的煩惱全都放下時，心中不再生起妄念煩惱了，那時就是開悟了。」綜而言之，全都在推崇離念靈知心的境界。

然而這個離念靈知，請問是在三界內？還是三界外的法？（眾答：三界內。）是三界內嘛！因為離念靈知總共有十一個層次，這十一個層次的離念靈知全都跟六塵相應；最高層次的離念靈知就是非想非非想定中的離念靈知，還是會跟非想非非想天的定境中的法塵相應，依舊沒有辦法離開三界中法，一旦離開三界中法，離念靈知心就不可能繼續存在了！就成為斷滅空了。既然是這樣，離念靈知當然是三界事相中的法，完全屬於現象界中的法；既然是現象界所攝的法，怎麼能夠出在三界外的無餘涅槃中**「常住不變」**[1]呢？所以離念靈知是虛妄法，證得離念靈知的境界時，仍然是具足邪見、我見的凡夫。

但是當代的所有顯密大師們都不知道這個道理，還一直在跟我們爭執。可是阿那律陀尊者藉眼根的觀察，觀察到後來知道六根都是在六塵裡面運作的，從來都離不開六塵，所以六根全都虛妄。他從這裡去觀察，就把我執給斷盡了，所以對十八界的我執斷盡了，如來就印證阿那律陀是阿羅漢。如今佛陀垂問他用什麼圓通法門而修成出三界的解脫果，阿那律陀當然也是依自

[1] 阿含經中說無餘涅槃是常住不變，詳見《阿含正義》第四、五、六輯舉證及說明。正智出版社，台北，2007/2，初版首刷。

己的所證來說，認爲把能見之性拉回來，歸於內心根元——歸於內心原來的能見功德，也就是「旋見循元」，就是修行圓通境界的最好法門。阿那律陀說的是經由眼根來「旋見循元」，接下來又有別人從鼻根來說明圓通法門了：

【周利槃特迦即從座起，頂禮佛足而白佛言：「我闕誦持，無多聞性；最初值佛，聞法出家，憶持如來一句伽陀；於一百日，得前遺後，得後遺前；佛愍我愚，教我安居，調出入息。我時觀息，微細窮盡生住異滅諸行剎那，其心豁然得大無礙，乃至漏盡成阿羅漢，住佛座下，印成無學。佛問圓通，如我所證，返息循空，斯為第一。」】

講記：周利槃特迦聽完阿那律陀的說法以後，隨即從座位上起立，頂禮佛足而稟白 佛陀說：「我一向欠缺誦經受持的功德，所以沒有多聞性；當年最初值遇世尊時，聽聞佛法而出家修行，單單是憶持如來教給我的一首偈；於一百天之中努力記持，總是記得前句時就遺失後句，記得後句時便遺失前句，無法圓滿憶持四句偈；佛陀愍念我生來愚癡，教我安居，調出入息。我當時觀察呼吸，深入到很微細的呼吸乃至停止息脈後仍繼續觀察，窮盡了呼吸的生住異滅等全部身行的每一剎那，那時心中忽然通透了知而獲得大無礙的解脫，乃至最後有漏無明漏滅盡而成爲阿羅漢，住於佛陀的座下，印證我成爲無學位的聖人。佛陀如今垂問圓通，就如我的所證，我認爲返觀息脈而循觀於無常空，這就是最好的修行第一法門。」

「周利槃特迦即從座起，頂禮佛足而白佛言：」周利槃特迦在佛教史上很有名，幾乎是無人不知、沒人不曉，因爲 佛陀教他念四句偈，第一句記住了，後三句便記不住；第二句記住了，第一句跟三、四句又忘掉了；這樣的人也能證得阿羅漢果，一定有他的前因與現果。他的故事，使我想起某些人進來正覺同修會中學法時，總是障礙重重，不像別人非常順利，所以應該把他的故事稍微說明一下，作爲學法時有障礙的同修們借鑑。

他這個故事是根本說一切有部的律經所記載的：有一位婆羅門，他的妻子每次生子，都是出生後隨即死亡，他心中很痛苦。有一天，隔壁的老婆婆看見了，問清楚以後就告訴他說：「以後如果要再生孩子時，就來告訴我。」這婆羅門記住了，後來妻子又將生產時，就趕快請隔壁的老婆婆來幫忙。當孩子剛生下來時，老婆婆就幫忙把孩子洗浴清潔了，以清淨的布帛包裹好了，又在孩子口中放著生酥，然後交代婆羅門的婢女：「你抱著孩子去大路旁，放在地上；只要看見出家人走過時，你就說：『這孩子禮敬諸位大師。』

接著你就幫孩子禮敬所遇到的出家人。到了晚上，如果孩子沒死，仍然活著，就可以抱回家了。」這婢女抱著孩子去大路邊放在地上，便代替孩子向出家人禮敬；所以不論是佛門中的出家人或外道中的出家人，被禮敬以後都隨即咒願說：「願這孩子健康長壽，父母所求如意。」到了晚上，孩子竟然活下來了，於是抱回家，就命名爲「大路」，梵音就是「周利」，後來在佛法中出家成阿羅漢。

後來婆羅門妻又生一子，仍然央請隔壁老婆婆幫忙，但這一回是由另一個婢女來執行，她生性懶惰不願招呼，就把孩子抱在小路邊等待出家人，所遇見的出家人不多，她就省得多禮拜，於是這孩子得到的祝福當然也就很少；到了晚上，這孩子仍然活著，於是抱回家養育起來，就立名爲「槃特迦」，意思是「小路」；但因爲他有個兄長周利，所以他的全名就稱爲周利·槃特迦，意思是「大路的小路」。後來大路（周利）先出家，不久證得阿羅漢。但說法度眾久了以後想起愚笨的弟弟，就回來度弟弟小路（槃特迦）出家。但槃特迦很笨，什麼都學不好，連婆羅門所教的一切世間法都學不好，愚癡到極點了，因此左鄰右舍都不叫他「小路」，都叫他作「愚路」！我們就來聽聽他自己的說法：

「**我闕誦持，無多聞性；最初值佛，聞法出家，憶持如來一句伽陀；於一百日，得前遺後，得後遺前；**」周利槃特迦自己說：「由於愚笨的緣故，以前無法記誦經句而缺於誦持，當然就不可能獲得多聞熏習的功德。」所以當他最初值遇 世尊的時候，那時是因爲聞法而出家的；可是出家以後 世尊教他記誦一首偈，這偈總共只有四句，他卻記不住。這周利槃特迦在一百天中努力記憶誦唸，但是他很不聰明，總是只能記住第一句，無法記住第二、三、四句；勉強記得第二句時，第一句又已經忘記了！就像這樣子，記得前一句時就遺忘後三句，記得後一句時就遺忘了其他三句。是什麼原因使周利槃特迦這麼愚笨，以致完全無法誦持經句而使他無法多聞熏習呢？全都是由於周利槃特迦在往昔世當大法師時，心中吝嗇，老是恐怕別人得了法以後就和他一樣有智慧了，於是常常吝法而不肯教導別人，才會招來這樣的果報，而且短命到一出生就隨即死亡；若不是隔壁老婆婆幫忙，他還無法活下來呢，豈只是愚笨而已！

「**佛愍我愚，教我安居，調出入息。**」當時 佛陀憐愍周利槃特迦是如此愚癡，所以教他安居下來，不要到處去攀緣走動，也不要他再背誦受持經句了，只要坐下來調整出入息，從出入息裡面去作觀行。周利槃特迦說得很簡單，其實不只是如此，他省略了一些過程；這是因為時間有限而無法說得很詳細，也是因為阿羅漢顧慮面子的習氣種子全都還在，所以說得這麼簡略。事實上是，世尊先教導他更簡單的兩句話：「我拂塵，我除垢。」可是他還是記不住這兩句，一直只能記住其中一句；又因為他了生脫死的心並不懇切，而且業障還在，所以無法在短短三、五天之中記住這兩句。世尊看見他這種狀況，早就知道他的業障深重，為了想要讓他把往世深重的業障滅除，於是告訴他說：「你能夠每天為所有比丘們拂拭僧鞋上的不淨嗎？」他回答說可以，於是 世尊教導他：「你從今天開始，應該去為所有比丘們做事，就是把所有比丘們的僧鞋撣掉灰塵，如果有髒東西沾上了，就為他們洗刷清潔，口中就同時不斷地說：『我拂塵，我除垢。』」

周利槃特迦聽了 世尊的吩咐，就努力去做；他知道這是 世尊為他施設的方便法，若不如此，就無法消除自己的業障。可是當他努力去做的時候，很多比丘們卻不願意讓他擦淨鞋子，恐怕因此損了自己的福德。周利槃特迦只好向 世尊稟告求情，世尊就向眾比丘們說：「你們大家都不要遮止周利槃特迦為大眾掃除鞋子污垢的事，我要讓他藉這件事情來掃除他的業障。如果你們恐怕損了自己的福德，你們可以把這兩句法，在他為你們掃除鞋子上的污垢以後，一一教導他：『我拂塵，我除垢。』」於是當時諸比丘們聽了世尊的吩咐以後，就常常叫周利槃特迦去清洗鞋子上的污垢，然後就教導他：「我拂塵，我除垢。」

自從世尊這樣子吩咐以後，眾比丘依教奉行；周利槃特迦每天為眾比丘擦拭鞋子，眾比丘也每天教導他；每一天擦拭幾雙鞋子，就有幾位比丘教導他；從早到晚，周利槃特迦都不休息。就這樣子每天實行，使得愚路比丘每天都精勤持誦這兩句法，終於能把這兩句都記住了。愚路比丘每天這樣不斷地累積功德，從來都不停息，有的比丘還會為他解釋這兩句法的意思；時間久了以後，愚路終於能夠通達這兩句法的道理。後來愚路比丘往世吝法的業障終於消滅了，那一天就在後夜時分起了這樣的想法：「世尊教令我唸誦這兩句法：『我拂塵，我除垢。』這兩句法的道理是什麼呢？所說的塵垢有兩種，第一種是內塵垢，第二種是外塵垢。世尊教導的這兩句法所說的塵垢，是指內心中的塵垢呢？或是指外在的塵垢呢？這兩句法中所說的道理，是直接在說明解脫妙法呢？還是密說解脫妙法呢？」當愚路比丘這樣子深入思惟時，忽然懂得這是密語，是應該從自己心中的污垢修除，來開始自己的解脫道觀行。

當愚路比丘下定決心以後，當下立即修除自己心中的污垢；當他心中的污垢修除時，善根隨即發起，吝法的業障就隨之消除了！於是他在往世當大法師所學的一些微妙偈頌—不是這一世所學的偈頌—就自然地出現在他心中，然後才會有後來深入觀行呼吸而斷除我執的事情發生。這件事情，所有吝法而不肯教人的大法師們，都應該引以爲戒。咱們同修會中老是學不會佛法的那幾位同修們，也要記得這個因緣，要常常向人推薦正覺的正法，別怕其他人後來居上使自己沒面子，否則這種業果在未來世還會繼續延伸下去。如果能夠常常普勸眾人來學正法，並且常常爲學員們鋪設座位、整理鞋子、打掃廁所，同時努力掃除自己心中的污穢；有朝一日業障消除了以後，自然就不再有遮障了，那時還怕悟不了嗎？

「**我時觀息，微細窮盡生住異滅諸行剎那，其心豁然得大無礙，乃至漏盡成阿羅漢，住佛座下，印成無學。佛問圓通，如我所證，返息循空，斯為第一。**」周利槃特迦說他自從聽聞佛陀的開示以後，就去靜坐觀察呼吸；靜坐過程中，呼吸會從粗急漸漸變爲細緩；他從粗的呼吸繼續深入觀察，當呼吸越來越微細，最後到了第四禪以後呼吸停止了；但這還不夠深入，因爲呼吸停止以後才只是第四禪定境而已。周利槃特迦又繼續深入定境中觀察，直到微細而窮盡時，也就是已經探究到最究竟的地步了，到達無所有處定中加以深觀的結果，再來比對欲界境界直到無所有處定中的狀況，再將非非想定中的口行作了比對以後，已經窮盡身行、口行[2]中的一切生住異滅。如此從定境中的身行、口行等全部生住異滅的每一刹那，都加以深入觀察窮盡，現觀一切覺知心所依的粗細身行、口行都是虛妄，於是十八界虛妄的現觀就完成了，我執便斷盡了，此時就成爲俱解脫阿羅漢。

針對粗急的部分來說，當你在呼吸的時候，空氣吸進後就開始呼，那就是呼息身行的生；呼氣的過程就是呼息身行的住；當你不斷地呼氣，胸腔中的空氣數量越來越少而不斷地變化，這就是呼息身行的異；最後空氣呼盡時，呼息就滅了，即是呼息身行的滅。然後轉變爲吸氣，吸息的身行也是同樣地生住異滅。身行如是現觀以後，對於口行（也就是識陰的覺觀）也是這樣觀察，於是對意行也就深入觀察完成了。愚路對呼吸中的身行、口行，像這樣深入觀察而發覺全都不斷地生住異滅，就從「息」中探究到最微細、最究竟，也就是探究到底啦！終於完全理解三界中的身行[3]口行全都虛妄，就

2 覺觀亦是口行，詳《阿含正義》第四輯 1078 頁舉證之阿含經文。正智，台北，2007/2 初版首刷。

3 呼吸也是身行的一種，詳《阿含正義》第四輯 1078 頁舉證之阿含經文。正智，台北，2007/2 初版首刷。

了知呼吸也是行蘊；而且還有許許多多的法全都不離身、口、意等三行的行蘊，於是對於行蘊的錯誤認知就滅除了，自然了知五陰十八界全都有行，也全都生住異滅，於是斷盡我執成阿羅漢。

呼吸為什麼是行蘊？由有色身，而且由本識如來藏住於身中，再從欲界人身必須與空氣相應，然後由勝義根的運作，所以能夠有呼吸；可見呼吸是因緣所成法，所以「息」顯然是虛妄性。人們藉著鼻根來呼吸，可是鼻根之中既有勝義根也有浮塵根；必須依靠二種鼻根中的法性配合才能有「息」，所以呼吸當然是行蘊，攝屬身行。眾所共知：一切行蘊都是虛妄的。如今了知「息」屬於虛妄的行蘊，從這裡開始往外一點一滴再作觀行；依這樣現觀的道理不斷地將六根中的每一根都加以觀行。譬如「息」是如此，鼻根是否也如此？現觀確實是如此不異。再接下來是色與眼根、聲與耳根、味與舌根、觸與身根、法與意根等，這樣一根又一根深細觀行下去；當他通達鼻根的時候，其餘五根就會跟著通達了！這樣一來，最後了知意根也一樣虛妄，仍然是三界中的生住異滅法性；至於依意根而有意識覺知心（有念或離念的靈知心）當然更是虛妄性的生滅法，於是我執便斷盡了。

這時「**其心豁然**」：「**啊！原來我自己一切都是虛假的。**」我執當場斷盡了，這時當然願意滅盡虛妄無常的自己而在捨壽時取證無餘涅槃了，從這一剎那開始，當然心中再也沒有任何對自己的掛礙了：「得大無礙。」也就是實證解脫果了嘛！以前執著自我，現在對自我沒有任何執著，終於眞的解脫三界生死了。所以如果懂得這樣一直深入觀行，觀察到最後，「乃至」乃至二字表示這中間還有很多的觀行沒有同時說出來，所以不是只有在鼻根上面觀行而已，不是只有觀息而已；所以將六根中的每一根都觀行完成以後，「漏盡成阿羅漢」。

周利槃特迦這時也眞是厲害，他雖然生來很笨——一直都笨在憶持與多聞上面；可是當他的業障消滅以後，智慧就顯發出來了，這時所有在此世所聞熏而無法憶持、無法理解的解脫道法義，終於自己能懂了！可見在觀行上面他還是很行的啊！原來他的問題都是緣於往世吝法、不肯傳授給別人，才會有業障，以致於很多世都愚笨而無法好好修行。如今爲所有比丘的鞋子掃塵擦拭以後（古時鞋子是最髒的衣物，常常會踩到狗屎等），業障消滅了以後，終於突然開始懂得解脫道的義理，然後也變得善於觀行，最後終於斷盡有漏、無明漏而使他成爲阿羅漢。這就是從聲聞法的緣生性空去觀察自己的十八界全都生住異滅而斷盡我執。

周利槃特迦成為阿羅漢以後依於佛座下安住，佛就為他印證已經成就解脫道的無學果了。所以今天 佛陀垂問各人對圓通法門是怎麼修持的，依照他的所證，當然認為返觀呼吸而往內去追查；最後發覺一切法空，現觀自己的十八界法全都是虛妄而不眞實，都是生住異滅，終歸於空。周利槃特迦當然認為這就是最好的圓通法門。接下來這位比丘也很有名：

【驕梵缽提即從座起，頂禮佛足而白佛言：「我有口業，於過去劫輕弄沙門，世世生生有牛呞病。如來示我一味清淨心地法門，我得滅心入三摩地，觀味之知非體非物，應念得超世間諸漏；內脫身心，外遺世界，遠離三有，如鳥出籠；離垢銷塵，法眼清淨，成阿羅漢；如來親印，登無學道。佛問圓通，如我所證，還味旋知，斯為第一。」】

講記：驕梵缽提聽完愚路比丘對 世尊的報告以後，隨即從座位上站起來，頂禮佛足而稟白 佛陀說：「我因為有往世所造的口業，我於過去劫輕視嘲弄出家人，自從那一世以後，每一世都是生來就有牛呞病。今世承蒙如來開示給我一味清淨心地的念佛法門，我因此得以滅除世間心而入三摩地，觀察能夠了別味道的知，既不是從舌體出生，也不是從食物中出生的，因此一念了知之下就獲得超越世間種種有漏的境界。我對於內法是脫離色身與覺知心的，對於外法是遺棄世界的，所以遠離了三界諸有，猶如籠中的鳥出離於籠外一般；捨離污垢而且銷滅了塵染，於解脫法中眼目清淨，成爲阿羅漢；如來親自印證我驕梵鉢提，已經登上無學之道。如今佛陀垂問圓通法門，若是依我的所證，歸還舌根的味覺以及旋轉能夠知味之心歸於空寂，這就是第一圓通法門。」

「驕梵鉢提即從座起，頂禮佛足而白佛言：」驕梵鉢提阿羅漢，翻譯過來就是牛呞比丘，亦名牛相比丘，有時譯爲笈房鉢底。他得到這個名稱，是有原因的。緣於往昔無量世以前出家時，見僧團中有老比丘齒牙掉盡，飯食時以齒齦緩慢咀嚼如同牛的反芻一般，就嘲笑老比丘吃飯如同牛在反芻。由此緣故，五百世出生爲牛；後來生在人間時，生生世世都有牛相，生來就有牛舌；每到飯後就必須如同牛一樣反芻，否則就會不斷地脹氣及噁氣，所以被人稱爲牛呞比丘。這時他站起身來禮佛以後，隨即向 佛陀稟告自己的圓通法門。

「**我有口業，於過去劫輕弄沙門，世世生生有牛呞病。**」驕梵鉢提說他過去劫時犯有口業，輕視嘲笑老比丘，所以生生世世都有牛相，而且每次飯後都必須反芻，這叫作牛呞病。口業眞的後果很嚴重，然而很少人會注意口業。爲什麼我很小心口業？就是因爲知道果報嚴重，若不是眞正的事實，我就不說。我也曾在書中發露，過去多劫以前因爲誹謗一個人，雖然那時我和對方同樣是比丘，但是我當時心性不夠好，有一點爭勝心，就說：「**其實他的證量也沒有什麼。**」對方雖然那時也還沒有悟入，好歹已經證得第四禪了；雖然我只是這樣簡單輕視一句話而已，捨報以後就變成老鼠，所以口業是很厲害的。當然，多劫前被我誹謗的那位比丘，將來一定會比我早成佛；雖然他那時的證量比我今天還要差很多，但今天的證量也許已經很高了！我今天說這件事，已經不算誹謗，因爲沒有跟他爭勝的意思，而且他也不在現場，而我剛才也是以善心來說他現在修證是比我高的。我想告訴大家的是，往世我曾因爲輕嫌證量比我高的人一句話，轉世就變成老鼠了！雖然他當時也沒有開悟，第四禪的功德縱使比不上開悟的功德，卻也是不可輕視侮辱的。而我當時只當一世老鼠，還沒有成年就死在貓爪下，但因爲有努力修福及懺悔，死後又立即回到人間來，從此以後心中有這個種子的功德影響著，說話時都不敢隨便扭曲或將高謗低。

所以造口業是很嚴重的事，但是當代佛教界有很多人都沒有警覺，甚至連自己造了口業都還不知道。我們會裡有的人則是知道自己正在造口業的，只是不信口業的果報，因為他們不曾看見往世造口業以後所經歷過的果報，到這一世時全都忘了，所以心中懷疑不信。但我最多只是在講課時提一提，不會逼著那些人來向我懺悔；因為心中不信因果的人，再怎麼逼著他們也沒用。驕梵鉢提正是因為過去劫輕弄沙門，嘲笑一位老比丘吃飯很慢，如同牛在反芻。老比丘沒有牙齒，只能用牙床慢慢地咀嚼，確實是有點像牛在反芻一般。驕梵鉢提正因為這一句話嘲笑老比丘，五百世作牛的正報受完了以後，生在人間時，每一世都有牛相，尤其是舌頭很像牛，往往伸出嘴外來咂；而且生生世世都必須反芻，這就是牛呞病。

他吃飯時嘴巴是怎麼動作呢？（平實導師當時作出像牛吃草咀嚼的動作，大眾都笑……）這就好像牛一樣。牛反芻的時候，都是由下牙從這一邊咬上來，向另一邊磨過去；這邊咬累了，就換從另外一邊咬上來。牛吃草以後反芻，這是正常的；但是如果人吃飯時也這樣，就稱為牛呞病了。

後來他成為阿羅漢以後，在大眾中這樣吃飯（因為這是他的業啊！成阿羅漢以後還是不能免掉，還得要承受，一直到捨報為止），可是這麼多阿羅漢一起進食時是這麼莊嚴，不料出了這麼一位阿羅漢吃飯是與牛一樣的，真的很難看；所以 佛後來不讓他在比丘眾中住，就教他去欲界天中安住。直到 佛入滅的時候，大迦葉才派人去請他下來共同結集法藏；可是他不肯下來，就在天上直接入滅了，眞的是定性聲聞。所以他成阿羅漢以後不久就去欲界天了，除非 佛說法時有人請他下來，否則人間阿羅漢們吃飯時是看不見他的。天人都有宿命通，也都知道因果，並且他在天上也常常爲諸天說法，所以都不會有人敢笑他。可是人間的世俗人若是看見他吃飯時這樣子，往往會開口問他說：「你吃飯爲什麼好像牛一樣？」那可就完了（大眾笑…），那一些人又在無意間造了重大口業了，所以 佛不讓他在人間是有道理的，主要是保護眾生而不是處罰他。而他也歡喜上天去，在天上吃得也好啊！（大眾笑…）這是他自己對眾發露有口業，世世生生都有這個牛呞病。

「**如來示我一味清淨心地法門，我得滅心入三摩地，觀味之知非體非物，應念得超世間諸漏；**」驕梵缽提又說，當他還在因地未悟聲聞菩提以前，如來賜給他一串數珠，並開示教導他「**一味清淨心地**」的法門，教導他每天時時刻刻念佛，教他先以念佛的方法把心地清淨下來，以後千萬不要再去輕弄沙門。這是先藉著念佛法門來消除業障，然後才能證得無漏果位。所以，大眾都應該小心口業，往往一句簡單的話就造成大惡業，然而很多人對口業是沒有絲毫警覺的。所以你們讀了我的《狂密與眞密》，見了顯教裡的比丘二眾，若是沒有證據，就不要在人家背後隨便指責說：「**他應該也有在修密教的雙身法。我想應該有在修。**」沒有證據就說這句話，未來世可就得要承受口業了。

當然，藏傳「佛教」的法王、格西、活佛、喇嘛們，你們想想就知道，當然一定都修過雙身法了，這就不用懷疑。但現在開始是他們最痛苦的時候了，他們當然會極力辱罵我，但也只是多增加口業罷了！所以他們有的人拿到《狂密與眞密》時，眞的讀不下去，心裡很痛苦。可是一定會有一些弟子們或者上師們，比較冷靜也有智慧的人，願意探討事實的眞相，他們就會留著書本偷偷地讀，當然是晚上關起房門偷偷地讀。可是那些盲從的徒弟們就很痛苦了！但他們有些信徒還知道因果，不敢把書丟掉或燒掉，就寄回來給我們，當然也有人可能是藉此來表示抗議。有一些人就投入我們樓下信箱中，今天有人寄回來《狂密與眞密》第一輯一本，還有一本《宗通與說通》。

他們讀了會生起煩惱，這是正常的，我們必須接受他們這個行爲。因爲當他們的偶像破滅了，他們所修證的，從來都被認爲是至高無上的雙身法門，如今神聖性及崇高性都完全破滅了，他們心中的痛苦可想而知。但是這個痛苦一定要經歷，如果不經歷這個痛苦，他們永遠沒有辦法在佛法中出生，一定會繼續長時間處於盲無所知的惡見母胎中。這個陣痛是他們必須要經過的，除非不想出生於眞正的佛法中。若沒有經過陣痛是沒有辦法出生的，所以現在要讓他們心中痛一痛，未來世有這些種子在，就不會再與藏傳「佛教」的雙身法相應，也就不必再心痛了。

如果我們不在這一世讓他們痛徹骨髓而警覺過來，未來世一定是有人偶爾講一次，他們就得痛苦一次；不同的人講十次、百次，他們就得痛苦十次、百次。所謂長痛不如短痛，我一次幫他們痛徹骨髓警醒過來，就這麼一次讓他們痛夠，把心中的種子都改變了，他們下一輩子就不用再度整整一世痛苦了，因爲下輩子再也不會與藏傳「佛教」相應了，就可以投入眞正的佛法中實修實證。而現在是他們最痛苦的時候，卻是法身慧命出生前的陣痛，無可避免；而我們這種金剛作略的背後卻是菩薩心腸，只是一心想要救護他們別再繼續淪墮下去。

這意思是說，心地清淨才是好的；我們觀察別人時應當先認定對方和我們一樣清淨，不要先認爲對方是污濁的，否則自己就變污穢了嘛！我總是這樣想的，不管是誰，我都先把他當作是清淨的；但是後來如果漸漸地發覺他不清淨，也證明他有污穢，那時知道對方跟自己不一樣，再改變與對方之間的應對。除非初見時有證據可以證明對方是不清淨的，才可以認定是不清淨的，這是我一貫的習性。所以當某人說某一種法時，我會先信他，我會先讀他的著作，聽他怎麼說；但是我會加以求證，不會盲信到底。所以如果有人介紹說某某人是八地菩薩，我通常都會先相信（當然，如果介紹說是佛，我絕對不會信），然後我會觀察，以及讀他所寫的書，聽他所講的法，實地觀察是不是眞的如此？

要先信受才是。如果先不信，也許有一天眞的遇到一位等覺菩薩有大因緣前來示現時，那是大福報，卻因爲疑根深重而先否定：**「哪有可能？他跟我們一樣吃喝拉撒，怎麼可能是大菩薩？」**不論是誰來到人間示現時，擁有這個應身，當然要與眾生一樣吃喝拉撒，這是法界中不變的定律啊！如果沒智慧而只看表面就先否定了，可就喪失機會了！我從來都不願喪失這種機會，所以人家如果推薦說某人是什麼修證，我通常都會先相信；但是如果有人想要欺騙我，都是騙不了多久的；因爲所說的法，所示現的所謂神通，只要是假的，都會被我拆穿。但我都會先相信，因爲我不願失掉任何一個快速上進的機會。我們都應該有這樣的心態，自己的心地就會快速清淨；如果心中一向多疑，一開始就疑：「他眞的是這樣嗎？可能是假的吧！」那麼自心是沒有辦法清淨的。

驕梵缽提多劫以前正因爲心地有一些不清淨，總是有輕慢心、掉舉心，所以嘲笑了老比丘；由於那個口業，導致多世以來都有牛相。由這個業而構成學法上的障礙，就稱爲業障，因此 佛陀開示他修習「一味清淨心地法門」。世尊如何讓驕梵缽提的心地轉變清淨呢？就是先教他專心念佛；當他專心念佛時，心地就不會有污垢繼續出生。世尊教他常常繫念 佛陀的智慧、清淨、種種好相、種種光明相，這就是「一味清淨心地法門」。當他不間斷地專心繫念 佛陀以後，念到後來，心中的垢穢滅除了，業障也就不見了，然後才生起智慧而能修學正法。他是在這個大前提下來作種種觀行，後來才能證得聲聞阿羅漢果。

當他心地清淨以後，由於他的舌根異於正常人，這是他最關心的事情，所以 世尊就進一步教導他，從舌根嚐味的方法來觀行。這時他觀察舌根面對味道所生起的覺知，並不是從舌根色「體」中出生的，也不是因爲食「物」自身所出生的，根本就是自己的覺知心意識在了知而出生的（編案：諸地增上慧學中說這是覺知心的顯境名言，所以這裡說味覺是由覺知心出生的）。然而再進一步觀行的結果，意識卻不能常住不間斷，必須有意根與法塵爲緣才能出生；所以，舌根虛妄、味塵虛妄、舌識虛妄。並且這個能夠覺知食物味道的舌識覺知心，必須依止意識才能存在，而意識覺知心卻又必須依止意根與法塵才能存在。但意根與法塵也是入涅槃、出三界時必須同時滅除的，這樣類推、舉一反三的結果，就能現觀十八界全部虛妄不實，我執就不復存在了。因爲已經現觀自己的任何一部分全都是有生有滅的生滅法，這時已經成就阿羅漢的心境了（作者案：此爲阿羅漢在世的作意——灰心泯智），一時之間就超出世間一切有漏法了。

「**內脱身心，外遺世界，遠離三有，如鳥出籠；**」這時驕梵缽提，於內不再被五蘊身心所拘限，隨時可以脫離於五蘊身心之外；所以他如果想要到什麼地方去，都可以如意而去，不會有障礙；所以後來 世尊爲防止無智的世人嘲笑他而造下口業引來後世惡報，命令他去忉利天上生活，也可以爲天人說法，那時他就立即上升去忉利天中，沒有絲毫障礙，正是「**內脱身心、外遺世界**」所引生的功德。對外則是不再對三界任何境界有所貪愛，已經隨時隨地都可以捨棄三界而去，眞的「**遠離三有，如鳥出籠**」。這就是他在天上聽到 世尊已經在人間入滅時，能夠立即捨壽而入涅槃的功德所在。

「離垢銷塵，法眼清淨，成阿羅漢；如來親印，登無學道。」這時驕梵缽提的三界塵垢已經遠離了，對六塵的貪愛也全部銷滅無餘，已經完全了知解脫道的法義內涵，名爲法眼清淨，所以能在忉利天中爲諸天人解說出離三界生死的妙法，這表示他已經成爲三明六通的俱解脫大阿羅漢了。因此緣故，如來親自印證他，說他已經位登解脫道的無學果位了。

當驕梵缽提對十八界法洞觀了然時，就知道自己全都是虛妄法了；所以他那時超越世間有漏法，已經超出三界了！這是從十八界的觀行來實證的。在我們禪淨班的教材中，最後一年即將爲大家講到參禪的方法之前，都會具足講解十八界法，爲大家說明六根、六塵、六識的內容，也會爲大家講解六根、六塵、六識爲何是虛妄的。這些內容，各班親教師們都會爲你們教導；並且在我們的教材中，十八界與五蘊的內容分量是很重的。特地要細講五陰與十八界的內容，就是要讓你們完成五陰十八界全都虛妄的觀行。如果其中一根通了—特別是意根等三個法界通了—六根就全部通達了！如果你的我執本來就很輕，當十八個法界都說完的時候，你自己去觀行完成，就可以成爲阿羅漢了。

問題是各人的我執輕重差別不等，所以在去禪三之前很多人的我見已經斷了，根本就不認取覺知心，早就知道覺知心虛妄；去跟監香老師小參時，絕對不會把意識心或意根認作他所證的眞如心，這就是我見已經先斷除了；但因爲我執還在，所以仍無法成爲阿羅漢。驕梵鉢提當時是從舌根、味塵、舌識的觀行，「還味」以後進而「旋知」，由於這個緣故，向內深觀的結果，證實色身與覺知心全都虛妄。他當然一定會繼續「還色、還聲、還香、還觸」而「旋知」，因爲十八界虛妄的道理以及十五界全都依附於意根等三界的道理，是所有阿羅漢都必須實證的內涵。只要我執不深重，一旦實證了這些內涵，就離開了對三界法的貪著，表示他在解脫道中的法眼已經清淨了，這時就成爲阿羅漢。

「**法眼清淨**，」爲什麼聲聞法中也有法眼呢？因爲阿羅漢中也有人在講無生法忍，不過他們的無生法忍是不牽涉到第一義諦的，完全屬於大乘通教或三藏教的無生法忍果，本質只是大乘別教法中的無生忍，他們只是沿用大乘別教無生法忍的名義罷了！所以他們是不能通達第一義諦的，根本沒有大乘別教的無生法忍。但是大乘第一義諦的無生法忍，卻函蓋了聲聞解脫道的無生法忍——攝屬大乘別教的無生忍。這個部分，等以後你們悟後再進修時就會慢慢地瞭解。

「佛問圓通，如我所證，還味旋知，斯為第一。」世尊今天垂問各人所修證的圓通法門，如果是依照驕梵缽提的所證，是從舌根來觀行，將舌根所覺知的味塵還歸於味塵的來處，也就是覺知心意識，而不是還歸於舌識本身；因爲舌識對味塵的了知是極粗糙的，必須依靠意識覺知心來支援才能具足了知的；而且意識覺知心也是舌識的俱有依；當意識覺知心不在時，舌識是無法繼續存在的，所以必須還歸於意識覺知心，這就是「**還味**」。「**還味**」以後再將能夠細觀味塵的意識覺知心細觀，觀察到意識覺知心是無法自己存在的，所以旋轉**意識常住**的錯誤觀念，連同意根與法塵都歸納到世尊所說的本識如來藏，這就是「**旋知**」。然而，驕梵缽提畢竟未能實證如來藏，所以他只能成爲聲聞阿羅漢，無法成爲菩薩；因此，從他的智慧與所見來說，從舌根開始所作的觀察，「**還味旋知**」的法門正是修學解脫道的圓通法門。

接下來有人要講到身根的觀行了：

【畢陵伽婆蹉即從座起，頂禮佛足而白佛言：「我初發心，從佛入道，數聞如來說諸世間不可樂事；乞食城中，心思法門，不覺路中毒刺傷足，舉身疼痛。我念有知，知此深痛；雖覺覺痛，覺清淨心無痛痛覺。我又思惟，

如是一身寧有雙覺？攝念未久，身心忽空，三七日中諸漏虛盡，成阿羅漢，得親印記，發明無學。佛問圓通，如我所證，純覺遺身，斯為第一。」】

講記：當牛呞比丘對 世尊報告完了，畢陵伽婆蹉隨即從座位上起身，頂禮佛足而稟白 佛陀說：「我當年初發心時，追隨佛陀而入正道，一再聽聞如來解說各種世間不可愛樂等事情；我有一時乞食於城中，心中正在思惟這個法門，不曾覺察道路上的情況，所以在路中不慎被毒刺傷了腳，毒素散發遍布開來，使我全身都疼痛起來。我當時這樣子想：由於有知有覺，所以能知道這個深刻的痛苦；雖然因為有覺的緣故而覺知腳痛，但是能知能覺的這個清淨心本身則是沒有痛苦的痛覺。然後我又思惟，像我這樣同一個身體怎麼會有兩個知覺呢？當時我這樣子收攝意念思惟不久，色身與覺知心忽然空掉了，我就這樣子繼續深入觀察，到了二十一日之時，諸漏空虛而斷盡了，於是我成為阿羅漢，得到如來親自印證記別，說我畢陵發明了解脫智慧而成為無學聖者。佛陀垂問各人所修的圓通法門，如是依我自己的所證，我認為從純一知覺而遺忘了色身作為入手法門，這就是第一圓通的法門了。」

「**畢陵伽婆蹉即從座起，頂禮佛足而白佛言：**」現在是畢陵尊者向 如來報告他的圓通法門。「畢陵尚慢」是大家都知道的故事，指的就是這位阿羅漢。但他也是能在眾苦之中不捨悲行的阿羅漢，常常以神通幫助弱小，因爲他很喜歡鋤強扶弱，很有悲心；他也是年老而不良於行以後，可以乘車的第一位比丘。他接著在牛呞比丘之後起來報告。

「**我初發心，從佛入道，數聞如來說諸世間不可樂事；乞食城中，心思法門，不覺路中毒刺傷足，舉身疼痛。**」畢陵尊者說，他當初發心出家跟著佛進入佛道之中，再三聽聞 如來解說世間各種不可愛樂的違逆心境等事情，藉這些事情的了知，來斬斷對人間諸法的執著，堅固道心。有一天早上即將靠近中午時，前往城中乞食；他心中只是在思惟 佛所說各種不順心的事情，幫助自己斬斷對世間諸法的愛樂；由於太專心了，所以沒有覺察到路上有一根毒刺（畢陵尊者出家時，是世尊弘法早期，那時大眾都是打赤腳的。我記得小時候，鄉下小孩子若是晚上一直不肯洗腳上床睡覺，就被冠上「羅漢腳仔」的稱呼，我以前正是常常被大人這樣罵的小孩子），當時畢陵尊者沒有注意，心中只想著 佛說的這些修行法門，結果不小心就被路上的毒刺給刺傷了腳。毒刺刺進腳掌以後，毒素開始跟著血液遍布全身，使他渾身都痛了起來。

「**我念有知，知此深痛；雖覺覺痛，覺清淨心無痛痛覺。**」當時正在渾身都痛的時候，畢陵尊者心想：由於覺知心能知能覺，才能夠知道從腳開始遍布全身的深刻痛苦；當時雖然覺得身體處處都有痛覺存在，全身都能領受痛覺；可是還有一個能夠覺察全身痛覺的覺知心，祂卻是清淨而沒有染污的；而這個能覺察身體全身都痛的清淨心自己，卻是沒有痛苦的覺受，而是住在色身的痛苦覺受當中察知色身的痛覺。

「我又思惟，如是一身寧有雙覺？攝念未久，身心忽空，三七日中諸漏虛盡，成阿羅漢，得親印記，發明無學。」這時畢陵尊者想：色身正在痛，另外還有一個能知能覺的覺知心知道身體正在痛，而這個知道身體痛的覺知心又沒有痛，這就很奇怪了！所以他心中又思惟起來：**「我就只有這麼一個色身，怎麼可能會有兩個知覺呢？」**他就這樣子收攝心念而向內觀察，就知道覺知心本身無痛，但是覺知心依附於色身才能存在，所以覺知心是用來覺知色身痛覺的，因此覺知心不等於色身。畢陵尊者就從這裡入手，把色身五根與五塵、五識分清楚了！最後把意根、意識、法塵也分清楚了，證實自己總共就只有十八界；除了十八界，再也沒有所謂的自我可說了！這時住於十**八界自我無常故空**的所見之中，於是不久之後突然身與心全都空掉了！

這時畢陵尊者知道：原來痛覺是由色身受傷而引生的，可是色身被毒刺刺到腳時，腳先痛起來，隨著毒素的流散於全身，於是全身開始跟著都痛起來。正因爲有色身以及外在的毒刺和合，才會有痛覺。可是正在痛的時候—覺知心正在覺察身體的痛楚時—覺知心的知覺本身卻沒有在痛啊！他是由身根與身識分開來看，再把身識與色身分開來看，於是知道身痛而心不痛，根、塵、識就分清楚了。這樣一直深入細觀之後，已經得到入處了，一面心中很歡喜的觀行著，不知不覺就忘掉了身心的痛苦。所以當他瘸著腳乞食回來以後，又繼續深入觀行；就這樣子經過三七二十一天的深入觀行以後，終於斷盡有漏、無明漏，一切有漏法都空虛了，深心中已經接受十八界自我確實緣生無常故空，於是成爲阿羅漢。

多數阿羅漢們都不是聞法當下就成爲阿羅漢，有人是聞 佛說法成爲初果以後，退下來深入觀行一天、三天才成爲阿羅漢的；畢陵尊者則是觀行二十一天以後，才算是「**諸漏虛盡**」而成爲阿羅漢的。這當然要一步一步去作觀行，但是在末法時代的今天，先要有人指導如何觀行：先幫你把十八界法分析出來，讓你了知十八界的根塵識三法相互間的關係與互動。當你知道根、塵、識之間的關係了，就能斷我見；乃至深入細觀以後可以斷我執。所以我們各班親教師都會教你十八界法，然後吩咐你們要作觀行，目的正是在這裡。如果這些知見都具足建立了，經過深入觀行以後，縱使不能成爲阿羅漢，至少也該成爲聲聞初果吧！我見至少也要斷掉吧！斷了我見就是阿含中說的法眼淨。斷了我見以後，參禪時才不會落入五陰之中，才有機會悟得第八識如來藏。

「**佛問圓通，如我所證，純覺遺身，斯為第一。**」畢陵尊者正是先斷我見之後，再經過深入現觀二十一天，才能進斷我執；所以這時一切有漏法已經全部空虛了，此時成爲阿羅漢，所以得到 如來親自爲他印證記別，說他已經發明了無學果的智慧了！所以 佛陀垂問各人所證的圓通法門時，畢陵尊者當然就以自己所證的內容與過程，來追溯自己的入手處，說明他是用這種純粹屬於心法的知覺，先把身見滅除而忘記自己有身，是把以色身爲我的邪見先滅了，然後再進而深入細觀，才把我執給斷盡了！所以「**純覺遺身**」是他的入手法門，他當然會認爲他所修證的這種圓通法門是第一勝妙的法門了。

【須菩提即從座起，頂禮佛足而白佛言：「我曠劫來心得無礙，自憶受生如恒河沙；初在母胎即知空寂，如是乃至十方成空，亦令眾生證得空性。蒙如來發性覺真空，空性圓明，得阿羅漢；頓入如來寶明空海，同佛知見，

印成無學；解脫性空，我為無上。佛問圓通，如我所證，諸相入非，非所非盡，旋法歸無，斯為第一。」

講記：當畢陵尊者說完了，須菩提即從座起，頂禮佛足而白 佛言：「我自從無量劫以來心得無礙，自己能記憶往世相續受生的次數如同恒河沙那麼多。而我初在母胎之中就已知道空寂、不愛喧鬧，就像是這樣子了知，乃至觀察十方一切法都成爲空無之性，我也同樣幫助眾生證得這個空無之性。如今已蒙如來發明我的智慧而了知眾生本性都歸於無常空無，如此覺悟眞實之空，確實了知空無之性圓滿而且明了，所以證得阿羅漢果；我因此頓時得入如來寶明空無大海，同於佛陀的所知所見，佛陀因此印證我已成爲無學聖者；解脫三界生死之性其實空無，我對於解脫性空的實證是諸弟子之中至高無上的。佛陀垂問各人所證的圓通法門，如是我的所證，諸所有相都歸入非有，能非與所非全都滅盡了，旋轉萬法全都歸於空無，這就是第一圓通法門。」

「須菩提即從座起，頂禮佛足而白佛言：」須菩提是 世尊聲聞十大弟子中解空第一，對於諸法無常故空，有最深入的了知。須菩提前世是龍子，有一天不愼被金翅鳥所捉；在牠即將被吃掉以前，遇見了 佛陀，牠以眼光向 佛陀求救；佛陀便使牠在被吃以前先捨報而免除了痛苦，然後幫牠往生到舍衛國的婆羅門家中。可是須菩提仍然保有龍的習氣，所以生來就是脾氣很大，連家人都討厭他；於是他離家出走，獨自住於樹林中，脾氣還是很大，連風吹草動他都會生氣。後來林神指點他去見 佛求解脫，才成為 世尊座下解空第一的聖弟子。當畢陵尊者說完了自己所修的圓通法門，須菩提隨即從座位上站起身來頂禮 佛陀足下，接著就向 佛陀稟白他所修的圓通法門。

「**我曠劫來心得無礙，自憶受生如恒河沙；初在母胎即知空寂，如是乃至十方成空，亦令眾生證得空性。**」前一位畢陵尊者是從聲聞法的十八界空下手觀行，這位解空第一的須菩提尊者在還沒有修學般若之前，卻是自從無量劫以來，心中都自在無礙，只是脾氣大。他後來成為阿羅漢以後，看見往世無量劫以來都很有威勢，一般有情都不能奈何他，所以心得自在無礙。自從成為阿羅漢以後，他能夠回憶往昔無量世以來不斷入母胎中受生的次數，猶如恆河沙數那麼多。

他這一世才剛剛入母胎中，就已經知道一切法無常空無而歸於寂滅；後來出生以後歸於 佛陀座下，佛陀教導他應該趕快斷除瞋心，否則未來將會下地獄受苦無量。須菩提一聽，心中驚恐，於是立即斷除瞋心，並請求 世尊讓他出家學法，世尊當時即說：「**善來！比丘！**」須菩提即刻成為法眼淨的初果人。然後就依照 世尊的教導，觀察五陰、十八界都是無常空，接著漸漸觀察其餘一切法也都同樣是無常故空；然後須菩提繼續觀察十方虛空一切世界所有諸法，莫不是無常故空；這樣一直往前觀察，「乃至十方成空」。

也就是說，十方世界一切法都沒有眞實不壞體性，全都是緣生緣滅的生滅法；不論存在多久，到最後都會毀壞而空掉。他因爲這樣現前觀察而瞭解一切法皆空，所以他成爲阿羅漢以後，也這樣教導有緣的眾生，都像他一樣證得萬法皆空的體性，這就是須菩提迴心大乘證悟如來藏以前所證得的「空性」。須菩提所說的這個「空性」，不是指如來藏空性，而是一切法都空幻不實的「空無的自性」，就是我在《楞伽經詳解》第二輯中所講的「空相」。這時候是 世尊剛剛轉入第二轉法輪不久的事，剛剛開講實相般若之時，當然要先教導阿羅漢們迴小向大，所以要教導他們在以前所證諸法緣生性空、終歸無常無我的智慧基礎下，進一步實證入胎識如來藏——無餘涅槃中的本際，才會知道有一個不是三界我、不是五陰我、不是十八界我的眞我如來藏常存不滅，就可以現觀無餘涅槃中的本際，實實在在而不是想像中的蘊處界全部滅盡後的全然寂滅境界。這是不想讓阿羅漢們繼續住於灰心泯智的阿羅漢作意中，要他們證得實相而自知自證未來成佛的可能性，才能迴轉聲聞心而轉入菩薩道，所以說五陰、六根、六塵、六入、七大都是如來藏性，與如來藏不一亦不異，不需要再像以前在聲聞法中所證的境界：一心一意斷滅蘊處界而取無餘涅槃。

這時是聲聞法時期剛過，世尊剛開始宣講大乘法中的實相般若，然而大眾都不懂，當然要先講楞嚴。由於是初弘大乘般若，所以阿羅漢們還沒有實證空性心如來藏，誤以爲空性就是一切法緣生性空、無常、無我、寂滅。須菩提這時也是一樣，誤以爲一切法緣生性空觀察到究竟了，就是證得 佛陀在大乘法中所說的空性了！所以須菩提才會有這一段說法，自以爲已經證得空性了。然而須菩提這時所說的空性其實只是聲聞法中所修證的諸法空相，就是一切法徒有其相，輾轉變異終究變壞銷滅而歸於空無，都沒有眞實不壞的體性；這都是一切歸空的體性，所以須菩提稱之爲空性。當他成爲阿羅漢以後，也是這樣去度眾生，幫助有緣眾生與他一樣證得這種無常空的體性。爲什麼說他此時所證的「空性」是諸法空相，而不是空性如來藏呢？我們接著看下面經文中須菩提自己的說法就知道了！

「**蒙如來發性覺真空，空性圓明，得阿羅漢；頓入如來寶明空海，同佛知見，印成無學；解脫性空，我為無上。**」須菩提接著說，由於今生遇到了 佛陀，承蒙 如來幫助他發起空性的覺悟而理解一切法眞實是空；並且對於萬法皆空的體性有了極深入的觀察與理解，已經圓滿而且全都明了，所以證得阿羅漢果；須菩提因此而認爲自己已經頓入如來寶貴的光明空性之海中，認爲自己的所知所見與 佛的所知所見已經相同了，他認爲自己正是因此而被如來印證成爲無學位的阿羅漢。所以在 如來所有弟子之中，若是有誰對解脫道中所說諸法無常空的自性觀察最深入、理解得最透徹的人，就是須菩提自己，所以他說：「解脫性空，我爲無上。」

然而這是不是 如來所說的空性呢？其實不是，仍然是聲聞法解脫道中所說的諸法無常無我、歸於空虛寂滅；而將來入無餘涅槃以後，解脫之性也隨著滅失而不存在了，所以說「解脫性空」而不是說「般若性空」。由此證明須菩提當時所證得的果位仍然是聲聞果的阿羅漢位，而不是賢聖菩薩所證五十二個階位中的某一個果位。如來剛剛開始宣說大乘法時，說到空性，大眾都還不知道是指入胎識如來藏，還不知道是在說能生名色的如來藏非心心；大多誤以爲實相般若的要義就是在說蘊處界無常空寂之性，以爲無常空就是般若諸經中所說的空性。所以此時須菩提自以爲他的所知所見已經與世尊相同了，才會自稱「頓入如來寶明空海，同佛知見」；然而我們推究他此時所說的法義內容，卻仍然只是現象界中的蘊處界等法無常故空的「空性」，而所證的果位也只是聲聞果而已，並非菩薩果。

「**佛問圓通，如我所證，諸相入非，非所非盡，旋法歸無，斯為第一。**」當時須菩提不知道成爲阿羅漢以後還得要再進修般若，所以這部《楞嚴經》應該是在宣講實相般若之前不久所說的；因爲以前證悟的許多菩薩們，這時已經前來聚集在 世尊座下了。既然是剛才進入第二轉法輪來宣講實相般若的時候，所以這時須菩提尊者就是《般若經》主角，因爲他是聲聞十大弟子中解空第一，由他作爲因緣來講般若諸經，當然是最適合的。

如果證得如來藏以後，再來讀我的《楞伽經詳解》，一定會知道空性與空相的差別，了然分明而無疑惑。以前沒有人這麼詳細解說，現在我告訴你們了，今後你們的佛法理路就通達了。至於須菩提所說的「**空性圓明**」，他這個空之性，不管是在一切法空無，一切法壞滅空，或者是一切法眞實體即是空無之性，他都已經圓滿了知了，卻並沒有堅持捨報後一定要入無餘涅槃，而是起心「**亦令眾生證得空性**」；這表示說，須菩提已經從三藏教中的聲聞教轉入大乘通教裡來了。現在 世尊解說如來藏妙義，就是要他們再從通教菩薩位轉入別教菩薩位中。但是這時他們還是不明白 世尊說法的用意，因此以爲自己已經成爲阿羅漢了，就是「頓入如來寶明空海」。然而想要實證「如來寶明空海」，必須實證如來藏，否則是全無可能的。當你證得如來藏心的時候，也就是「頓入如來寶明空海」，因爲這是一剎那悟入而現觀十方三世一切如來全都是住於空性大海之中。

爲什麼叫作「寶明空海」呢？因爲這是蘊處界等一切法空的根源。一切法空是依蘊處界而說的，由於有無常生滅的蘊處界暫時存在，所以才會有一切法空可以現觀及實證；而蘊處界是從如來藏妙心之中出生的，不是無因唯緣而出生的，更不是無中生有而存在的；所以蘊處界的一切法空，根源就是如來藏心；而如來藏心能出生一切法，也能壞滅一切法，所以頓悟而證得如來藏心的時候，就是「頓入如來寶明空海」，這個「頓入」當然講的是頓悟如來藏。佛陀經由十餘年不斷地宣說般若經，一步一步引導所有阿羅漢們迴心大乘；又藉著教外別傳的方法，觀察機緣適時幫助迴心大乘的阿羅漢們實證如來藏心，才能繼續把般若諸經講完。

世尊所用的教外別傳方法，就是以機鋒示現，來引導阿羅漢們證得無心相心、非心心、菩薩心、不念心、無住心。一旦這樣證得了，就叫作「頓入」；因爲一切人實證第八識如來藏心時，都是頓時證得如來藏心全體，不是像十牛圖所說的那樣一分一分累積起來的。所以禪宗裡面從來沒有所謂漸悟這回事，漸悟是在禪宗頓悟明心以後入了唯識位中漸修；是在頓悟明心以後修學別相智時，以及入地以後進修唯識種智之中，才會有漸悟的事情：是在禪宗的頓悟而且通達圓滿以後，開始進修初地、二地、三地、五地⋯⋯等果位中的無生法忍果時，才有漸悟這回事，所以禪宗的開悟明心絕對沒有漸悟這回事。如果有人說禪宗的明心開悟，有頓悟跟漸悟兩個方法，那你就知道那個人是胡扯，根本就是亂講一通，他根本就沒有開悟。

當時須菩提還沒有證得如來藏，所以他經由般若經的開示而自以爲理解了，站在聲聞解脫道極果的阿羅漢位中，以一切法空的空無之性來理解 世尊所說的空性如來藏；所以在阿難尊者這個偶發事件中演變成楞嚴法會時，須菩提自以爲已經「**頓入如來寶明空海**」，也以爲自己已經「**同佛知見**」了！所以他自以爲所知所見跟 佛是一樣的了，事實上卻只是誤會一場。因爲他雖然已經進入大乘的菩薩行中，可是 佛陀印證他成爲無學，卻只是聲聞法中的無學，不是菩薩法中的無學；因爲他仍然不是佛，也沒有證得菩薩道中的果位，而菩薩法中的無學果是究竟佛地。換句話說，他的解脫道已經完成了，由於解脫果的無學果的實證，所以能夠解脫於一切法，證得一切法空的體性——他所認爲的空性。而須菩提當時也認爲自己所證的解脫和性空，是所有聲聞弟子中最是無上的人，因爲他是解空第一的。

所以 佛陀問他圓通法門的實證時，他認爲「**諸相入非，非所非盡，旋法歸無，斯為第一**」。且先不談他所說的是否爲大乘法門的圓通，先來談一談他這幾句話的意思。「**諸相入非**」是說，不管色聲香味觸法的全部或局部，於覺知心中的一切所入，不管是六塵中的哪一相，全都是錯誤而虛假的，這樣現觀時就是「所非盡」；「所非」的是虛假的蘊處界，對「所非」的蘊處界全都無所貪著了，就是「所非盡」。但是當心中有一切法相全都虛假的知見時，也就是心中還有「所非盡」的知見，這個知見仍然是意識覺知心中的知見；當「所非盡」的知見存在時，就表示意識或識陰仍然存在，就無法與無餘涅槃相應，因爲仍然還有一個「能非」的覺知心意識存在，所以還得要否定它，也就是應該還要把這個「能非」滅盡，成爲「非」已「盡」。當「非盡」與「所非盡」具足時，就是「**非所非盡**」；這時就是「**旋法歸『無』**」了，也就是覺知心與解脫智都滅盡而歸於空無，就與無餘涅槃相應了！這就是須菩提當時的所證。

須菩提誤以爲這就是大乘菩提的圓通法門，所以當然要說這個「**旋法歸**

無」的聲聞菩提實證無餘涅槃的法門，就是第一圓通法門。然而我們從他的說法之中，從頭到尾都沒有說到如來藏心的實證與自性；而且 世尊當時為他印證的也是聲聞果而不是菩薩果，而須菩提自己也說「旋法歸無」，是要將一切法都迴旋而歸於空無，不是歸於空性心如來藏；可見解空第一的須菩提尊者，當時是還沒有證得實相般若的，因此也就免不掉稍後會被 文殊菩薩所否定了。

……（講經前的當場答問，移轉到《正覺電子報》〈般若信箱〉，以廣利學人，此處容略。）這樣解釋完了，接下來繼續講《楞嚴經》：

【舍利弗即從座起，頂禮佛足而白佛言：「我曠劫來心見清淨，如是受生如恒河沙；世出世間種種變化，一見則通，獲無障礙。我於路中逢迦葉波兄弟相逐，宣說因緣，悟心無際，從佛出家；見覺明圓得大無畏，成阿羅漢為佛長子；從佛口生，從法化生。佛問圓通，如我所證，心見發光，光極知見，斯為第一。」】

講記：當須菩提報告完了，舍利弗隨即從座位上起立，頂禮佛足以後向佛陀稟白說：「我從無量劫以來，自心所見都是清淨法，就這樣子不斷受生於人間，已經猶如恒河沙數那麼多世了；在這麼長久的受生人間以來，對於世間出世間種種現象的變化，都是才剛一見就通達了，因此獲得心無障礙的功德受用。有一天我於路中行走時逢遇迦葉波三兄弟前後相隨，他們為我宣說世尊所說的因緣法，因此使我悟得眞心沒有邊際的道理，我因此而隨從佛陀出家修行；後來我獲得解脫道的實證而使能見的知覺性功德圓滿；我由於智慧有極大增長而證得大無畏的心境，成為大阿羅漢，在僧團中成為佛陀的長子；我是從佛口中出生的，也是從世尊的妙法中化生的。如今佛陀垂問各人所修的圓通法門，若是依我的所證來說，從自心能見之性發起智慧光明之後，這個光明發揮到究竟時的所知與所見，我說這就是第一無上的圓通法門。」

這部《楞嚴經》中所說的二十五種圓通法門所說法義，並不是全部都屬於別教法門，因為這部經的緣起是阿難尊者遭遇摩登伽女的事，是在大乘佛法初弘期所發生的事，也就是 世尊剛剛開始宣講般若諸經的時期。那時聲聞十大弟子都是剛剛迴心大乘法中，才剛從聲聞法中的阿羅漢位迴心成為菩薩不久，都還沒有證得如來藏；也就是還沒有開悟大乘菩提——還沒有明心，所以 佛陀剛開始宣講此經時，十大弟子們都還聽不懂 世尊所說的實相眞義。所以這二十五種圓通法門之中，除了極少數菩薩所說以外，大部分都應該依三藏教或大乘通教的法義，來理解十大弟子所說的開悟以及圓通法門的意涵，不應該直接以大乘別教的開悟與圓通法門意涵來解釋。

所以，如果古德把這二十五種圓通法門的宣說者，全都當作是已經證悟的大菩薩，來解釋他們當時所說的法義，當作是已經證悟佛菩提而說，就會與事實相違背，也會與隨後 文殊菩薩的辨正意旨相違背。從另一方面來說，若是古時有大德（我是說「如果」有古德）依「藏、通、別、圓」四門差別等全部內涵，來為大眾解說二十五圓通法門的意涵，那是他的悲心與為人悉檀，不一定是這二十五位佛弟子所說圓通法門中的本意；否則，他們之中有許多人的說法，隨後為什麼又被 文殊師利菩薩所破斥呢？顯然其中有許多人說的只是聲聞緣覺菩提中的圓通法門，仍然不是佛菩提中的圓通法門。他們大多數人都是在楞嚴法會以後才悟入佛菩提的，在 世尊剛開始宣講楞嚴時是還沒有證悟佛菩提的，當然這時所說的圓通法門就不一定是佛菩提道中的圓通法門了。這個前提必須先為大家說明一下，免得讀了某些不明眞相的古德註解而產生誤會，然後就引生不良後果，很有可能將來還會自誤誤人。

接著我們再來細說：

「舍利弗即從座起，頂禮佛足而白佛言：」從舍利弗開始的這幾段經文，是講：從覺知心能見的體性，來實修圓通法門。這部經典從卷一到卷三就一直在探討：到底覺知心在哪裡？所以有七處、八處、九處徵心的討論。世尊則是不斷地討論能見的自性，是如何從如來藏中藉著各種因緣而出生的，並且講出一個結論來：能見之性本來就是如來藏妙眞如性中的一部分，是如來藏藉著各種因緣而出生的，能見之性並不是本有的；所以一旦把見性出生的各種藉緣都歸還完畢以後，剩下的能見之性是沒有辦法歸還到哪一個藉緣之內的，只能歸還在如來藏妙眞如性中。這就是從卷一到卷三之中七處、八處、九處徵心的目的所在，是想要藉著處處徵心的方式，來讓剛剛從聲聞法中迴心大乘的阿羅漢們知道：原來覺知心乃至十八界法都是自心如來藏所攝，而自心如來藏並沒有生死來去，又何必一定要滅掉十八界法而入無餘涅槃呢？又何必入涅槃而灰身泯智呢？不如迴心大乘中證悟實相如來藏，然後邁向成佛之道，來利益無量無邊的有情眾生，所以就不必再執著一定要滅掉妄心了。

這就是說：很多人把「覺知心」誤會了，其實卷一到卷三的七處、八處、九處徵心，是在提示大家：見聞覺知心非內、非外、非中間，因爲祂無形無色，不是色法物質，怎麼會有處所可說呢？但是世尊處處徵心的最主要意旨，是在說明覺知心並不是單憑因緣生，也不是純然的自然生，而是由如來藏藉各種因緣，從如來藏的妙眞如性中自然而生，講的是這個道理。如果單憑外在的各種因緣就能出生覺知心，那麼覺知心的出生就必然成爲機遇、或然率的結果，當然無法連貫三世因果，那麼每一世精進修學佛法必定都將唐捐其功。若是自然生，大家也都不必再精進修學佛法了，因爲這是無中生有、自然而生，將來應該也可以無因無緣而自然成佛，成佛以後也必將無因無緣又自然成爲凡夫，那又何必辛苦地精進學佛修行呢？

所以，法界中的眞相其實是：如來藏有妙眞如性，能藉各種因緣而自然出生覺知心，才能成就聲聞、緣覺菩提，才能成就佛菩提。但是末法時代的所有大法師們都把這個最重要的根本主旨完全忽略掉，或者如同印順法師一樣，以先入爲主的既定立場而特地加以否定。一旦故意忽略或否定以後，這些大法師們就只能捨本逐末，專門在覺知心上面主張覺知心是常住不壞的眞實心，主張**覺知心非因緣非自然、所以是眞實的心性**；由此緣故，大家都這樣誤會而開始將楞嚴妙義處處斷章取義乃至斷句取義了。中國佛教界中的這種誤會已經有幾百年了，一直都是這樣。所以古來註解楞嚴法義的人，眞可以說是諸家紛然；然而其中也有眞珠，只是魚目混珠的註解非常多，所以其中有許多法義是誤會楞嚴妙義的，就把覺知心當作是眞實常住的不壞心啦！所以末法時期有許多誤會楞嚴妙義的禪宗錯悟者，老是拿能見之性、能聞之性乃至能知覺性，堅定地認作是常住不壞的佛性，堅決地說：「《楞嚴經》就是這樣子講的。」於是就這樣子誤會而耽誤了自己的道業，也全面誤導了廣大學佛眾生。這個末法現象與事實說明過了，我們再來講解經文：

「**我曠劫來心見清淨，如是受生如恒河沙；世出世間種種變化，一見則通，獲無障礙。**」這是在二十五圓通法門中，開始從另外六種體性上面來說各自的圓通法門了！舍利弗是聲聞十大弟子中的智慧第一，他從覺知心的能見之性來下手，也就是從眼識來下手而達成聲聞解脫道的圓通法門。舍利弗說他從無量劫以來，在覺知心能見之性的清淨無礙上著眼，把覺知心的能見之性分離於貪瞋癡之外，所以「**心見清淨**」。舍利弗遠從恒河沙世以來一直都是這樣延續到今生，就這樣一世又一世受生而繼續保持著這種清淨覺知心的見解，歷經恆河沙數的世代而到今生來。在這樣長久的生死流轉過程中，每一世都能把見聞覺知心的能見之性很清楚地分離於不淨法以外，所以在世間和出世間法上面的種種變化，都能夠「**一見則通**」，才一看見就瞭解了，所以獲得在諸法中沒有障礙的證境。

須菩提修證解脫道以前很剛烈、暴躁，總是訶責別人而不返觀自己的過失；但舍利弗的心性卻很調柔，他從來不違犯 佛陀的訓示，也很能體諒別人，與須菩提完全不同。從文字表面來說，「獲無障礙」是於諸法都沒有障礙，是說舍利弗證悟聲聞菩提以前，就能夠了知世間出世間一切法不論如何變化，全都是虛妄法、不淨法；但是舍利弗發覺自己還有一個能見的自性外於一切法而清淨自在，可以一世又一世清淨不壞而離開貪染地存在。在這一點上面，他認爲自己是「獲無障礙」的。

但是大家要瞭解的是，他這個看法是證悟聲聞菩提以前的境界，仍然是凡夫之見；如同現代各大山頭的大法師、大居士們一樣，都說自己的見聞覺知心—有念靈知心或者離念靈知心—只要離開了妄想而沒有雜念，或者不起貪瞋癡也不起慢心時，或者能夠放下一切世間法上的煩惱等等，這時的覺知心就是清淨的眞實心了！所以當他們覺知心中無念、離念、放下煩惱而覺得輕安時，只要能夠保持了然分明，心中不生起貧富分別、美醜分別、淨垢分別時，就說已經證得常住的眞實心，就認爲自己開悟了，正是像舍利弗還沒有遇見迦葉波三兄弟之前的這種境界。

「我於路中逢迦葉波兄弟相逐，宣說因緣，悟心無際，從佛出家；見覺

明圓得大無畏，成阿羅漢為佛長子；從佛口生，從法化生。」在遇到迦葉波以前，舍利弗在這一世也是出家修行的人，是在外道法中出家修行，可惜的是始終沒有辦法證悟解脫道，所以不能成爲眞正的阿羅漢；因此在他遇到迦葉三兄弟之前，也如同迦葉三兄弟遇見 佛陀之前一樣，都認爲自己已經證阿羅漢果了，都自以爲是證悟解脫道的聖者。由於舍利弗的智慧非常好，別人是辯不贏他的；依據經論上的記載，舍利弗才剛剛入胎住在母親身中的時候，他的母親突然智慧極佳、口才辯給；本來一直都是說不贏他的舅舅，但是自從懷了舍利弗以後，他的母親竟然每次都辯贏他的舅舅。那時他的舅舅知道這一定是胎兒的緣故，知道這個外甥將來的智慧一定無人能敵；於是就出家前往南天竺學法，後來在佛法中出家時也是一樣用功，連剪指甲的時間都沒有，這就是後來佛法中的長爪比丘。

舍利弗出生才九歲的時候，就有智慧能夠與所有人論議，並且使所有人都屈居下風而使眾人信服，由於這個原因而被國王看重、尊重。舍利弗從小就與神通第一的目蓮尊者成爲莫逆之交，他們兩個人互相約定說：兩個人之中，不論是誰，只要有人學得眞正的甘露法，確實可以出離三界生死痛苦，就必須通知對方一起修學，不可以獨善其身。後來是因爲目蓮尊者在路上遇到了大迦葉等三位兄弟正在托鉢，目蓮尊者看他們行路時威儀庠序，絕對不是一般修行人，一定是實證出世法的眞正解脫者，於是就走過去詢問說：「請問你的師父爲你解說的是什麼法？」大迦葉就爲他解說因緣法的深妙法義；目蓮尊者才剛聽完因緣法，當時就心眼大開而斷我見，當下證得法眼淨。他心中很歡喜，想起二人之間的約定，於是就趕快去通報給舍利弗知道，把他聽來的因緣法，重新再說一遍給舍利弗聽，舍利弗聽完了，也一樣證得法眼淨而證得初果。

於是舍利弗就趕快上路去尋找迦葉波三兄弟，看到他們兄弟前後遊行（這表示此時不單是大迦葉在佛陀座下出家了，他的二弟、三弟也都出家了！當他們三兄弟在路上前後行進的時候就叫作「相逐」）；那時舍利弗遇見了他們，覺得奇怪：他們三個人都是很有名的大修行人，都宣稱已經證阿羅漢果了！大迦葉座下有五百弟子追隨，一起奉侍火神；二迦葉座下有三百弟子追隨，也是奉侍火神，三迦葉座下有二百弟子追隨，也是奉侍火神；他們三兄弟都率領了大眾修行，爲什麼卻成爲佛陀座下的弟子呢？當他覺得奇怪而提出請問時，大迦葉就爲他解說因緣法。這時他又多了一個知見：知道諸法緣生緣滅的背後，還另外有一個能出生名色的本識，而那個本識「心」是自己仍然不能了知、無法測量的。

舍利弗聽了大迦葉爲他解說因緣法以後終於了知：原來我們所知道的一切法都是在覺知心中現起。從這裡開始，舍利弗就知道原來十二因緣法都不離覺知心，不曾涉及到能夠出生名色的本識——心；這個心是無邊無際而不可思量的，這就是他自稱「悟心無際」的意思。對這個心的誤解，其實正是末法時代所有大師們的盲點，他們從來都不曉得十二因緣法都是在六識裡面轉，這只是聲聞菩提的範圍，不曾涉及成佛之道（作者案：佛陀藉音聲說明而使阿羅漢們了知因緣法，所以佛世的阿羅漢同時也是緣覺辟支佛；雖然已證緣覺菩提，但仍屬聲聞人。無佛之世而自己獨覺因緣法，所證同樣是緣覺菩提，但卻是獨覺的辟支佛）。但是大乘法所修證的佛菩提，卻是要從「死、生」往前推到「無明」支，再從「無明」往前推，推到這個問題：是誰由於無明而出生了名色？於是推知必然另有一個被名色所緣的識，並且加以實證，這樣才算是第一義諦。（編案：辟支佛所證的緣覺菩提不能實證名色的根源，只是推知必有另一個本識心能夠出生名色，是由於無明的緣故而使常住不壞的本識心，一世又一世地出生名色。這就是阿含諸經中所說的十因緣法，請詳平實導師著《阿含正義》第二、三輯中的詳細舉證與註解。）

辟支佛能夠推知必有一個常住不壞的本識心，能夠出生名色，才會有眾生的生死流轉而痛苦無量；但辟支佛不像菩薩一樣隨佛修學，所以不能實證這個本識心，因此而沒有實相般若智慧。可是現代所有大師們都不知道這個法界中的眞理，所以不瞭解十二因緣的根源，都只是在十二因緣的名色六識現象界等事相上面去探討，就以爲十二因緣的法義表相就是佛菩提道、就是第一義諦。由此證明，現代所有大師們對二乘菩提和大乘菩提之間的差異，都是完全無法了知的。因此，這時舍利弗尊者從外道法中遇見了迦葉波三兄弟，聽大迦葉宣說因緣法以後，就以聲聞菩提中所知的緣覺菩提智慧，了悟必定是有一個常住心處於一切萬法之中，祂的體性一定是無邊無際的。因爲一切萬法都在覺知心裡面現前，而覺知心卻是名色所含攝的，名色則是由另一個本識心所出生啊！所以本識眞心一定是無邊也無際的，所以他才說「悟心無際」。

萬法爲什麼都是出現在覺知心中？在後面還會跟大家說明，譬如後面經文中所說「當知虛空生汝心內，猶如片雲點太清裡」，意思就是說覺知心一樣是無邊無際的。無邊無際並不是說覺知心像虛空一樣無邊無際，而是說在法上祂眞的是無邊無際；當覺知心跟意根合併起來時，就能「含容一切無量諸法」，所以說心是無際。但是這一句話很容易讓人家誤會，就說：「那你看！這覺知心只要沒有妄想，只要離念時，當然就是楞嚴講的眞心嘛！因爲楞嚴中也說覺知心無邊無際嘛！」愚癡凡夫們就會這樣想。所以有很多悟錯的人就會引用說：「佛陀開悟的時候不是這樣講嗎：『奇哉！一切眾生都有如來智慧德相，但以妄想執著而不證得。』」所以當代的大師們心裡就想：只要把覺知心中的語言文字妄想去掉了，心中也不要有煩惱生起，就是開悟、就是成佛啦！這正是依文解義的妄想。

因爲 佛在那時所說的妄想，不是指語言文字等思想上的妄想，而是對種種法的虛妄不實無所了知，所以產生了虛妄之想：誤將名色中的全部或局部或少分，認定爲常住不壞的自我。所以是對我與我所產生了虛妄之想，是說眾生都被這種妄想所遮障了，因此而不能證得如來的智慧德相，不是講語言文字上的思想妄想，不是在修定上面所說的語言文字妄想。所謂的煩惱，講的是一念無明，就是見惑與思惑等煩惱，以及大乘法中所說的無始無明煩惱，不是只在講貪瞋癡慢疑等煩惱。可是當代所有大師們都誤會了，因此當他們讀到這一句經文時就說：「請你蕭平實看看這一段《楞嚴經》的經文，明明離念時的能見、能知之性就是眞如嘛！你看這段經文中講得這麼分明！」所以徐恆志最喜歡援引《楞嚴經》，他和徒眾們常常講：「**你看！離念靈知是眞實心，能見之性即是佛性，《楞嚴經》具說分明。**」他們就這樣引用經文來爲自己證明。

可是《楞嚴經》中是如何具說分明的？是說能見之性、能聞之性乃至能知覺性，全都是緣生緣滅之法，都是由如來藏藉著各種因緣而自然出生的，全都無法歸還於各種所緣法中，最後只能歸還在如來藏的妙眞如性中，因此而說「**本如來藏妙眞如性**」。可是元音老人、徐恆志、兩岸的所有大法師們都把經文誤會了，徐恆志的徒眾還拿誤會後的經文來責備我，謗我不懂《楞嚴經》。這就是現在末法時期的所有大師們所產生的現象，而徐恆志與元音老人還號稱是大陸八大修行人之二呢！他們卻都落入識陰與識陰的我所之中，他們還反過來寫文章責備實證眞心如來藏的正覺同修會，說我們法義錯誤。就好像大家在抓賊時，那個作賊的人卻指著正在抓賊的屋主，大聲向別人說：「**我不是賊，他才是賊。**」原來被他偷了財物的屋主才是賊，如今佛教界已經變成這樣了。

所以這時的舍利弗尊者是從因緣法中了知覺知心的體性無邊無際，也推知必定另有一個本識心無邊無際；因爲他自從遇見馬師比丘學了因緣法，後

來晉見 佛陀才成爲阿羅漢，是後來才透徹聲聞四聖諦八正道，也透徹緣覺法了，才成爲聲聞十大弟子中智慧第一。但是現在楞嚴法會中，他是剛從二乘菩提中迴心大乘，已經不想要入無餘涅槃，願意生生世世修學佛法自度度他，所以這時已經是屬於通教中的阿羅漢菩薩了，這時是正在修學大乘別教的法義，當然得要想辦法實證如來藏的。所以，這時他在楞嚴會上並沒有因爲聽聞大乘法義而生起煩惱，因爲定性二乘聖人若是聽到有人說：「**覺知心非因緣、非自然、非斷滅法，是從如來藏中出生，可以隨著如來藏常住不壞。**」聽了就會生起大煩惱。可是當時舍利弗並沒有生起煩惱，這表示他已經又從通教菩薩迴入別教中來，想要實證佛菩提了！

可是這時他還沒有證得如來藏，所以舍利弗在這一段經文中所說的圓通法門，還是在見聞覺知心上面來說，仍然是在覺知心的能見之性上面用心的；所以他從因緣法中悟得清淨無染的覺知心無邊無際，知道一切諸法都在覺知心中顯現，所以他是因此而隨從 佛陀出家的。出家以後跟著 佛繼續修學而觀察到能見之性的覺觀功能，後來越發的通明而圓滿，因此而得到了大無畏的證境。意思是說，不論什麼時候誰要殺死他都沒關係，對於生與死都沒有什麼值得畏懼的地方，因此使他成爲阿羅漢；並且因爲是聲聞弟子中智慧第一，所以當然是 佛陀聲聞法中的長子。所有聲聞聖者之中，沒有人智慧能比得上他，所以說他是 佛陀聲聞法中的長子。

根據經論中的記載，當舍利弗與目蓮尊者兩人一起前往見 佛時，佛陀遠遠看見他們兩人走來時，就對大眾說：「**這兩個人是我的兩大弟子，其中一人將來智慧第一，另一個人將來是神通第一。**」由於舍利弗的覺知心所見非常深利，所以他隨從 佛陀出家以後，只經過七天的深入聞法，就能通達二乘菩提；總共經過十五天的觀行以後，他就成爲俱解脫阿羅漢了。由於他本來就智慧聰利而且善於說法，如今通達二乘菩提以後，當然是所有聲聞弟子中的智慧第一；也由於這個緣故，所以他自稱是 世尊的長子：「**爲佛長子。**」因此也自稱是「**從佛口生，從法化生**」。受生在人間的阿羅漢與菩薩們雖然都各有色身，色身當然都是由父母所生，但是出家學法而獲得聲聞法的法身慧命，卻都是「**從法化生**」的，都是從 佛陀金口說法以後才得出生的，因此都是「**從佛口生，從法化生**」的，所以 佛陀當然是所有菩薩與阿羅漢們的法身慧命父母。

「**佛問圓通，如我所證，心見發光，光極知見，斯為第一。**」講到這裡，舍利弗提到 佛陀垂問各人的圓通法門修證時，當然就認爲依照自己的所證，從覺知心的能見之性所發出的智慧光明，在修行過程中將覺知心的光明（也就是功德）修到非常究竟的階段時，那時覺知心的能見之性就能究竟了知一切智慧，因此舍利弗認爲這就是第一圓通法門。

上週講到九十三頁第二段說完了，可是諸位有沒有注意到？上週講六根的時候，經文中好像少講了一根，只有講到五根，其中有一根漏掉了！但這個漏掉，並不是無心或故意漏掉的，而是說，這一場無生法忍的法會中，耳根是主角，所以排在後面才會發揮出來，於是在前面就跳過去不說，所以六根中的耳根到現在還沒有說明，所以眼根講過就接著講鼻舌身意四根。那麼從舍利弗開始，是要講六種體性，是從見性、聞性、嗅性開始來講六識的六種自性。上一週所講的是見性，是舍利弗尊者從心的所見，而證得聲聞教的阿羅漢果，然後迴心大乘而成爲通教的阿羅漢位菩薩；所以他仍然不屬於別教中的實證菩薩果位，在他還沒有證得如來藏之前是這樣的。接下來：

【普賢菩薩即從座起，頂禮佛足而白佛言：「我已曾與恒沙如來為法王子，十方如來教其弟子菩薩根者修普賢行，從我立名。世尊！我用心聞，分別眾生所有知見；若於他方恒沙界外，有一眾生心中發明普賢行者，我於爾

時乘六牙象，分身百千，皆至其處；縱彼障深，未合見我，我與其人暗中摩頂，擁護安慰，令其成就。佛問圓通，我說本因，心聞發明，分別自在，斯為第一。」

講記：普賢菩薩看見舍利弗向　佛報告完了以後，隨即從座位上起身，頂禮　佛陀足下而稟白　佛陀說：「我普賢以前曾經在恒河沙數如來的座下一一當過法王子了！十方如來教導祂們的弟子之中，凡是有菩薩根性的人修習無量普賢行的時候，就是從我普賢菩薩來建立普賢行的法門名稱。世尊！我是用覺知心的能聞之性，直接分別眾生所有的所知與所見，不是藉耳根來聽聞的；如果於他方恒河沙數世界以外，有一個眾生在心中發明普賢行的道理而誓願勤修普賢行的時候，我在那時就騎乘六牙寶象，分身數百數千，到他們的所在之處一一相見；縱使他們其中有一些人由於業障深厚，所以還不適合或看不見我普賢菩薩，但我會爲那些人暗中摩頂，也暗中擁護及安慰他們，使他們繼續成就普賢行。佛陀垂問各人所修的圓通法門，我如今說出自己實證圓通的本來因緣，我是以覺知心的聞性來發明各種功德，直接對諸法完全分別而獲得自在，我以這個心聞之法作爲第一圓通法門。」

「普賢菩薩即從座起，頂禮佛足而白佛言：」舍利弗從聲聞菩提—大乘通教菩提—說完自己的圓通法門以後，接下來是 普賢菩薩要從覺知心直接的聞性上面來說了！這時祂從座位上站起來頂禮佛足之後，向 佛稟白：

「我已曾與恒沙如來為法王子，十方如來教其弟子菩薩根者修普賢行，從我立名。」普賢菩薩說已經和恆河沙數的諸佛共聚過了，祂一直都在諸佛的法座下擔任法王子的職務。也就是說，普賢菩薩就像 文殊師利菩薩一樣，都不急著成佛，就這樣一世又一世在諸如來座下當法王子，長期護持諸佛的法教；由於這個緣故，因地時的 普賢菩薩得以親見十方如來教導弟子四眾修習普賢行。諸佛法教之中都有許多弟子，其中有聲聞種性人，有緣覺種性人，當然也有菩薩根性的人；十方如來都會觀察具有菩薩根性的弟子，教導他們修習普賢行。只有修習普賢行的菩薩，才有可能成佛；十方三世法界之中，從來沒有人不修普賢行而能成佛的。普賢菩薩就說，諸佛教導菩薩根性的弟子們修習普賢行時，這個普賢行的名目、名稱，就是依 普賢菩薩的名號來建立的。

「普賢行」的意思就是**普修賢聖之行**，也是**普遍示現賢聖的心行**；必須要在世間法上修集無量無邊的福德，也要同時在出世間法上面修集無量無邊的福德，才能擁有實證無量無邊佛法的道糧，才能具足所有佛法而成佛。所以要在出世間法和世間法的無量無邊福德修集過程中，同時修學無量無邊的出世間法。廣大福德與無邊智慧，必須同時修集，兩個部分都具足圓滿了以後才能成佛。想要修集世間和出世間的無量無邊福德，也具足實證解脫道及佛菩提道，須要經歷多久的時間呢？要精進修持三大無量數劫。一個大劫的時間，所有定性聲聞人都嫌太長了！他們都只願意修持一世之中就能成功的聲聞解脫道，至於成佛所須的三大無量數劫到底是多久呢？眞的無法計算，定性聲聞人都不能堪受這樣長時間的勤苦。

然而，在三大阿僧祇劫的極長時間中，菩薩們究竟要怎麼樣修行普賢行呢？當然是遊遍了無量無邊的世界：今生在娑婆世界的地球上，上一輩子也許是在東方的琉璃世界，下一輩可能要往生去極樂世界，或許又從極樂世界再求生別的世界，就這樣十方世界到處去啊！這還只是略說三世而已，如果是無量世，可就是十方世界到處去，眞的是在無量無邊世界中廣行菩薩道的啊！在無量世界處處勤行菩薩道時，可都是要精修普賢行的。比如說，如果未來某一世，我在某世界成佛了，你們也會跟著去求道啊！因爲你們這一世已經跟我結了法緣。再下一世，也許你在禪淨班時的親教師成佛了，那你也會跟著去啊！但他不一定是在這裡成佛，你若是跟著去，就又到了另一個世界了！所以在成佛之道的修行過程中，總是十方世界到處去，並不一定都在娑婆世界中啊！

那麼，講到這裡，要請問你們：三大無量數劫之中，一世又一世逛了無量無邊的恆河沙數世界以後，請問你是在哪裡逛？答案是：全都在你的如來藏裡面逛。三大阿僧祇劫的成佛之道過程中，於十方世界處處受生廣修普賢行以後，其實從來不曾外於你自己的如來藏。如來藏出生一切法，不管你無量世中曾經去到哪一個世界，你總是在自己的如來藏所變現的內相分裡面生活與修道；所以每一世能知能覺的心，在生老病死喜怒哀樂中不停地逛來逛去，全都是在自己的如來藏內相分中，不曾有一剎那在外相分中生老病死喜怒哀樂或修學佛道。

這樣講解下來，你就瞭解：原來 善財童子遇見了五十三位大善知識，終於實證五十二個階位的佛法而到達了普賢位，當他到達普賢位時，彌勒菩薩、文殊師利菩薩卻跟他開示說：世界是遊不盡的，卻又一向都只在 彌勒菩薩的大寶樓閣中遊歷。這個道理，諸位聽懂了沒有？換句話說，你在三大無量數劫中遊遍十方三世一切世界，終於到達 普賢菩薩的境界而成為法王子了，但是普賢身仍然還沒有遊盡，直到成佛時才算是遊盡普賢身。普賢菩

薩身中的世界正是 彌勒菩薩的大寶樓閣，正是一切世界萬法的內涵，都在自己的如來藏心中具足圓滿含藏著，等著你自己去發掘及實證圓滿。這樣說來，眾生界是遊不盡的；意思就是說，其實三大無量數劫所遊遍的一切佛世界，固然你都遊歷遍了，卻又全都只在自己的如來藏中遊歷。所以，普賢身或 普賢菩薩的境界，講的就是如來藏中的世間、出世間一切法；這一切法全都函蓋在普賢身中，也就是全部函蓋於自己的如來藏心中。

再從事相上來說，如果想要成佛，就得遊盡普賢身——具足實證如來藏中的一切法，卻必須遊歷十方三世一切佛世界才能具足經歷而圓滿達成。如果想要遊遍 普賢菩薩這樣的身中境界，得要先發大願；如果沒有先發大願，絕對遊不遍普賢身。因為普賢身中的世界其實就是如來藏中的一切種子，必須藉十方三世一切三界六道的境界來觸發如來藏中的一切種子；這就函蓋了三界六道中的一切法，當然地獄道中的一切法也都函蓋在裡面，所以有時就得要下地獄去度眾生，就是要去當 地藏王菩薩——你得要有這個大願。當然，先得要發大悲心，才能實踐這個大願，否則也去不了地獄。也許有人說：「我是願意發這種大願，可是那些地獄眾生干我什麼事？」那你就去不了，普賢身也就遊不完了！所以想要實行大願之前，還得要有 觀世音菩薩的大悲心。

可是光有大願心、大悲心就做得到嗎？還不行！還得要有 大勢至菩薩的大力量。你們看《觀經》中說的 大勢至菩薩，有那麼大的威神力；有這種極大的威神力時，才敢發起 地藏王菩薩的大願。可是，有了大威神力及大願心，還是得要有大悲心，才去得了地獄。但是，去了地獄以後，你要用什麼度他們？那些有情大多是業障極深、無明厚重的眾生，你得要有 文殊師利菩薩的智慧才能度他們啊！所以你看，這些菩薩們安排得恰到好處。這五大菩薩並不是無因無緣而在娑婆世界示現的，他們是在示現整體性的佛法、整體性的普賢行。要這樣遊遍了普賢身，才能觸發如來藏中的一切種子，具足觸發一切種子時就成佛了。如果普賢身中的世界遊不遍，可就成不了佛，這就是諸佛依 普賢菩薩的名號建立普賢行的道理。

《華嚴經》的理是究竟而圓融的，也是極廣大的，並不是那麼容易為人解說的。佛教界有誰知道這個道理呢？直到今天為止，還沒有看見誰講出這個道理來。然而九百多年前我師父 克勤大師早就講過這個道理，今世忽然讓我想起來，於是講給大家知道。在我師父 克勤大師之前，似乎沒有人講過這些道理（至少我還沒有讀過那樣的文獻）。假使他講給別人聽，把《華嚴經》中的這種深妙道理講出來，也沒有人能聽懂；因爲至今爲止還沒有人讀懂《華嚴經》中這個道理，就只是他講過其中的這種道理。所以聽 克勤大師講《華嚴經》，覺得眞的是理事圓融，折壽十年都划得來。眞的划得來！那眞是聞所未聞。

因此，普賢菩薩的境界是什麼？大家都應該要了知。如果想要成佛，就要先有這個覺悟（這不是講佛法上的覺悟，而是如同台灣俗諺說的「覺悟」——認清楚以及接受應盡的本分），就是先要有一個自覺：**如果想要成佛，必須廣修普賢行，可是自己是否具有菩薩根性而能廣修普賢行呢？**如果一天到晚只想著自己的道業，不管別人是否被誤導，那他一定不具備「**菩薩根**」，何況能發起菩薩力？有許多人只想自己趕快往上修證，至於眾生被誤導，應該如何救護眾生？他們都不關心，認爲那是佛菩薩的事，與他們無關。他們心中想的都是：「**只要老師趕快把法給我，破邪顯正是老師的事，與我無關。**」這種人當然沒有「**菩薩根**」，像這樣子怎麼可能遊完 普賢菩薩身中的境界呢？再久也遊不完的，就表示他根本沒有希望成佛。

因此，十方如來教授弟子時，如果弟子具有菩薩根性，便教他修普賢行。而普賢行的具體實行，是要遍歷十方三世恆河沙數的佛世界去自度度他，一直到普賢身中一切世界遊盡了，也就是如來藏中的所有境界都遊盡了，那就是成佛的時候了！因爲遊盡了普賢身中的一切世界時，就表示一切種智的體驗已經差不多了，剩下最後一分就圓滿了，成爲妙覺菩薩了，那麼下一輩子就可以受生人間來成佛啦！

每一個人想要修行成佛，都要修普賢行——於普佛世界廣修賢聖之行。不修普賢行，沒有成佛之望。但是修普賢行，眞的很不容易，因此諸位心中要先有打算：不管未來世多麼苦，不論是身苦或心苦，都得努力去做。假使被人家罵一句就退轉了，遇到一、兩個忘恩負義的人就灰心喪志而退轉普賢行，就說：「**那我抽腳算了，我不要再跟他們蹚渾水了。**」可是如果不蹚渾水，就接觸不到清水，因爲清水就摻雜在渾水中，看你如何去揀擇。而普賢菩薩這個名號的由來，原因正是如此。所以 文殊與普賢兩大菩薩的本質得要具足與配合，如果沒有 文殊與普賢的內涵具足與配合，就成不了佛。佛陀爲什麼以 文殊和普賢作脇侍？因爲必須要有智慧，也必須要具足行一切行，要有 文殊師利的智慧以及勤行無量賢聖行的普賢行，才能成佛。

「**世尊！我用心聞，分別眾生所有知見；**」普賢菩薩說祂是用「**心聞**」來成就圓通法門的。換句話說，是從覺知心中直接與佛法相應、直接和眾生相應，所以是用「心聞」而不是用耳根來聽聞。這個層次可就太高了，有多少人能做得到？好比阿那律尊者用覺知心直接看見，不用眼根的浮塵根；普賢菩薩是用覺知心直接聽聞，而不是用耳根去聽聞。普賢菩薩用覺知心直接聽聞以後，就能分別、了知眾生的所知與所見，而我們總是要用耳根來聞聲以後才能分別或了知眾生心。

「若於他方恒沙界外，有一眾生心中發明普賢行者，我於爾時乘六牙象，分身百千，皆至其處；縱彼障深，未合見我，我與其人暗中摩頂，擁護安慰，令其成就。」如果他方的恆河沙數世界之外：恆河沙數世界之外，當然是非常的遙遠，不是人類的心量所能想像。在他方恆河沙數世界之外，如果有一個眾生，當他心中想通了：**「原來普賢行是這樣的，我願意勤行普賢行，決定究竟實行。」**普賢菩薩就會前去對他摩頂、擁護。

普賢菩薩的心境，我今天晚上爲你們說了，所以普賢行的眞正意思你們都懂了，接下來就看你們敢不敢發起這個大心了。你們男眾就別只看女眾（大眾笑…）不要笑！你們男眾還有許多人發不起普賢行願，卻已經有不少女眾發起普賢行願了！所以別轉頭看女眾，以爲她們做不到。「丈夫」並不是從身量來看，而是從心量來看的。言歸正傳，不管 普賢菩薩現在是在哪裡，這一世也許是在恆河沙數的世界之外；如果你們今天聽完了就發起大願，也許聽了以後思惟了幾天，心想：「眞的是蕭老師說的這樣嗎？」於是又把《華嚴經》再請出來，重新再讀 善財大士遊盡 普賢菩薩的世界，求證結果發覺眞的如此；自己以前雖然讀過，卻不曾讀懂；如今蕭老師講解了，終於懂了，知道 善財大士為什麼遊歷 普賢菩薩身中的世界卻遊不盡，終於想通而下定決心發起普賢行的大願，這個時候就是「有一眾生心中發明普賢行」了。

普賢菩薩說，祂那時會騎乘六牙大象，分身百千（百千是表示數目很多）普遍到每一位發起普賢行願的眾生那裡。當 普賢菩薩到了發願眾生的所在時，眾生就會看見 普賢菩薩來示現了，心中知道：「我發了普賢行，果然普賢菩薩來為我加持了。」但是如果因緣不夠而看不見，可別亂說話，只能怪自己業障深重，不是 普賢菩薩沒有來；而是祂來了，自己卻因為業障所障，或者定力不夠而看不見。這就好像鬼神法界、天神法界，一般人是看不見的；如果是自己的障礙，而看不見面前的 普賢菩薩，只能說是自己的業障深重或定力不夠。那麼這時該怎麼辦呢？普賢菩薩只能暗中為發願的人摩頂，而被摩頂的人自己並不知道。所以如果有人發了願卻沒看見 普賢菩薩來摩頂加持，那是自己業障重，別怪 普賢菩薩沒有實行諾言前來為自己摩頂。

我相信，如果有人發了 普賢菩薩的十大行願，眞的實行普賢行，普賢菩薩一定生生世世絕不捨棄他。普賢菩薩一定會擁護他、安慰他，使他在無數劫中行普賢行時，可以漸次成就十大願王。或許有人想：「普賢菩薩擁護安慰願意勤行普賢行的人，幫助這些菩薩們成就難行的普賢行，時間長達三大無量數劫，這時間未免太長了吧？也不免太辛苦了吧？普賢菩薩眞的能作得到嗎？」我說 普賢菩薩一定能作到。從另一方面來說，其實三大阿僧祇劫也不一定就都很長！等到《解深密經》重講以後，或者整理成書印出來的時候，諸位就會知道三大阿僧祇劫有時眞的不很長。因爲你如果有遇到眞的善知識，往往一念之間就是一個大劫過去了，眞的很快啊！所以也有可能三十生、五十生、十百千生就過完三大無量數劫，不一定眞的去過具體的三大無量數劫，就看你怎麼選擇善知識、怎麼聞熏、怎麼修習，以及肯不肯如實履踐。

若是選擇了眞正的善知識，也願意深入聞熏，並且實地修習而不只是聞熏，最後還能夠一世又一世都盡形壽如實履踐，當然還要修集很多福德，否則就沒有辦法到達等覺位。到了等覺以後，還是要繼續修集更大的福德才能成爲最後身的妙覺菩薩，等待因緣在人間示現成佛。在最後的一百大劫之中，全部都在修大人相，也就是專修「相好」——藉各種大福德來成就三十二種大人相及八十種隨形好；到那時，可就一劫都滅不了，整整一百大劫之中，無一處非捨身處，無一時非捨命時。

那時的一百大劫就是要這樣過，那是沒有辦法打商量的，因爲成佛所需的大福德是一點一滴積功累德成就的，完全無法打折扣。但是，修集福德是功不唐捐的，因爲在修道上面，如果有很努力修集福德，在福德的助益下，一切種智的修學就會很快完成。普賢菩薩的行願，就是要擁護及安慰實修普賢行的菩薩們，因爲三大阿僧祇劫的精進修行，有時眞的很需要有大菩薩擁護與安慰，才能度過那麼長久的時間；普賢菩薩就是這樣大力幫忙，使大家能夠成就普賢行而成佛。

「**佛問圓通，我說本因，心聞發明，分別自在，斯為第一。**」這個就是 普賢菩薩所修的法，從「心聞」入手而了知菩薩們是否需要祂前去摩頂、安慰、擁護。佛陀如今垂問各人的圓通法門，普賢菩薩依自己的所證與所行，認爲發明了「心聞」的功德而不從耳根來聽聞，這就是最好的圓通法門。而祂也是這樣不斷地利益正在勤修普賢行的人，所以若是說到修學佛道的圓通法，如今 普賢菩薩以這種法門修到今天法王子的地位，當然認爲「心聞」的妙法就是自己入道的根本因。因為是從「心聞」而發明出來的功德，所以能夠對眾生的所知所見如實分別而於眾生中得自在，這就是最好的修行法門。接下來要講到鼻根的呼吸法門的修行了：

【孫陀羅難陀即從座起，頂禮佛足而白佛言：「我初出家，從佛入道，雖具戒律，於三摩提心常散動，未獲無漏。世尊教我及俱絺羅，觀鼻端白；我初諦觀，經三七日，見鼻中氣出入如煙，身心內明，圓洞世界，遍成虛淨，猶如琉璃；煙相漸銷，鼻息成白，心開漏盡。諸出入息化為光明，照十方界，得阿羅漢，世尊記我當得菩提。佛問圓通，我以銷息，息久發明，明圓滅漏，斯為第一。」】

講記：孫陀羅難陀隨即從座位上起身，頂禮 佛陀足下，接著就向 佛陀稟白說：「我剛剛出家時，隨從佛陀進入佛道中，雖然當時也具足了戒律，可是我對於三昧總是心中常常掉散而浮動，未能獲得無漏聖道。那時世尊教導我和俱絺羅兩個人，觀看呼吸直到鼻端變白；我當時剛開始專心繫念觀察，經過三七二十一天的精進觀行以後，終於開始看見鼻子裡面的氣息出入時如同白煙一般。從那時開始漸漸演變，後來心眼看見身體及覺知心中都是明亮的，於是就能圓滿洞察世界，看到所有世界普遍變成空虛而明淨，猶如透明的琉璃一般；後來白煙的相貌漸漸地銷滅，鼻子裡的氣息也都變成白色時，我那時心中開悟而了知自我的虛妄，於是使我心中的欲漏、有漏、無明漏全都滅盡了。那時鼻中的各種出入息漸漸轉化，於是由鼻息的觀行而全部轉化為光明智慧，這種智慧照耀十方世界，使我證得阿羅漢果，而且世尊也預記我未來將會進一步證得佛菩提。佛陀既然垂問各人所修的圓通法門，我孫陀羅難陀就以銷滅鼻息，由這種鼻息的長久受持的法門而發明智慧，光明圓滿而滅除諸漏，這就是第一圓通法門。」

「孫陀羅難陀即從座起，頂禮佛足而白佛言：」孫陀羅難陀，也是難陀。名為「難陀」的人有好多位，其中有比丘，有比丘尼，也有優婆塞與優婆夷。因為單單稱呼為難陀，就很難弄清楚究竟是指哪一位難陀，所以這位難陀阿羅漢出家以後，大家把他從妻立名，稱為孫陀羅的難陀，這樣大家一聽就知道是指哪一位難陀了。否則，大家聽到難陀的名字時，就不知道是指哪一位難陀了。孫陀羅，有時譯作孫陀利，所以孫陀羅難陀就是孫陀利難陀。這位孫陀羅難陀尊者，他的妻子很美，很多人都知道，所以只要在難陀的名字前面加上孫陀羅的稱呼，大家就知道是在指稱他了。難陀出家以前，是 佛陀的兄弟，他是佛母摩耶夫人的姊姊所生的，他的母親也是淨飯王的王妃，就是後來出家的大愛道比丘尼，後來也成爲俱解脫阿羅漢。難陀出家前娶了妻子名叫孫陀羅，孫陀羅長得非常漂亮，人間罕見；後來難陀出家後就常常想念妻子，還因此而一直想要還俗呢！所以他出家不久，還是很貪著好衣美食以及淫欲；後來是 世尊帶著他上天、下地看過未來世的果報以後，心中恐怖而精進修行才成爲阿羅漢的。

「我初出家，從佛入道，雖具戒律，於三摩提心常散動，未獲無漏。」

佛陀度了他出家以後，眞的是費了一番辛苦才使他證得阿羅漢果。難陀出家以後一直想念家中的妻子，把這麼漂亮的妻子擺在家裡，自己獨自出家，所以心中老是牽掛著，老是想要還俗。佛陀看他這樣子，覺得不是長久的法子；於是就用神通帶著他去欲界天，他到了忉利天，看見每一個天人都有五百位漂亮的天女服侍著。世尊又帶他去一個地方，那裡有五百個天女正在享樂，可是心中不是很歡喜；他就問 世尊，世尊卻要他自己去問。於是難陀就去問：「妳們爲何不是非常快樂呢？這裡爲什麼沒有天人與妳們相伴呢？」她們說：「我們原來的天人主人捨命了，我們如今正在等候一位新的主人，到現在都還沒有來。」難陀就問：「妳們的新主人是誰？」天女說：「他叫作孫陀羅難陀，等他不久以後捨報了，就會生到這裡來，我們正在等他呀！」難陀心想：「這五百天女，每一個都比我妻子孫陀羅漂亮多了。」於是就不再想念他的妻子。孫陀羅難陀想：「原來出家有這麼大的功德，死後會生到這裡來享天福，她們都在等我將來死後去當她們的主人。」他心中很歡喜，從此不再想念他的妻子了。這眞是見色忘義呢！可是孫陀羅難陀回到人間以後還是無法好好修行，無法證得解脫果，因爲他每天都在想著那五百天女，欲心不斷，這就是他自己所講的「雖具戒律，於三摩提心常散動」的實際情況。當時他像這樣子有心無力的修行，當然「未獲無漏」。

佛陀看這個兄弟這樣混日子，只想生天受樂，也眞不是辦法，於是又帶他去遊地獄。難陀看見阿鼻地獄中有好多的酷刑，心中覺得好難過；可是其中有一個大鑊（大鑊就是很大的油鼎），裡面都是熱油，下面用火燒，燒得油都滾沸了，可是裡面並沒有在煎炸什麼罪人，他又好奇起來，世尊還是讓他自己去問。難陀就問獄卒：「你在這裡燒熱油，添加木材一直在燒，可是大鑊中爲什麼沒在炸罪人？」獄卒說：「有一個人這一世正在佛座下出家所以有天福，可是他過去世有惡業，等他生天福報享盡了以後，只剩下惡業時就要來這裡受報，我將會用這個熱油鍋來炸他。」難陀就問：「那個人是誰呢？」

獄卒說：「**那個人叫作孫陀羅難陀。**」他一聽，嚇死了！於是也不想生天享福了。這時佛陀帶他回來人間，他終於死心塌地學佛；從此不敢再妄想五百天女，也都不再想念他的妻子了！他專心修道，不久就成爲阿羅漢了！這就是他所說「**於三摩提心常散動**」的背景。當然他自己也老實講出來，只是沒有時間敘述整個事實。當時他心中亂七八糟，雖然受了比丘戒，可是心中還是常常想著妻子孫陀羅，不然就是想著那五百個天女，所以心中還是欲心不斷的；這樣一來，在聲聞菩提的三昧上面，或者在禪定的三昧上面，心中總是散亂掉動而無法深入觀行的，當然是無法證得無漏果。

「**世尊教我及俱絺羅，觀鼻端白；我初諦觀，經三七日，見鼻中氣出入如煙，身心內明，圓洞世界，遍成虛淨，猶如琉璃；煙相漸銷，鼻息成白，心開漏盡。**」孫陀羅難陀說那時世尊教導他，也同時教導俱絺羅要靜坐修觀，觀看自己的鼻頭與呼吸，也就是繫念於鼻頭而觀察呼吸；世尊以這種方法使他們繫緣於呼吸而不再攀緣諸法，心就不再散動了。難陀由於恐懼下墮地獄長劫受苦，就想要實證阿羅漢果，於是很精進從觀察呼吸來下手修行，最後一定要觀到鼻頭變白才行。

難陀剛開始藉著呼吸詳細觀行的時候，當然是不得力的；但他精進觀行，經過了二十一天，終於看見自己的鼻子氣息出入如同白煙一樣了。他再繼續精進觀行下去，最後終於看見鼻頭也變成白色了。這時他看見自己的身體與覺知心裡面全都成爲透明狀態了，（我是沒有修習過這種觀行方法，但是這個狀態應該是證得初禪的狀態，因爲我發起初禪時所見的初禪天身正是這種狀態啊！）這就是已經離開欲界境界了！難陀最難斷的就是欲界愛，他早就知道，也早就現觀蘊處界的虛妄了，所以無明漏已經斷盡了，就只是貪欲無法斷除——欲漏一直存在。當他進入這個境界中，親眼看見自己的色身和見聞覺知心，全都是通透而無障礙的時候，配合所觀行的無明漏斷除的智慧，當然他所見的身心與世界的法相，自然全都與自己的鼻息及透明的身心是一樣的，根本就是虛假而使他的身心明淨了，於是身心猶如清淨的琉璃一般；欲漏與有漏就全部斷盡了。這時對於所觀的鼻息與身心境界自然是沒有執著了，當他全都放下而不執著時，於是「煙相漸銷，鼻息成白，心開漏盡。」

從初禪天身的證得，就可以看見自己的身心是內外透明的，根本沒有污穢的五臟六腑在身中，這是從定而入的一種聲聞法中的修行方法，可以使人離開欲界而斷除欲漏。到這時對於所觀行的鼻息白煙與鼻頭白的法相也就不需要再執著了，當然就「煙相漸銷」——鼻中的白煙漸漸地消失而變成身心透明了，因爲已經住在初禪天的境界中了！如同前面所說，難陀最大的執著並不是五陰身心，而是我所的執著，就是對於欲界法的貪愛——欲漏，他最大的貪著就是淫欲。當他發起初禪時，自然就遠離欲界貪愛了，欲界身以及身中的五臟六腑都是那樣不淨，而初禪天身卻是內外透明而全無不淨的五臟六腑，鼻頭進出的白色氣息以及呼吸的行爲，根本就是虛妄法；當一息不來時，覺知心還能存在哪裡呢？那時連覺知心都要壞掉，還會有淫樂可以貪著嗎？於是當他把淫欲的執著斷除時就是欲漏已盡，以前所觀行的斷我見與我執的智慧就確定下來了；於是難陀在有漏與無明漏已經斷盡而無法斷除欲漏的情況下，由於初禪現起而斷除欲漏的緣故，難陀這時當然「**心開漏盡**」而成爲阿羅漢了。

「**諸出入息化為光明，照十方界，得阿羅漢，世尊記我當得菩提。**」這時他就把白色的出息入息轉變成爲光明相，光明相就是顯發功德出來的意思，就是使解脫的智慧顯發出來了，這就是光明的意思；於是他的解脫智慧就可以遍照十方世界了——遍照十方世界一切有情的身心與欲愛都是虛妄的。由於這個緣故，難陀最後是由於欲漏斷盡而成爲阿羅漢。後來難陀比丘又迴心於大乘法中，所以 世尊爲他記別，說他未來一定會證得佛菩提。這意思是說，難陀是從二乘菩提中迴心大乘，既然迴心大乘而不取證無餘涅槃了，所以當時已經是大乘通教的阿羅漢菩薩；隨後又在楞嚴法會中參與般若的修證時，當然是已經轉入別教中了。

可是他說出來的這段經文所說的圓通法門中，顯示他當時還沒有證得如來藏心，當然是還沒有證得佛菩提，而是正開始要往佛道境界進修，因此說他這時還只是在通教的阿羅漢菩薩位中，剛迴入到別教裡面來。這時若是要依大乘別教菩薩果位來說，由於他這時還沒有證得如來藏，還沒有進入佛菩提中，就只能定位於六住滿心位中；要等他後來證得如來藏心的時候，才能算是第七住位的賢位菩薩，才算是正式進入佛菩提道中，才是親證佛菩提果的摩訶薩。而他既然已經迴心大乘法中，不久以後一定會開悟明心而證得如來藏心，實相般若就會現前，所以 世尊授記他一定會證得佛菩提。

「佛問圓通，我以銷息，息久發明，明圓滅漏，斯為第一。」既然 佛陀垂問各人所修的圓通法門實證，難陀阿羅漢當然要主張說：從觀行呼吸發起初禪而顯現呼吸的氣息全都變白，使得鼻頭也變白以後，發起初禪天身而將身心的執著全都放捨，然後進而銷滅呼吸而證得四禪；這樣止息呼吸很久一段時間以後，自然可以成就聲聞俱解脫的究竟果，當然可以使解脫道的智慧圓滿光明而滅盡欲漏、有漏、無明漏，成爲俱解脫阿羅漢。難陀正是這樣使智慧圓明而滅盡三漏，得以出離三界生死，這就是難陀所說的「息久發明，明圓滅漏」，他是這樣將有漏心給滅除了，因此他認爲這才是修學圓通的最好法門，從他的立場來說當然是這樣的。

【富樓那彌多羅尼子即從座起，頂禮佛足而白佛言：「我曠劫來辯才無礙。宣說苦空，深達實相；如是乃至恒沙如來秘密法門，我於眾中微妙開示，得無所畏。世尊知我有大辯才，以音聲輪，教我發揚；我於佛前助佛轉輪，因師子吼，成阿羅漢，世尊印我說法無上。佛問圓通，我以法音降伏魔怨，銷滅諸漏，斯為第一。」】

講記：富樓那彌多羅尼子聽完孫陀羅難陀的敘述以後，隨即從座位起身，頂禮佛足以後就向 佛陀稟白說：「我自從無量劫來就是辯才無礙的人，我這一世進入佛門以後也爲人宣說蘊處界的生老病死痛苦以及無常故空，並且後來也證悟佛菩提而深入通達萬法緣起性空的眞實法相；就像是這樣子通達法界實相，乃至恒河沙數如來所宣揚的秘密法門，我也能於大眾之中微妙的廣作開示，得到處於大眾之中而無所畏懼的自在境界。世尊知道我有廣大的辯論法義才能，因此而教我以音聲來轉法輪，教我發揚如來的實相妙義；我也是常常於佛陀面前幫助佛陀轉法輪，也因爲我能夠常常作獅子吼，所以我成爲阿羅漢以後，世尊曾經印證我富樓那是聲聞十大弟子中說法無上的第一人。佛陀垂問各人的圓通法門，我富樓那是以法音來降伏諸魔的怨嫉，也銷滅自己的各種有漏，這就是第一圓通的法門。」

「富樓那彌多羅尼子即從座起，頂禮佛足而白佛言：」接下來是講到舌根的宣揚正法來了。富樓那尊者是聲聞十大弟子中說法第一，他很會說法。後來也證悟佛菩提而成爲實義菩薩了，所以也能爲大眾解說法界實相般若等法義。當孫陀羅難陀說完以後，富樓那尊者就上來說明他自己所體驗的舌根宣法的圓通法門。

「**我曠劫來辯才無礙。宣說苦空，深達實相；如是乃至恒沙如來秘密法門，我於眾中微妙開示，得無所畏。**」富樓那說他自從無量劫以來，一直是辯才無礙；換句話說，他在法義上的反應非常敏銳，也能舉一反三，所以辯才無礙。並不一定實證菩提以後就能說法無礙，更別說是辯論法義了！我們有些同修破參回來以後不太會說法，他們有功德受用，經典讀了也能懂，可就是不太會講。假使遇到一個辯才無礙卻還沒有開悟的人，有時也會被辯倒了；這是因爲他們過去世沒有熏習如何宣說佛法，當然也是因爲才剛悟入不久，智慧還沒有完全顯發出來的緣故。所以這一世要怎麼改進呢？要盡量爲別人說（但這不是將佛法的密意爲人說出來，而是從法理上來解說）；即使是被一個辯才無礙而沒有開悟的人駁倒了，那也沒有關係！因爲若是被人駁倒了，回來以後再思惟、再整理，還是可以把正理爲對方說清楚，對方經過理智思惟以後還是會信受而回歸正途的。

如果被駁倒了，回家以後一定會思惟：「這個法義，我應該怎麼說而且不會洩露密意呢？」思惟清楚以後，智慧自然又提升一些了，要這樣才會進步；否則，下一輩子隔陰之迷而忘失了，後來即使再悟入了，還是不太會講。既然敢發願想要成佛，法義一定要會講，這只是遲或早的事，終究得要會說法。否則九地菩薩（九地的入地心和住地心都要修四無礙辯）要到九地圓滿時，四無礙辯才具足成就，那你說，這個以舌根來宣揚佛法的圓通法門重要或不重要呢？當然很重要啊！所以這一世既然眞正開悟了，現在就得隨分開始修學論法的能力，把九地菩薩所要修的四無礙辯，現在就開始一步一步隨分去修；因此要試著爲有緣人說法，才能度人進入正法中，這當然要自己先嘗試整理出一套佛法的理路，把自己所親證的法來爲人解說。

並且在證悟以後還要來聽我說法，而我書上所寫的法義，也要把它思惟整理以後成爲你自己的；如果不能多聞、思惟、整理，就無法成爲你自己的，始終還是我的。凡是從我的書上讀來，或是從我嘴裡聽來的，都只會成爲你們心中的知識；雖然你已經建立信根，也發起信力，所以別人轉不了你，但是終究無法利益眾生，只能利益自己。所以說，在舌根上如何利益別人，還是要靠悟後的多聞與熏習，所以悟了以後要把我的書好好去讀，要多讀幾遍。讀第一遍時可以吸收三分之一、四分之一，那都沒有關係，只管繼續去讀，一定會有增益的。想要全部都吸收是不可能的，因爲裡面有些密意，我往往一、兩句就帶過去了；但是經過努力閱讀、思惟而作熏習，並且在我講經時繼續努力聽聞，多多聽聞以後可以成就多聞的功德，接著還要思惟及整理，智慧自然會生起來。

因爲現在不是你們該修證禪定的時候，而是應該多聞熏習及思惟整理的時候；禪定是要到三地的入地心以後，是到了三地的住地心後期才開始修的。既然現在不是該修禪定的時候，一天到晚打坐幹什麼呢？若是在不適當時機修學不適當的法，一定是事倍功半的，如同花兩塊錢的代價卻只能得到五毛錢的果實；不如等到三地住地心以後再修禪定，那是只花五毛錢就可以得到兩塊錢的回報，事半而功倍，不是更好嗎？所以目前最重要的事情是，趕快轉進到初地、二地去啊！這才是你們目前最重要的事情啊！所以現在要做的事情是什麼呢？是要趕快思惟、整理，要趕快整理出自己的一套佛法系統出來，然後就會與 世尊所說的佛菩提道相通了！以後遇到了人，才有能力為人家說法。縱使將來遇到一個辯才無礙的還沒有證悟的大師，當他在你嘴裡過不去時，你就成功了，那就表示你正式開始往初地前進啦！或者說你已經接近初地了。

初迴向位的菩薩們不是要迴向度一切眾生離眾生相嗎？要怎麼樣度眾生們遠離眾生相呢？要教導他們正確的法義，他們才能迴向斷我見而勤修菩提啊！你要為他們說法才能為他們建立佛菩提的正知正見啊！這樣他們就離開了眾生相。你們若是不肯度眾生離開眾生相，那你就過不了初迴向位；因為你還沒有把自己的心迴向願意度眾生遠離眾生相，沒有這樣的迴向心，怎能說是初迴向位的菩薩呢？如果這樣而宣稱要成為初地菩薩，又怎麼可能成功呢？當你想要度眾生遠離眾生相，已經生起這種迴向心了，當然先要自己把眾生相及三乘菩提的分際都弄清楚；當你詳細弄清楚了以後，就可以像富樓那尊者一樣為人說法了。

富樓那自從無量劫以來就一直是辯才無礙的，總是能爲人宣說苦、空、無常等法。當然這只是表面上的聲聞法，還沒有究竟斷盡無明漏；否則他在釋尊示現於人間以前，早就成爲阿羅漢而入涅槃了，哪還會等到二千多年前來當 世尊的弟子才成爲阿羅漢呢？所以當然是久修菩薩行而示現爲凡夫，只在一般所知的範圍內爲人宣說苦、空等法；直到遇見 世尊以後，才示現被 世尊所度而眞的能爲人具足宣說聲聞四諦八正等法。然後迴心大乘不久，富樓那又「深達實相」，這表示他示現迴心大乘不久以後就證悟了。「深達實相」是表示已經觸證第一義諦了，一定要證悟了如來藏才能懂第一義諦。富樓那能在 佛陀面前當眾表示已經「深達實相」，是宣示說，他對於實相是很清楚的，當然是已經證得佛菩提了。所以此時富樓那雖然示現爲聲聞比丘相，實際上已經是證悟的菩薩摩訶薩了！

富樓那無量劫以來就辯才無礙，如今證悟聲聞菩提以後能爲人宣說苦與空等解脫道法義；並且還能藉著宣說諸法無我、諸行無常等法，幫助眾生斷除我見、我執等煩惱之後，還能度眾生進入佛菩提道中。也就是說，他有方便善巧來爲眾生說明：證得諸法無我、諸行無常以後並不是斷滅空，無餘涅槃中還有實際，就是法界的實相。富樓那就這樣運用方便善巧爲人宣說，所以成為聲聞十大弟子中的說法第一。想成為說法第一，是很不容易的；即使是智慧第一的舍利弗，也無法成為說法第一的，因為當時舍利弗還沒有深達實相啊！

而且富樓那尊者甚至能夠為人宣說恆河沙數如來的秘密法門。秘密法門是什麼呢？當然就是如來藏啊！眼見佛性也是祕密法門啊！但這不僅是不共外道，而且還不共聲聞聖者。恆河沙如來的秘密法門，當然是說，法門無量無數，多得不得了；可是歸結起來，恆河沙數所有如來的祕密法門，其實就是一尊如來的祕密法門，因為佛佛道同，所證同樣是如來藏心以及此心中所含藏的一切種子。琉璃光如來的祕密法跟極樂世界　阿彌陀佛的祕密法一定完全相同，也一定同於娑婆世界的　釋尊祕密法門，因為佛佛道同，所證的法都是一樣的；因為法界中的實相就只有一種，沒有第二、第三種。所以雖然是恆河沙數如來的秘密法門，其實就是一位如來的秘密法門，同樣是如來藏妙法的實證法門。

富樓那因為實證了恆河沙數如來的同樣祕密法門，了知如何實證如來藏而現觀祂的妙眞如性了，當然就能夠在大眾中廣作微妙的開示；能夠在大眾中為人廣作法界實相妙義的微細深妙開示時，大眾必然都信服他，還有誰能質難他呢？所以富樓那處於大眾之中，完全沒有畏懼之心。這是因爲他已經於法無礙，一切實證如來藏的祕密法門都能爲人宣說了，是大眾所不懂的，也是不迴心的定性聲聞羅漢所不懂的，那他還有什麼可以害怕的？這就好像諸位現在對於密宗藏傳「佛教」的法已經覺得沒什麼好害怕的了，因爲你們已經瞭解將近一半的藏傳「佛教」密宗法義了！這個月底《狂密與眞密》第三輯就會印出來了，明天就開始燒製印刷版，後天就開始印刷了！等你們再讀了第三輯，藏傳「佛教」密宗的秘密大概就瞭解了四分之三；再過兩個月讀完了第四輯，可就全部瞭解了。那時瞭解了藏傳「佛教」密宗的所謂中觀，也瞭解了密宗的法義自始至終都是爲雙身法作準備的，知道他們是以雙身法來貫串所有見、修、行、果的，就知道藏傳「佛教」密宗的所有法義全都是在意識境界上用心，始終都沒有離開過意識所領會的淫樂境界，不離常見凡夫境界，哪有智慧可說呢？從此以後，藏傳「佛教」密宗的祕密你們全都知道了，那時密宗就沒有「密」可言了。

以後密宗不再是密宗了，因爲所有祕密都被我曝光了！社會人士遲早會知道藏傳「佛教」密宗的本質。把藏傳「佛教」密宗的法義這樣一系列、有次第鋪排出來辨正的，在佛教歷史上還沒有過，由我們第一次來做。有一位師兄從美國回來問我：「那兩百多冊密宗書籍，您是怎麼去讀完的？」我說：「這兩百多冊不必全部讀，因爲把每一冊拿來一目兩行掃過去，就知道是這一本抄自另一本，另一本又抄自另外一本。」藏傳「佛教」密宗的密續比佛經多了好幾倍。但是密續的作者們，一百個人中倒是有九十九點九個人是文抄公，總是你抄我、我抄你；他們互相抄來抄去，越抄越多，於是汗牛充棟，數都數不完；你若是想要在其中找出有自己創見的密法而不是抄來的，是非常困難的。所以兩百多冊大略翻一翻以後，我挑出十幾冊來就夠用了；因爲全都是互相抄來抄去，萬變不離其宗。

在藏傳「佛教」密宗裡，只要會抄襲，好好組織以後印出來，就有大名聲了！宗喀巴正是這樣的人，他是密宗史上最厲害的文抄公；他把密宗的外道法有系列的整理出來（雖然還不是全面的，大概只有三分之一的內容），就被藏傳「佛教」密宗無知的上師們奉爲至尊了。我們卻是全面性的整理以及辨正，將藏傳「佛教」裡的古代、現代法王們自己都還不知道的眞相也給揭露出來。如果把四輯《狂密與眞密》全都詳細讀完，以後遇到西藏密宗的行者，不管他叫作上師、喇嘛、法王或者空行母、勇父，你都不必再害怕他們了，因爲你都已經知道他們的全部法義了！我總共寫了四輯，這已經夠多了，共有五十六萬字了。連他們所有法王都不知道的密宗祕密，我都講出來了，他們還能來跟我辨正密宗的法義嗎？

同樣的道理，你們讀完這四輯以後就對密宗不再有畏懼了，這是因爲你對藏傳「佛教」密宗的祕密已經了知了，密宗的弘法者已經無法籠罩你了，所以你就對他們無所畏懼了。會產生畏懼之心，是因爲不知，所以會有畏懼。但富樓那尊者既然本來就辯才無礙，遇到 世尊以後證得聲聞菩提了，當然就能夠爲人宣說二乘法的苦、空、無我、無常。後來迴心大乘而在大乘法中證悟實相，並且也深入了達實相的深細內容，知道十方無數如來的祕密法門都是同一個如來藏妙眞如性，這是連不迴心的阿羅漢們都不懂的妙法，他當然可以在大眾中廣作開示而無所畏懼。所以說，恐懼是由於無知；假使你知道自己所面對的大師們全都是在意識境界上用心，從來不知道蘊處界的詳細內容，不曾斷我見；也知道大師們全都不曾證得如來藏而無法現觀祂的妙眞如性，知道他們對法界實相都是誤會而無所知的，你就知道他們無法在你面前開口談論解脫道與佛菩提道，那你心中還需要恐懼他們嗎？根本就不會有絲毫恐懼了。這正是富樓那菩薩敢在 世尊面前，自稱處於大眾之中開示妙法而無所畏懼的原因。

「世尊知我有大辯才，以音聲輪，教我發揚；我於佛前助佛轉輪，因師子吼，成阿羅漢，世尊印我說法無上。」由於這個緣故，富樓那菩薩說：「世尊您知道我有這個大辯才，可以用音聲輪爲大眾說法，教我用音聲輪發揚三乘菩提妙法，所以我常常在佛陀面前幫助佛陀轉法輪。」這就是說，佛陀常常教他上來說法，佛陀就可在旁邊暫時休息一下。「我正是因爲常常在佛陀面前幫助佛陀轉法輪，所以在初轉法輪時期世尊宣講解脫道時，我也常常在佛陀面前獅子吼，辨正常見、斷見外道的錯誤，我是因爲幫助佛陀轉聲聞法輪而成爲阿羅漢的，所以世尊印證我爲聲聞十大弟子中說法第一的阿羅漢。」

我以前初學佛時，曾經讀過馮馮居士寫的一篇文章，他說日本有一種戲劇叫作「能劇」，說其中有某一位演員會發出一種聲音，說那就是獅子吼。那可眞是離譜了！獅子吼並不是一種特殊的聲音，而是如同獅子一般以吼聲來降伏一切野獸；在佛法中說的野獸就是外道法，所以獅子吼就是廣說正法來比對外道法的錯誤；是廣破斥外道法而使外道無法面對法義直接回應，使外道們恐懼與你論法而全都迴避你，全都不敢與你同住一處，這樣才能叫作獅子吼。馮馮居士把佛法誤會到這麼離譜，是因爲他根本沒有建立三乘菩提的正知正見。

由於了達三乘菩提妙法，所以富樓那菩薩才能夠破斥種種外道法，他可以處於外道之中說法廣破外道，而心中沒有任何畏懼。當他初悟聲聞菩提時，就已經能夠廣破外道常見與斷見法，沒有任何外道能夠挑戰他；而他也就因爲廣對外道法作法義辨正的獅子吼，使他的二乘菩提智慧快速地深妙起來，所以他作獅子吼以後不久就成爲阿羅漢了。俗話說「教學相長」，這也是我這一世走過來的經驗，也是我們好多位親教師的經驗。如果你所說的法不偏差，也不是打聽來的，而是親自參究而悟出來的，那麼你在悟後教授學生的過程當中，依照我們的教材詳細去教導，鉅細靡遺去教導，你的智慧一定增長得很快。如果你不依照我的教材，那就例外了！

我們的教材中函蓋了三乘菩提，在教學的過程當中，學生成長時你也是在成長；因爲學生一直在成長中，逼得你不更快速成長也不行啊！這好比俗話說的「水漲船高」嘛！我後來檢討：當初我出來弘法時，本想有人得法以後我就退下來隱居了；後來漸漸就抽不了腿，無法回家好好專修禪定了，只好繼續弘法下去。現在觀察起來，當初如果大家肯讓我抽腿回家，我在種智方面的進步可能會比較緩慢。因爲在說法的過程中，由於 佛陀的加持、自己的努力，在深妙法中的廣度會越來越廣；廣度夠了，深度就會越來越深妙；

然後，越有深度就會反過來再引發更大的廣度，就這樣不斷的演變下去。

富樓那尊者一定是深知個中道理，所以他說：「**我就是因爲獅子吼，不斷地破斥外道常見、斷見等邪見，所以成爲聲聞解脫道中的阿羅漢。**」因爲當他每破斥一次外道時，就更深入理解外道爲什麼不能解脫，全都因爲我執嘛！也更理解一般外道爲什麼不能解脫？因爲我見等邪見嘛！或者某些外道爲什麼不能解脫？因爲我所執不肯斷除，所以還有種種粗重煩惱或者隨煩惱。富樓那當時就這樣一方面爲人宣講，一方面自己反觀，於是在破斥外道的過程中就自己斷除我所執與我執了，當然就成爲阿羅漢了！所以 世尊因此印證他是阿羅漢。由於他很會說法度人，所以 世尊說富樓那尊者是聲聞弟子中說法第一的人。

「**佛問圓通，我以法音降伏魔怨，銷滅諸漏，斯為第一。**」當 佛陀垂問各人所修的圓通法門時，富樓那就用自己以法音的宣流來降伏魔怨、度化眾生，同時也藉著說法來銷滅自己有漏與無明漏的經驗，主張自己以法音降魔度眾來滅除有漏與無明漏，就是最好的圓通法門。

以說法來幫助 佛陀轉法輪，以破邪顯正的手段來降伏魔怨，有些人心中可能會有奇怪的想法：「**我去破斥外道，恐怕天魔會很氣我而不利於我**

吧！」其實不見得！當你破斥外道的時候，那些外道的護法神剛開始聽到時當然是會氣你，可是過幾天以後，他們也會想：「某某人講的還是有道理，我先別對某某人生氣。我還是再多聽、多思惟看看，然後再決定要不要繼續護持原來的法主。」他們越思惟就越會相信，因為法義如果是正確的，他們越思惟就越能分辨邪正，就會越發信受你。除非你的法根本上就是錯了，否則他們最後一定會信受你；到後來，他們反而要離開外道來擁護你，反而變成你的護法者。富樓那就是用法音的宣流，把魔子魔民度了，因此許多魔子魔民對他的怨恨也消除了！這是他親自的經驗，所以他認為用法音來降伏魔怨，同時銷滅了自己的種種有漏法，認為這種圓通法門是最好的。

【優波離即從座起，頂禮佛足而白佛言：「我親隨佛踰城出家，親觀如來六年勤苦，親見如來降伏諸魔、制諸外道、解脫世間貪欲諸漏；承佛教戒，如是乃至三千威儀、八萬微細性業遮業，悉皆清淨；身心寂滅，成阿羅漢。我是如來眾中綱紀，親印我心；持戒修身，眾推無上。佛問圓通，我以執身，身得自在；次第執心，心得通達；然後身心一切通利，斯為第一。」】

講記：優波離即從座起，頂禮佛足而白 佛言：「我親自追隨佛陀在夜晚越過城牆而出家，親眼觀見如來出家後的六年精勤苦行，我也親見如來後來處處降伏諸魔，以及制伏種種外道，教導大眾解脫於世間貪欲等種種有漏法。我秉承佛陀的教導而受持戒律，就像是這樣一一受持，乃至三千威儀、八萬微細的由心性所造業以及種種遮業，我全部都清淨受持；由此緣故我優波離身心常處於寂滅境界中，於是成爲阿羅漢。我是如來法眾中的綱紀，由我來執行大眾們的持戒規矩，如來也因此親自印證我的清淨心；由於我持戒修身始終都無違犯，所以大眾推舉我爲持戒無上的人。佛陀垂問圓通法門，我是由於以戒律執身的時候，能令色身自然隨順戒律而得自在；然後再接著依戒律轉而執心的時候，我的心也得以自在不犯而能夠通達解脫之道；最後我於色身及覺知心等一切法都能通達、無所不知，我認爲這就是第一圓通法門。」

「優波離即從座起，頂禮佛足而白佛言：」當富樓那菩薩說完以後，優波離尊者隨後從座位上起身，頂禮 世尊足下以後，就向 世尊稟告他的圓通法門。優波離是追隨 悉達多太子偷偷離開王宮出家的隨從，他的出身卑賤，本是王宮中的剃髮人。所以難陀後來出家時，由於自恃王族出家，本是太子，就因爲自己種姓尊貴的緣故，剛出家時看見優波離的時候是不肯禮拜的，他不想理會優波離是否已經成爲阿羅漢，心想那是以前自己王宮裡的僕人。後來 世尊作了一番開示，難陀才終於心服而懺悔禮拜優波離，於是難陀的憍慢就除掉了。

優波離尊者出家前本來是個理髮師，這個人福報也很大，他跟人家理髮都很專心，而他理髮的技術是最好的；佛陀出家前，以及住世弘法的時候，大多是由他爲 佛陀理髮的。一般人沒有威德能爲 佛陀理髮，因爲若是想要爲 佛陀理髮，得要有禪定功夫。當初優波離的媽媽把他帶到 佛陀那裡去，想要讓他出家；佛陀問他以前是幹什麼行業？他說是剃髮人。他的媽媽就說：「**我這個兒子看有沒有福報專門爲世尊理髮？**」世尊爲了度他，就讓他理髮，然後 世尊就說：「**你理髮時頭太低了。**」優波離就聽話，把頭稍微抬高一點，結果就證入初禪了。然後 佛又說：「**你的頭太高了一些。**」於是優波離把頭調低一些，於是又證入二禪去了。然後 佛說：「**你呼吸時的吸氣太急了一些。**」優波離就緩和了吸氣，就證入第三禪了！然後 世尊又說：「**你呼氣太多了。**」優波離就證得第四禪。於是 佛陀教比丘們趕快接過他手裡的剃刀，趕快把他扶著。因爲進入第四禪時整個身心都會鬆掉，沒有辦法站立的。

如果有人宣稱證得第四禪，當他住入第四禪的時候卻還是坐得直挺挺地，就像木樁一般，那根本就不是證得第四禪；因爲那時覺知心是不了知色身的，怎有可能還坐得直挺挺地？可是會外有很多人都以爲覺知心中一念不生時就是四禪，誤以爲心中沒有語言文字時就是「捨念清淨定」，那眞是誤會嚴重（編案：南懷瑾也是誤認覺知心中沒有語言時就是證得第四禪）。他們根本就不知道第四禪是什麼境界，在第四禪中是息脈俱斷的，是捨心清淨、念心清淨的定境，根本就不可能了知色身的觸覺，哪裡還能坐得直挺挺地。當時 佛陀幫助優波離證得第四禪，身心非常穩定，當然是夠資格爲 佛陀理髮了。然後 佛陀再喚醒定中的優波離，就對他媽媽說：「**現在優波離可以爲我剃髮了。**」後來淨飯王命令釋種五百人隨同 佛陀出家，當這五百人各自回家稟告父母時，優波離卻在那一晚就先求 佛陀讓他出家了；並且優波離是「善來比丘」，當時就成爲阿羅漢，這當然也是有往世因緣的。第二天難陀等五百人去 佛陀座下出家時，難陀的僕人優波離卻已經先成爲上座比丘了。正因爲優波離早一天出家證果，因此而有第二天 佛陀藉優波離降伏難陀慢心的故事發生。這就是優波離的故事。

「我親隨佛踰城出家，親觀如來六年勤苦，親見如來降伏諸魔、制諸外

道、解脫世間貪欲諸漏；」優波離說，他當年是親隨　佛陀踰城出家的人，後來親見　佛陀六年苦行之後又離開了，最後只剩下驕陳那等五人。當然，他們五人到　世尊成佛前的最後一天也離開了，因爲不瞭解苦行不能使人成佛，所以看見　悉達多太子放棄苦行而接受牧羊女的乳糜供養以後，誤以爲悉達多太子貪著飲食、不能受苦，所以就棄　佛而去了！優波離當然就回到俗家去，繼續在王宮裡做事。後來優波離在五百釋種出家的前一天出家以後，始終都跟在　世尊身邊，看到　世尊如何降伏諸魔；又常常看見　世尊親到外道所在，以種種外道法制伏外道；並且也教導弟子們如何解脫世間生死，教導弟子們解脫於欲界世間的欲漏。

當然，世尊成佛前也有另一段降魔的過程。事實上，世尊的降魔並不只是在成佛那一夜的事，後來也有許多次降伏天魔波旬的記載。優波離這一段話所說「**解脫世間貪欲諸漏**」，當然不是在講　如來成道以後的事，而是在講如來度諸弟子「**解脫世間貪欲諸漏**」；因爲　悉達多太子成佛以前示現隨諸外道一一實證四禪八定時，在最初證得初禪時就已經解脫於欲漏了，否則是無法發起初禪的；所以這裡所說「**解脫世間貪欲諸漏**」，講的當然是教導世間人解脫於欲漏的事，而不是指成佛以後才解脫於世間的欲漏。但是優波離講得太簡略，很容易使人誤會。

「**承佛教戒，如是乃至三千威儀、八萬微細性業遮業，悉皆清淨；身心寂滅，成阿羅漢。**」優波離說，他秉承 佛世尊的教導與訓誡，並且在出家那一晚就領受具足戒了（因爲他是「善來比丘」而頓時鬚髮自落、袈裟著身的阿羅漢）；並且後來他又殷勤請問戒律，所以 如來詳細教導他如何受持各種微細戒，於是優波離就從戒法上面微細地探究三千威儀，也深入瞭解八萬微細性業與遮業，全部都能清淨受持，所以他是聲聞十大弟子中持戒第一。這眞的很不容易，因爲戒律中的因果非常深奧，這是成佛以後才能具足了知的。一般人以爲受持戒律以後，就只是不可以做什麼以及必須要做什麼；其實不然，戒律中的因果含藏著三乘菩提的眞實義在裡面；當三乘菩提還沒有究竟通達之前，是無法完全了知戒律因果的，所以完全了知戒律的人就只有世尊。

這就好比世間法與出世間法中的因果也是一樣，這個因果也是只有諸佛世尊才能夠完全具足了知的，如果有人膽敢站出來說：「**不論是菩薩戒或聲聞出家戒，我都完全了知。**」那麼這個人一定是大妄語人，因爲 釋尊入滅以後，必須等到五億七千六百萬年後 彌勒佛降生人間時，才會有人能具足了知因果的。各種戒法中都有很多細行，裡面包括性業與遮業，也就是性罪和遮罪造成的業種，並不是我們所能完全了知的。光是《菩薩優婆塞戒經》，經中事理俱全，但是如今能有多少人讀懂呢？所以戒理的微細處，眞的不容易具足了知。能夠大部分了知，是二地滿心菩薩的事；至於以下的菩薩們可就所知不多了，大多只能夠知道一些表相而已。

但是優波離尊者能夠在三千威儀、八萬微細的性業和遮業等，全部都受持清淨，這眞的很不容易。這表示要有深妙智慧才做得到，這也表示優波離能夠證得這樣的境界，必然是有往世因緣的。優波離說，他由於持戒持到這麼微細清淨，所以身心自然是清淨而寂滅的了，當然就不再對三界世間任何一法有任何貪著了，因此使他成爲阿羅漢。這是說，不論是欲界世間、色界世間、無色界世間，他全都沒有絲毫貪著，所以我所執與我執都是斷得很究竟，因此而成爲阿羅漢。

「我是如來眾中綱紀，親印我心；持戒修身，眾推無上。」優波離是 如來僧眾中的綱紀，換句話說，他是在僧團中掌管戒律執行的人。誰若是違戒了，師兄弟們縱使不方便說，也可以去向優波離尊者說，優波離尊者就會出面處理，所以他是**「如來眾中綱紀」**。這是因爲優波離最瞭解 如來設戒的用意與道理，由他來執行僧團中的戒律，當然是最適合的人選了！也因爲如此，所以如來「**親印我心**」，親自爲他印證戒心的絕對清淨，印證優波離的心已經是純無漏心（當然這是依聲聞法來說的，不是依大乘諸地菩薩兼斷習氣種子來說的）。優波離正是經由持戒而修持身心，大眾也都公推他是受持戒法境界最高的人。

「**佛問圓通，我以執身，身得自在；次第執心，心得通達；然後身心一切通利，斯為第一。**」佛陀垂問大眾對於圓通法門的修證時，優波離當然依自己的法門來說，所以說他自己是由於依照戒律來執持色身，使自己從持身清淨而自然不會犯戒，使自己的色身能自然而然地符合戒律而不覺得有所拘束，因此使色身處處都得到自在；然後逐步發展，最後是執持自己的覺知心、作主的心，終於通達了自己的覺知心也是虛妄法。這時現觀色身虛妄，也現觀覺知心虛妄，通達色身與覺知心全都虛妄以後，於是優波離的身心就在一切法上都能夠通徹明了，因此就不會再被六塵萬法中的任何一法所拘繫。由此緣故，優波離認爲圓通法門的修證是以持戒繫身，再轉而清淨自心，使身心都不會在身體的各種觸覺以及覺知心對於觸覺的違順上面生起貪厭，這樣來下手消除欲漏，然後轉進而斷除有漏、無明漏，這樣的圓通法門就是最好的方法。

【大目犍連即從座起，頂禮佛足而白佛言：「我初於路乞食，逢遇優樓頻螺、伽耶、那提三迦葉波，宣說如來因緣深義；我頓發心，得大通達；如來惠我袈裟著身，鬚髮自落；我遊十方得無罣礙，神通發明推為無上，成阿羅漢。寧唯世尊，十方如來歎我神力；圓明清淨，自在無畏。佛問圓通，我以旋湛，心光發宣；如澄濁流，久成清瑩，斯為第一。」】

講記：當優波離說完之後，大目犍連隨即從座位上起身，頂禮 佛陀足下而稟白 佛陀說：「我當初於道路中乞食的時候，偶然逢遇優樓頻螺、伽耶、那提等三位迦葉波，他們爲我宣說如來所教授的因緣法深妙義理；我聽完了，頓時發起學法之心，得以大大地通達因緣法；後來我與舍利弗一起來覲見如來時，如來又嘉惠於我，高聲說了一句『善來比丘』，使我自然袈裟著身，鬚髮自落；我以神通遊行十方得無罣礙，由於我在神通的發明上面被推爲最高無上的人，也因此而使我快速成爲阿羅漢。豈只是世尊這樣稱讚我，十方如來也和世尊一樣讚歎我的威神力；我由神通入手而達到圓明清淨的地步，得以自在而無所畏懼。佛陀垂問各人的圓通法門，我是以旋轉覺知心住在湛然澄寂之性中，促使心光發起及宣流出來；猶如澄清了污濁的流水以後，時間久了就變成清瑩透徹而有神用了，我認為這就是第一圓通法門。」

「大目犍連即從座起，頂禮佛足而白佛言：」大目犍連即是大家熟知的目蓮尊者，他是聲聞十大弟子中的神通第一。當他聽完優波離從身觸的覺性上面下手，執身向內也執心向內而離開身觸，使覺知心可以通達於寂滅法而成為阿羅漢。這時目蓮尊者心想：自己是從意根與法塵的了知性下手的，接下來當然應該是由自己起來報告了，於是就從座位上起身禮佛，就向 佛陀報告自己的圓通法門。

「我初於路乞食，逢遇優樓頻螺、伽耶、那提三迦葉波，宣說如來因緣深義；我頓發心，得大通達；」這位大迦葉優樓頻螺，並不是結集四阿含三藏的大迦葉，也不是禪宗第二祖的大迦葉，而是三個迦葉兄弟中的大哥。大目犍連說他當初是在路上遇到了優樓頻螺等三位兄弟，優樓頻螺迦葉是三位迦葉兄弟中的大哥，伽耶迦葉是老二，那提迦葉是老三，這三兄弟本來都是事火外道。佛陀度這位大迦葉時也是費了好大一番手腳，十八般神通示現才把他度成，並且也降伏了一條大迦葉很恐懼的惡龍。後來大迦葉心中信服了，就帶著五百弟子歸依 佛陀，於是所有人都把以前侍奉火天所用的道具全都丟到河中去了！這一堆侍奉火天的道具流往下游去，二弟伽耶迦葉看見了，以爲兄長及徒弟們被賊所害，就往上游探尋，沒想到竟看見優樓頻螺迦葉等人圍著　世尊正在聞法。於是他走上前去一探究竟，也被　世尊所度，就與座下三百弟子全都歸依　世尊；於是這三百人又把事火的道具也都丟棄到河裡去，當然也是往下游流去，漸漸流到三弟那提迦葉那邊。這三弟看見了，也以爲大哥與二哥都被賊所害，又往上游探尋，同樣找到　世尊爲大迦葉、二迦葉說法的地方來，於是他跟座下二百名弟子也一樣都歸依　佛陀學法。世尊度人時就像這樣子一串又一串拉過來，這樣一來，一千眾事火外道全都成了佛弟子。這就是優樓頻螺迦葉三兄弟的故事。後來就因爲迦葉三兄弟托鉢乞食時，在路上被大目犍連遇上了，才又度了大目犍連成爲　佛陀座下神通第一的徒弟。

大目犍連說，他當初在外道法中出家修行，有一天正在道路上托鉢乞食時，巧逢大迦葉等三兄弟前後相隨，在市鎭上乞食。大目犍連因爲覺得他們的身行與口行看來是已經證得解脫的人，所以好奇心生起來了，就走上前去請問。那時大迦葉就爲他說明　世尊所教授的因緣法，而那種因緣法的義理很深妙，不是以前目蓮尊者在外道法中所知道的因緣法。那時目蓮尊者聽完以後，發起聲聞菩提的清淨心，隨即獲得法眼淨，也就是證得初果了；因此當場就想要歸依大迦葉尊者，因爲那時目蓮尊者還不知道大迦葉尊者還有師父在。那時大迦葉就告訴他，要他直接去歸依 世尊。

「**如來惠我袈裟著身，鬚髮自落；我遊十方得無罣礙，神通發明推為無上，成阿羅漢。**」大目犍連因爲這個緣故，隨即通知好友舍利弗，舍利弗立即追尋大迦葉，同樣獲得法眼淨，也被告知應該直接歸依 世尊。於是目蓮尊者二人就一同前去面見 世尊。世尊遠遠看見時就說這是兩大弟子要回來正法之家了，當他們來到 世尊面前問訊禮拜完了，聽聞 世尊說法，然後請求在 世尊座下出家時，世尊說：「**善來！比丘！**」他們兩人就「**袈裟著身、鬚髮自落**」，當場獲得道共戒而具足聲聞比丘戒；後來精進觀修不久，都成爲大阿羅漢。大目犍連因此而使本就證得的神通更加增益，因此而能遊歷十方世界沒有障礙。他的解脫果實證，有許多部分也是從神通境界的種種法中發明出來的，由此緣故也增益他的神通境界，成爲聲聞十大弟子中的神通第一。

假使 如來一見面時就說：「**善來比丘。**」那個親見 佛陀的人就「**鬚髮自落，袈裟著身**」，你們可別單從事相上去看這件事，否則可就十萬八千里遠了。鬚髮是指煩惱，見惑煩惱滅除了，證得法眼淨了，就是「鬚髮自落」。「袈裟著身」的意思是心地已經出家了，不論身上還穿著什麼衣服，都同樣是出家人了，是因爲心中已斷煩惱而心境已經出家了，當然身上的衣服就是袈裟了。大目犍連本來就是有神通的人，自從親見 佛陀而獲得「善來比丘、鬚髮自落、袈裟著身」的證境以後，原來就有的神通能力，就因爲斷除煩惱而成爲無漏清淨的關係，神通的層次就提昇上去了。神通是隨著各人的定境差別，以及隨著各人在有漏無漏法上的修證差別，也就是隨著覺知心的清淨與否而有高下的差別；所以定境層次越高、智慧層次越高，神通就會跟著提升越高。所以大目犍連這時的神通層次就很高了，才會說「我遊十方得無罣礙」。

但是他的「得無罣礙」，其實還只是在某一個限度內「得無罣礙」。因爲他有一次想要探索 世尊梵音聲傳播的距離，所以就飛到須彌山頂，一樣聽得很清楚；於是又飛到大鐵圍山，還是聽得很清楚，他還想要飛到更遠的地方再試驗。這時 世尊以他心通知道大目犍連的企圖，不等他一一試驗，就直接以大神通加持大目犍連往西方飛行，飛到西方超過九十九恆河沙數的世界，去到光明幡世界，釋迦文佛說法的梵音聲依舊聽得很清楚。那時他看見一個很大的水池，水很清澈，他就是停在水池岸邊，原來那只是 光明王如來喝水的水缽邊緣。

那裡的人們身量高廣，有幾位菩薩們看見了就稟 佛說：「奇怪！哪裡飛來一隻小蟲，怎麼還穿著僧服呢？」光明王世尊才說：「這不是小蟲，而是東方過九十九江河沙數佛世界的娑婆世界，釋迦牟尼佛的弟子；釋迦文佛正在說法，這是釋迦如來座下神通第一的聲聞弟子，想要知道釋迦佛的音響徹遠到什麼地步而飛到這裡來的。你們別輕視他身量這麼小，你們的神通還不如他呢！」於是就吩咐目蓮尊者：「你變化大身及神通給他們看。」目蓮尊者就變身廣大，比那些菩薩們還要大，又顯現各種大神通，光明王佛就藉此把大家的慢心降伏了，那些菩薩們才不敢小看娑婆世界的 釋迦如來，才知道諸佛化度眾生有很多方便。

目蓮尊者就這樣示現神通，降伏大眾的慢心；可是示現大神通以後，目蓮尊者的問題還沒有解決：「我要如何回到我的世尊座下？」因為現在都不知道自己究竟身處於什麼佛世界，不知道娑婆世界究竟是在哪裡，實在太遠了，該怎麼回去？於是請求 光明王如來幫忙。光明王如來要他向東方禮拜，稱誦 釋迦牟尼佛名號及讚揚 釋迦牟尼佛的功德，於是 佛陀從娑婆世界放光照耀大目犍連，教他乘著佛光回來娑婆世界。這是目蓮尊者的糗事，我在這裡幫他出糗；但他不會生氣，因爲這是經中講的眞實故事，也是幫他以自己的糗事來利益大眾，幫助大眾對 釋迦如來的功德增加一些認識，也算是成就他的功德。因爲他已迴心成爲菩薩了，凡是菩薩過去所犯的糗事，都不怕人家一再拿出來講；因爲連他自己都常常發露出來說了，還有什麼難堪的？而且藉他的事相提出來講，也是成就他度眾的功德。所以大目犍連說：**「我遊十方得無罣礙。」**是在某一個限度中來講的，所有人都不能像諸佛神通那樣沒有限制的。

「寧唯世尊，十方如來歎我神力；圓明清淨，自在無畏。」當大目犍連得法眼淨以後，又經過幾天的觀行便成爲阿羅漢了。由於他是從意與法下手觀行而成爲阿羅漢的，所以大目犍連的神通又大大增上；十方世界的所有如來座下聲聞弟子，大部分人的神通都遠不如他，所以他說**「十方如來歎我神力」**。他的神通發明了以後，大眾公推他的神通層次是最高的，他也自認爲是由神通的增益而使他成爲大阿羅漢。認爲不僅僅是 世尊這麼稱讚他，乃至十方如來也是同樣讚歎他的神力。大目犍連是由因緣法而使他對意根與法塵的內涵更加深入瞭解，已經**「圓明清淨、自在無畏」**了，也就是到了清淨圓滿光明而沒有障礙的境界了，所以心中自在而無所畏懼。

「**佛問圓通，我以旋湛，心光發宣；如澄濁流，久成清瑩，斯為第一。**」

如今世尊垂問各人所修的圓通法門，大目犍連當然認爲他旋轉原來不淨的意識與諸法，也就是旋轉覺知心自己的見、思惑等煩惱，變爲清淨無惑的覺知心而進入澄清湛然的心境中，終於能夠深入諸法而使覺知心的光明性—也就是使覺知心的各種功能—發明宣流出來。換句話說，只要是斷了煩惱，心念住入遠離煩惱而澄澄湛湛的境界中去，越來越深入就越來越清淨、越來越光明，於是「**心光發宣**」，覺知心就有了很強大的能力出現了（光明是指功能），如同污濁的流水被轉變成清淨透明的純水時，就可以被拿來作各種用途了，用途可就多了。所以如果想要修圓通法門，一定要把覺知心往內收，不要處處攀緣；也得要修除見、思惑等煩惱，才能常常都在澄澄湛湛而無煩惱的境界中長久安住。這當然也是要觀行因緣法的內涵，證得因緣觀的智慧；這樣修行，就是以「**旋湛**」的方法，把往外攀緣的覺知旋回來向內安住；常常這樣修行久了以後，心就漸漸清淨了，心光發明就能宣揚覺知心的種種功能出來，這就是大目犍連所說修學圓通法門的最好方法。

【烏芻瑟摩於如來前，合掌頂禮佛之雙足，而白佛言：「我常先憶久遠劫前性多貪欲，有佛出世名曰空王，說多婬人成猛火聚。教我遍觀百骸四肢諸冷暖氣，神光內凝，化多婬心成智慧火；從是諸佛皆呼召我名為火頭。我以火光三昧力故成阿羅漢，心發大願：『諸佛成道，我為力士，親伏魔怨。』佛問圓通，我以諦觀身心暖觸無礙流通，諸漏既銷，生大寶焰，登無上覺，斯為第一。」】

講記：烏芻瑟摩於 如來前，合掌頂禮 佛之雙足，便向 佛陀稟白說：「我常常在思惟正法之前，先回憶起在久遠劫以前的我，是有很多貪欲的心性；那時有一尊佛出現在世間，名號叫作空王佛，為我解說正法：心中有很多婬欲的人，會形成猛火而團聚成很強烈的熱惱。然後就教導我：遍觀自己色身百骸與四肢裡的各種涼冷與溫暖等不同的氣息，再將精神上的功德向內凝聚，轉化很貪愛而多婬的覺知心成為智慧的清淨火，來焚燒淫欲上的煩惱。從那個時候開始，我一世又一世轉生修學菩薩道時，諸佛都在稱呼或召喚我的時候，將我喚作『火頭』——烏芻瑟摩。由於我是轉化淫火成為智慧火，而以這種火光三昧威力的緣故成為解脫生死的阿羅漢，於是我在心中發起大願：『將來每一尊佛成道的時候，我都要在佛座下擔任金剛力士的職務，親自一一降伏諸魔的怨毒。』佛陀垂問各人的圓通法門，我則以審諦觀察身心中的暖觸無有障礙而流通於全身，從這裡詳細觀察，既然使各種有漏法銷亡了，於是我身心之中生起寶貴的大智慧火焰，登入無上的覺悟境界中，我認為這是第一圓通法門。」

「烏芻瑟摩於如來前，合掌頂禮佛之雙足，而白佛言：」現在輪到護法第一的烏芻瑟摩菩薩，他就是常常站在 世尊身後護衛 世尊色身的金剛力士。烏芻瑟摩的意思就是火頭，因為他是以身中的火性入手觀修而證得阿羅漢果的，後來迴心大乘而永遠不入涅槃，於是成為護法第一的菩薩。由於他是在火大自性觀修上面最成功的弟子，等於是所有觀修火大者的領頭者，於是諸佛都叫他「火頭」，烏芻瑟摩意譯為中文時就是火頭。他就是常常放出智慧猛火，威嚇邪神天魔，或者轉化邪魔慾火的護法金剛，他不許邪神天魔們來打擾 世尊弘法。

到大目犍連為止的六位阿羅漢或菩薩，是從六根的見性、聞性乃至身觸覺性、意法的了知性等，把六識的每一種自性一一解說過來；也就是把如何藉六識自性的運用而通達二乘菩提或大乘菩提的方法，一一解說完畢了；接著由烏芻瑟摩菩薩開始，則是從六界的自性開始來說明實證三乘菩提的圓通法門，六界就是地、水、火、風、空、識。在這一段經文中，烏芻瑟摩並不是從座位上起身來禮佛的，他跟別人都不一樣；這是因爲他示現爲金剛力士，隨時隨地都要護衛 世尊的色身，不許有任何意外來傷害 世尊的身體，所以他當然是站在 世尊座位的後面來衛護；而他平時當然也是 世尊的侍從，所以他在法會中是不會坐在位子上的，一定都是站著看到所有法眾以及前來聞法的眾生，所以他是直接出列來禮佛，不是從座位上起身來禮佛。這位金剛力士烏芻瑟摩，先講從火性入手的圓通法門，後面再由別人繼續來講地性、水性、風性、空性、識性等。

「**我常先憶久遠劫前性多貪欲，有佛出世名曰空王，說多婬人成猛火聚；教我遍觀百骸四肢諸冷暖氣，神光內凝，化多婬心成智慧火；從是諸佛皆呼召我名為火頭。**」烏芻瑟摩頂禮 佛陀以後，向 佛陀稟白，說他常常在思惟佛法之前，都會先回憶起久遠劫之前，他因爲心性很貪著淫欲，當時有佛出現在人間，名號叫作 空王佛。他說當時 空王佛爲他開示說：心中常有很多淫欲的人，會聚集淫慾而成爲猛火聚。換句話說，如果心中常思多淫，就會起壞主意而幹惡事；甚至可能會因爲淫慾而殺害眾生，死後下了地獄，將會出生到火熱地獄去受苦，都是因爲心中有淫慾的猛火聚集而導致的。所以世人都將由淫慾中生起的煩惱，叫作「慾火中燒」；空王佛也說性多貪淫者的心中，都會形成「猛火聚」。

烏芻瑟摩這位火頭金剛力士，在他即將說明他悟入菩提的圓通法門以前，當然是要先為大眾說明他見到 空王佛以前的迷惑煩惱，然後再說他如何在 空王佛的開示下，藉著他的迷惑而作觀行，終於悟入二乘菩提而成為大乘通教中的阿羅漢菩薩；由此來顯示諸佛都能藉眾生的病根作為方便，在對治病根的同時也能悟入解脫的智慧；所以他敘述了久遠劫以前是如何地貪淫，又是由於什麼緣故而發起智慧火、證得解脫，也藉此說明了他常常站在世尊身後放出智火來威嚇邪魔，以及他示現為金剛力士來護衛 世尊的緣由，大家就知道諸佛為何都叫他為火頭的原因了。

烏芻瑟摩說，空王佛教導他普遍觀察身中的百骸四肢；在百骸四肢裡面的溫暖氣息中，有涼暖的差別。當身體受寒時就有涼冷之氣，當身體熱性發揮時就有很多暖熱之氣；空王佛教導他從身中的冷暖之氣去作觀行，於是他觀察到一個事實：識陰或意識心中若是清涼無慾時，覺知心中沒有熱惱，身中就有清涼的氣息，火熱之氣就消失了。覺知心中若是多慾而一再追求淫慾時，色身中的四肢百骸也就跟著產生種種火熱之氣，於是身心都開始熱惱了。火頭菩薩那時終於懂得這個道理了：原來身心中的熱惱或清涼，都是由於覺知心中的煩惱或智慧來引生的。

因爲他這樣子向內觀行的關係，所以覺知心的神光就開始向內收斂（「神」講的是精神，不是講神鬼那個神。所以你們讀《阿含經》的時候要注意，六識心或六識身，有時候也會講爲「神」，講的就是見聞覺知心）。「**神光內凝**」是把六識及意根都往內收攝回來，制心一處而不再對外攀緣淫慾境界了。這樣「**內凝**」久了以後，就把本來很多時間都在貪著淫慾的心境開始轉變；也由於了知心境中的熱惱或清涼都是由於是否貪著而產生的，於是火頭菩薩有了智慧光明，就以這種智慧火來燒掉煩惱薪。所以他站在　世尊身後，從他身上放出來的火光是清涼的火光；若是畫他的時候，應該畫成亮藍色的火光才是，若是畫成紅色的熱火就不正確了。由於這個智慧火是從貪淫的火轉變過來的，就因爲這個緣故，從　空王佛開始，凡是有佛看到他，都叫他爲烏芻瑟摩——火頭。

「**我以火光三昧力故成阿羅漢，心發大願：『諸佛成道，我為力士，親伏魔怨。』佛問圓通，我以諦觀身心暖觸無礙流通，諸漏既銷，生大寶焰，登無上覺，斯為第一。**」烏芻瑟摩又說，他因爲發起火光三昧了，由火光三昧的威神力而證得阿羅漢果。由於這個緣故，他當時發了大願心：未來若是諸佛成道時，一定會在諸佛身邊當金剛力士；如果有魔因為心中產生了怨惱來擾亂諸佛弘法，他就會去把魔降伏，這就是金剛力士烏芻瑟摩。所以金剛力士的畫像或雕像，如果沒有火光，那就是畫錯雕錯了！如果有人畫金剛力士時，他身上的火光若是紅色的熊熊火光，就像密宗唐卡上面所畫的金剛力士像一樣，當然也是畫錯了！

而藏傳「佛教」嚇嚕噶雙身像，應該也是從他們對護法菩薩烏芻瑟摩的誤會而引用出來的。由於藏傳「佛教」密宗的法義自始至終都是為雙身法的樂空雙運作準備，當生起次第修學完成時，就把生起次第所修成的功夫，用來與異性合修雙身法；因為他們是追求淫慾的最強大樂受，心地是非常非常熱惱的，所以他們的嚇嚕噶雙身交合像，所畫的火都是紅色烈焰，根本不是烏芻瑟摩清涼清淨的亮藍色智慧火光；所以密宗唐卡上畫的嚇嚕噶都是貪淫之火，不是清淨的智慧火。烏芻瑟摩的火光則是清淨智慧之火，他以這種火光的威德力來護持佛法；所以 佛陀垂問各人的圓通法門時，烏芻瑟摩當然以智慧火光來說。

烏芻瑟摩是觀察色身中的火性與覺知心之間的關係，他觀察到覺知心所接觸的暖觸，發覺暖觸在身上通流而沒有障礙；因爲沒有障礙，就發覺到原來眾生之所以能夠在世間存活，都是由於有火性存在；如果沒有火性在身中，一切的人都要死光了。既然是由於有火性才能夠存活，那麼色身不就是虛妄的嗎？這樣再去觀行，了知色身是虛妄的，因爲火性一旦消失了，人就死了，那還能說有色身的我恆常存在嗎？由此證明色身的我是虛妄法。色身的我如果是虛妄法，還要執著色我作什麼呢？接著也觀察到，當五陰自我生存著，身中的火性暖觸是會有一些改變的，而這些改變都是由覺知心來引生的。當淫慾煩惱出現時，色身裡就開始煩熱起來；當智慧火出生時，覺知心中的熱惱就被智慧火燒掉了，於是就有清涼的智慧火遍布於身中了，這就是他所修的火光三昧。

從現象界裡也可以了知，若沒有火性存在身中，人類就不能正常存活。如果一個身體衰弱的人已經餓了兩天，當他的覺知心存在的時候，色身被人爲的方法降低了攝氏十度，譬如被人長時間關在冷氣房而使體溫長時間降到二十幾度，也都不供給食物而讓他繼續餓肚子，可能不必一天就會凍死了。如果溫度再降更多，將會死得更快。既然人類都必須要依附於火性才能生存，所以色身是假有的「我」，當然就能斷除五陰我中的**身我見**了。接著再觀察覺知心我，是依附於色身而存在的；當色身中的火性滅失而壞掉了，這覺知心也就跟著斷滅了，一樣是沒有辦法存活了，這也證明識陰覺知心也是假有的。色陰與識陰都是假有的，藉著色陰與識陰而有的受陰、行陰、想陰，當然也全都是假有的了！都是因爲有火性在身中流通，才能維持五陰的存在；由於這樣觀察的緣故，「諸漏既銷」，一切的有漏法的執著就銷滅掉了，於是產生了大寶焰——「生大寶焰」。這眞的是很尊貴、很清淨清涼的火焰，所以烏芻瑟摩就因此而證得解脫道中的無上覺，也就是證得解脫道的極果阿羅漢位。如果要說圓通法門的修證，他當然會認爲修火光三昧，從火性而入，就是最好的圓通法門。

由於覺知心中生起淫慾的緣故，所以激發了色身中的暖觸，於是身心之中就有慾火燒燃；密宗的生起次第與雙身法的實修，都是在淫慾上面追求色身中的最遍身、最強烈、最長久的淫慾樂觸，因此而造作了許多淫人妻女等騙財又騙色的地獄業；當他們面臨死亡時，那些生前所造的廣大邪淫業行就成爲業火。當他們在人間弘揚雙身法越成功，就表示他們淫人妻女也越多，他們這種業火的力量就越增長、越熾燃，死後必然會累積而成爲「猛火聚」，於是捨報之後當然就得下墮火熱地獄中，長劫領受種種身心上的苦報了。

或許有人會這樣質問：「一般而言，愛水淫水是從貪慾而產生的，怒火瞋火則是由於瞋心而產生的，那你是根據什麼道理而說心中多貪淫慾的人，會成爲猛火聚，而被猛火燒燃？」事實上，法無定法，從不同的層面來說法，自然就有不同的譬喻。當密宗的修行者完成生起次第的法門時，他們心中就會急著找尋異性同修們來輪座雜交了；這時，心心念念想著雙身法的輪座雜交時，豈不是淫火燒燃呢？說爲「猛火聚」有什麼不對？

或許又有人這樣子想（當然是不好意思公開問）：「《楞嚴經》中有說：『衆生心憶珍羞、口中水出；心憶前人，或憐或恨，目中淚盈；貪求財寶，心發愛涎，舉體光潤；心著行婬，男女二根自然流液。』這就表示由於有貪而產生了水大，你怎麼說貪淫的人會產生『猛火聚』呢？」其實這也不難理解，只要把道理講清楚了，大家就會瞭解而沒有疑惑了！譬如藏傳「佛教」密宗行者一旦知道生起次第的修行目的，就是爲了日後與女性密宗行者合修雙身法時可以堅固不洩，於是當他們正在努力修習生起次第時，心中一定是熱火燒燃而不是清淨清涼的。而這種熱火燒燃的煩惱，是必須藉水性才能澆息的；由於這個緣故，所以他們總是急著找尋異性徒弟或異性的密宗同修們，常常去合修雙身法。當他們合修了以後，身中就流出淚水、愛涎、淫液，才終於把慾火澆息了！可是，假設有喇嘛眞的修成了堅挺不洩的功夫，而且心中不貪淫樂的最大樂受（我是說「假使」，事實上他們很少人修成這個功夫），他們更會日日夜夜都在尋找女性徒弟合修雙身法，因爲他們當時沒有藉著流出水大（編案：射精）來澆息身心之中的淫慾熱火，這不正是猛火聚嗎？

事實上，絕大多數的喇嘛們總是貪著最大樂受而不愼放點（編案：射精），因此暗地裡生了許多連自己都不知道的子女（編案：許多藏傳「佛教」密宗女行者學密以後，根本不知道自己後來生的子女究竟是丈夫的種或是喇嘛的種），都是放點時才暫時澆息了身心中的熱火。可是這樣就違背了他們自己施設的講法了，就違背了他們「放點即是貪求樂受的貪欲」說法，於是又新創一個說法：「**只要放點以後能再吸回身中，就不犯三昧耶戒。**」這其實只是藉著水大來澆息他們身心之中的熱火罷了！說穿了只是一種圓謊的說法，並不是眞的有那種功夫。所以，貪慾與水、火之間的關聯，《楞嚴經》中的前後說法並沒有矛盾之處，只是讀的人有沒有深入理解而產生了正解或誤會的不同狀況罷了！

而人類的色身永遠都有冷暖不同的氣息持續運作著，才能把食物發酵熟爛而攝取營養，成爲色身新陳代謝時所需要的各種物質。至於色身中的火性，是要發展成爲多淫之心而使慾火燒燃呢？或是要深入觀察而了知火性本來無所謂淨垢，只是生命存在的必要所依，可以用來成就佛菩提道，也可以用來成就解脫道，或者如同藏傳「佛教」密宗行者轉化成身心熱惱時的慾火？都看各人的根性差別以及自己有無智慧判斷了。如今火頭菩薩烏芻瑟摩是以智慧來觀照，了知冷暖氣息的改變原因，斷了我執而將原來深厚的慾火熱氣，轉化爲智慧神光，變成智慧的火光而能用來燒掉煩惱薪，所以這種智慧之火的光明就稱爲火光三昧。這就是 世尊身後護法金剛力士被稱爲火頭菩薩—烏芻瑟摩—之由來。

當然，他自稱是「**登無上覺**」，一定只是針對解脫道的究竟果而說的，當然不是指佛菩提道中的無上覺。而這個火光三昧所斷的我執，不是大乘所斷的法執；但他這個三昧卻可以面對魔王魔民的貪慾之火加以滅除，所以他自稱「**生大寶焰**」成爲力士「**親伏魔怨**」，是實至名歸的。由於他有這種功德，能夠親伏魔怨而護持正法，當然可以說爲圓通法門。

【持地菩薩即從座起，頂禮佛足而白佛言：「我念往昔，普光如來出現於世；我為比丘，常於一切要路津口田地險隘，有不如法、妨損車馬，我皆

平填，或作橋梁或負沙土。如是勤苦，經無量佛出現於世；或有眾生於闤闠處要人擎物，我先為擎；至其所詣，放物即行，不取其直。毘舍浮佛現在世時，世多饑荒；我為負人，無問遠近唯取一錢；或有車牛被於陷溺，我有神力，為其推輪，拔其苦惱。時國大王筵佛設齋，我於爾時平地待佛，毘舍如來摩頂謂我：『當平心地，則世界地一切皆平。』我即心開，見身微塵與造世界所有微塵，等無差別；微塵自性不相觸摩，乃至刀兵亦無所觸。我於法性悟無生忍，成阿羅漢；迴心今入菩薩位中，聞諸如來宣妙蓮華佛知見地，我先證明而為上首。佛問圓通，我以諦觀身界二塵等無差別，本如來藏虛妄發塵，塵銷智圓，成無上道，斯為第一。」】

講記：持地菩薩隨即從座位上起身，頂禮 佛陀足下而稟白 佛陀說：「我憶念起往昔無量世前，普光如來出現於世間；當時我出家爲比丘，常於一切重要道路、津流河口、田地耕作處、道路險隘處，若是有不如法的事情出現，會妨礙或毀損車馬時，我全部加以鏟平或填平，或者造作橋梁、或者擔負沙土來平填。我這樣子勤勞辛苦，一世又一世都這樣出家行善，經過無量佛出現於世間；在這麼長久的時間裡，如果有眾生於市鎮中或店鋪買賣之後需要有人爲他舉起貨物，不必等他們召喚，我就先爲他們舉起；我跟隨他們到了所要送到的處所以後，放下貨物就隨即離去，不取任何工錢。後來毘舍浮佛出現在世間的時候，世間大多在鬧饑荒；那時我還是繼續當貨物的運負者，不論貨物所應送到的處所是遠是近，我都只索取一個銅錢的工錢；有時或者有車子連同拉車的牛遭遇到泥濘陷溺的狀況，我有神力，就爲他們推動輪子，拔除他們的苦惱。

當時有一天，國中大王施設筵席，恭請毘舍浮佛來受供，所以設齋等待；我於那個時候就先去整平道路，使佛陀容易行走，並在路旁等待著隨侍佛陀，毘舍浮如來於是走過來爲我摩頂而告訴我：『應當整平心地，那麼世界大地自然一切都會平整了。』我當時心中開悟，隨即看見色身中的微塵與興造世界的所有微塵，是平等而沒有差別的；各種微塵的自性都是不會互相接觸或摩擦的，乃至對於刀器兵刃也是沒有所觸的。我是從微塵的法性中悟得無生而安忍下來，於是成爲阿羅漢；後來迴心大乘法中，如今已經進入菩薩位中。後來我曾聽聞諸佛如來宣說微妙蓮華的諸佛所知所見境界，我總是在諸佛的法華會上率先起身證明，因此而成爲法華會中的上首菩薩。佛陀既然垂問諸人所修的圓通法門，我是以詳細而如理地觀察自身與世界的地大微塵平等而無差別，本來都屬於如來藏妙眞如性中，由於虛妄知見而發起微塵等法；當修行者錯執微塵實有的妄知妄見已經銷亡的時候，智慧圓滿發起了，自然便能成就無上覺道，這就是我所修的第一圓通法門。」

「持地菩薩即從座起，頂禮佛足而白佛言：」持地菩薩是從通教迴入別教以後，已經明心而親證佛菩提了！從這裡開始的證悟者，大部分是屬於這一類人，大多數是已經成爲別教菩薩中親證佛菩提的摩訶薩。通教菩薩的修法與聲聞人的修法一樣，同樣證得解脫果，都有能力取證無餘涅槃；但通教菩薩由於悲心的緣故而不入涅槃，因此在證得解脫果以後生生世世都不入無餘涅槃而留惑潤生，世世繼續受生於人間而度眾生，幫助眾生同樣取證無餘涅槃，這就是通教菩薩。因爲通教菩薩所修證的法既通二乘聖者，也通大乘別教聖者，所以名爲「通教」中的菩薩。但是通教菩薩與二乘聖者一樣，都沒有證得如來藏，所以無法了知實相般若的眞正意旨，所以不曾證得中道現觀的智慧，就沒有實相般若智慧，無法成爲別教菩薩。但是他們終究會有一世遇到別教法門，一旦明心以後就與以前不一樣了，自然就成爲別教的菩薩。

大乘別教菩薩所擁有的實相般若智慧，是不共二乘聖者，也不共通教菩薩的，是有別於聲聞阿羅漢與大乘通教阿羅漢的，所以稱爲別教。當大乘通教菩薩遇到大乘別教的如來藏妙法而證悟以後，就開始有實相般若智慧了，他就可以用實相般若智慧開始廣利眾生了，當然就變成大乘別教中的菩薩摩訶薩了。而持地菩薩正是這一類菩薩，是已經從通教中迴入別教的出家人。持地菩薩向　佛稟白說：

「我念往昔，普光如來出現於世；我為比丘，常於一切要路津口田地險隘，有不如法、妨損車馬，我皆平填，或作橋梁或負沙土。」我想起往昔在普光如來出現於人間的時候；從地上菩薩來講，這種狀況是很常見的；他們不是因爲神通而看見往世的事情，大多是在定中看見的。若是在定中看見時，常常會有一些沒有色彩的黑白色影像出現，也沒有聲音的情境。當你入地以後在定中看見過去世的事情時，就好像在看早期的默片電影一樣，只看見有人在說話卻聽不到聲音。若是在夢中看見往世的事情時，可就是有顏色的境界，並且也有語言聲音，是五塵具足的；然而定中所見往往是沒有聲音與色彩的，可是當你一見的時候，就知道那個內涵了！雖然沒聽到聲音，卻能直接了知是什麼意思。

因爲你定中看見的時候，定中所說的語言不一定是你現在這一世所懂得的語言；比如你在定中看見十世以前的事，如果十世以前你是生活在歐洲，當然所看見的大多是說英語的情境；如果看見三世以前，那時的你所看見的三世前是在日本生活，所說的當然是日語；然而你這一世並不懂英語、日語，可是在定中看見時就會知道那些境界中所說語言的意思，不必聽到聲音，因爲那都是你往世親自經歷過的事情。因此，地上菩薩如果常常入定，將會看見過去世的很多事情，這並不是經由宿命通而知道的。

所以如果有人來求我說：「**老師！請你幫我看一下，我上一輩子跟你是什麼關係？**」千萬不要來問我，因爲我所知的往世事情都不是以宿命通看見的，而是在定中看見的，是無法指定想要看某一世就能看見某一世的。當你能夠常常入定看見很多往世的事情時，你只要把比較早的、中間的、比較晚的事情，依照順序串聯起來，自然就會知道過去世很多的事情，也就知道自己的來歷了。所以你們都不要妄自菲薄，說自己過去世可能沒有見過某一些佛，這可不一定。能夠信受如來藏妙法的人，過去世一定都曾見過很多佛了！且不說你們能夠來正覺同修會裡明心，單說一般人，也就是這一世都還沒有因緣可以明心的人，他們只是信受經中的語句，就都已經是曾經值遇及供養過很多佛的人了！譬如《金剛經》中說：凡是聽聞其中的經句，不論是聽聞別人課誦或講解《金剛經》中的經句，凡是能夠信受而不驚疑的人，「**當知不於一佛、二佛、三四五佛而種善根，已於無量千萬佛所種諸善根**」了。

單單是聽聞《金剛經》而能夠不驚疑，能夠信受，就一定是往世曾經值遇百千萬億佛，並且一一承事、供養、禮拜、聞法；只是因爲悟緣還沒有成熟，所以到現在還沒有辦法開悟；就這樣一世一世轉生過來，直到這一世，福德與因緣都成熟了，可能就開悟了！從第一世學佛開始算起，得要很久很久以後才有可能悟；要多久呢？十信的建立，要一劫乃至一萬劫；接下來進入初住、二住、三住、四住、五住、六住，到十住位眼見佛性時，是一大無量數劫的三分之一。明心開悟是第七住位，是經過第一大阿僧祇劫的三分之一中的十分之六，剛剛進入第七住位中，也就是一大阿僧祇劫的三十分之六，剛剛開始三十分之七的修行時程，你想這是幾劫呢？如今假使確定自己眞的明心開悟而沒有錯誤，這又是經歷過幾劫學佛了？你們可以想想看。

一大無量數劫的三十分之六的時間，究竟是多少劫呢？在這麼長久的時間裡，你曾經遇見過多少佛了？一定是承事供養過很多佛了！所以持地菩薩說他往昔曾經在 普光如來出現的時候當比丘，你聽了可別在心裡說他口氣大、自誇，因爲實際上必然是這樣的。而且，持地菩薩如今已經修到什麼樣的層次呢？你眞的能夠判定他嗎？很不容易判定的。還沒有道種智的人想要判定他，還眞的是很難。所以，別因爲看到經上這麼講，就認爲人家是誇大其詞，而眾生往往都是自以爲是。我今天是坐計程車來的，計程車司機看到我的穿著，知道是與宗教有關的人，就說：「哎呀！什麼宗教都一樣，都是勸人做善事。只要心肝好就對了！」（閩南語「心腸好」之意）我心裡想：「何曾一樣？」可是轉念一想：「差異那麼大，實在沒辦法爲他說明啊！」於是就隨順世俗法，對他說：「是啊！心肝好就好了。」他聽了就很高興地說：「對啊！對啊！就是這樣啦！」我就不再講話了。

「心肝好」，一神教信徒也是「心肝好」，但聖經裡卻教信徒要吃眾生肉，說只要是背對天的動物，都可以殺來吃；道教的信徒們也是「心肝好」，他們也吃眾生肉啊！然而，別人身上的肉可以吃，自己的肉與親人的肉，爲什麼就不可以吃？連打一下都不行！這樣的「心肝」到底好不好？單是世間法中的善與不善，裡面的層次就已經很多了，若是要講到解脫與否、實相法界等法，又要怎麼說呢？豈是三言兩語就講得了的？所以我沒什麼意願與司機對話，因爲我趕著要來講經啊！這就像寒山大士說的：「教我如何說？」極深妙、極廣大的法義，怎能在短短十幾分鐘、二十幾分鐘裡，就對一個完全沒有學法的人說明清楚呢？所以我不太喜歡跟外面的人說佛法，因爲我們所證的法義太深、太廣，不是三言兩語可以講得清楚的。

因此，你們看到經文中這麼記錄著，可別起煩惱說：「這一定是誰編出來的？拿來唬人。」不一定是這樣的。密宗的所謂經典（不是指佛教裡的密經，是說藏傳「佛教」密宗的密續）才能說是僞經，譬如《大日經、金剛頂經、一切如來眞實攝大乘現證大教王經》，全都是外道的雙身法，都是破戒、破法的外道法而滲入佛教中來。至於佛教裡的眞正密經，譬如《楞嚴經》，密宗卻大力反對。這些事情，很難簡單幾句話說清楚，必須有道種智了，才能自己分辨邪正眞假；若是還沒有道種智，無法自己正確分辨出來，就必須有善知識爲我們指出眞假的根據來。自己所不知道的，最好是存疑，別隨意跟著有心人胡亂評論。所以我們還是相信持地菩薩所說，過去世在 普光如來的時候曾經當過比丘的事。

我願意相信，是因爲我看見自己的過去世，曾經在過去佛座下當比丘，可惜那時還沒有開悟，因緣還差那麼一點點，連明心開悟都達不到。我爲什麼會知道呢？因爲過去有佛說般若經時，不是像現在 釋迦佛這樣講，而以另外一種很奇特的方式來講的。我現在也沒有辦法模仿，模仿不來。但是那種講法，跟我們現在所讀的般若經典說法方式完全不同；內容是完全相同的，講的方式卻不一樣。所以我們可以相信持地菩薩的說法，一定是有這個事實或可能。

持地菩薩說他那個時候還是當凡夫比丘，常常在一切重要的路口或者津口（津口就是河流交會地，或者設有碼頭、擺渡的地方），或者在田地、險隘，譬如田裡收成以後需要有人幫忙搬運糧食；或者險隘的處所，比如六十年前彰化縣平地的人們，若是想要去南投縣的名間鄉廟裡上香，得要走山路，老人家都說那條山路叫作「九彎十八拐」，你們有沒有聽過？當然現在沒有人願意走了，因爲坐著汽車就直接開到廟前了。譬如像以前那種危險的山路處所，持地菩薩願意幫大眾挑過去。如果重要路口或津口、險隘處，有不平坦的地方，可能妨礙或者損害車馬（因爲古時候沒有汽車，只有牛車、馬車），他都儘快把道路等處塡平，若是有障礙時就趕快爲大家除掉；或者在某些處所爲大眾興建簡單的橋梁，讓大眾方便來去而不必涉水。假使有需要塡土時，他就去擔負沙土來塡平。

「如是勤苦，經無量佛出現於世；或有眾生於闤闠處要人擎物，我先為擎；至其所詣，放物即行，不取其直。」持地菩薩往世開悟明心以前，就是像這樣子，一世又一世當比丘，卻殷勤勞苦地爲眾生平地，經過無量佛在世間出現的很長時間裡，都是當比丘而這樣子爲眾生辛勞；這樣的行爲，當然都是在有爲有漏性的世間法上用心。台灣現在有沒有這樣的比丘呢？應該沒有吧！但是卻有比丘尼這樣子作。由於比丘尼不可以度男眾出家人，所以她座下當然只能有比丘尼；她們在台灣後山，早期是每天都在做蠟燭賣錢，用來生活而不接受眾生的布施，這當然是很好的無貪之法；但是後來開始行善，事跡傳開以後就漸漸有人參加，經過組織策劃以後發展了起來，專門在行善上面用心，而不在三乘菩提的實證上面用心。眞要說起來，出家人應該好好修學三乘菩提，穿著僧衣讓人家供養而專心修行，是天經地義的事情；將來悟了三乘菩提，就以所證來教導大眾，這有什麼見不得人的地方？看來她們的行爲似乎是偏離了正法。

可是話說回來，她們的因緣是否已經可以在三乘菩提上用功了？大家如果依照持地菩薩的過程來看，再從我們把正法弘揚出來以後，她們從來不曾起過一念想要探討一下正法的內涵，就可以知道她們正是應該像持地菩薩當初那樣，繼續在世間法上爲眾生多做事。當她們這樣子再做過很多劫以後，已經值遇過很多佛而承事、供養、修習，累積了足夠證法的因緣了，那時才是她們親證三乘菩提的時候。大家應該建立一個正確的觀念：眞悟的出家菩薩們都不應該單單只在世間法上面幫助眾生，而是應該以三乘菩提智慧，來回饋給護持他們的眾生。持地菩薩在過去世一樣是不曉得這個道理，沒有正知正見，才會專門在世間法上利益眾生，無益於眾生的解脫與成佛。

為了讓那些比丘尼們知道她們的作法與觀念是錯誤的，我們當然要學習普光如來的事跡，所以將會在事相上面講一些道理，刺激她們一下，看是否能讓她們自我警覺：**我們在世間法上利益眾生而不能在解脫及般若智慧上利益眾生，是不是方向錯誤了？**我希望她們好好在三乘菩提正道上面前進。這其實也是我們的責任：當她們還沒有注意到的時候，我們應該要提醒她們。往世的持地菩薩就是這樣，勤勞辛苦經過無量佛出現於世，一直都是如此，眞是浪費生命與光陰。這眞的是無量劫、無量佛，不只是無量世而已。有時候連續十幾劫都不曾有一佛出現於人間，所以「**經無量佛出現於世**」一定是經過很多劫的事情了！世尊在阿含中曾說：過去曾經整整六十劫之中都沒有佛出現於人間。那麼持地菩薩這樣子利益眾生經過無量佛，那是多少劫的時光呢？當然是很多劫都與正法的實證無緣的。

持地菩薩繼續在世間法上利益眾生，為大眾填平土地、修整道路津口險隘；「**或有眾生於闤闠處要人擎物**」，「闤闠」就是市鎮街上的商店裡或是城門之內等處，若是有眾生需要別人幫忙搬運貨物，他就幫眾生把貨物抬到自己肩上扛起來，幫著把貨物搬到應該去的地方；當他把貨物搬運完成時，他放下貨物就走開了。**「不取其直」**，是不向貨主要錢。「直」就是代價，法律上叫作「對價」，也就是相對而且相當的價錢。而持地菩薩放下貨物就走人，不向貨物主人索取任何價錢，這樣長劫利益眾生。

「毘舍浮佛現在世時，世多饑荒；我為負人，無問遠近唯取一錢；或有車牛被於陷溺，我有神力，為其推輪，拔其苦惱。」持地菩薩就是這樣一直做下去，一世又一世出家而這樣子利益眾生；直到很多劫以後 毘舍浮佛出現在人間時，那時世間常常鬧饑荒，很難取得食物，所以那時持地菩薩只好當**「負人」**，也就是專門爲人家擔負貨物，說白一些就是擔任專門爲人扛貨物的苦力；那時他都不先問貨主路途的遠近，直接挑到貨主指定送去的地方，只取一文錢。即使路途很遠，貨主願意多給一些，他也不要，只取一個銅錢或鐵錢。這是因爲饑荒的時節很難取得食物，他不得不收取一錢，用來買食物。若不是常常鬧饑荒的時節，平常有人布施食物，他就不需要向人收那一錢了。可是鬧饑荒的時候，連平常人家都不容易取得食物了，哪裡還能布施給他？所以他只好向有錢人收取一錢，能夠買貨物的人總是比較有錢的。但是他都不想要多拿，不問路途遠近，都只收一錢，能夠維持生存就行了。或者有時候牛車與拉車的牛都「被於陷溺」（「被」讀作「披」），因為有時天雨遇到泥濘，不免陷在泥濘裡面；但是因為持地菩薩一世又一世為大眾做事，果報就是生來自然有大神力，就用大神力幫忙把輪子推動，讓牛與牛車都離開了泥濘。持地菩薩有這樣的大神力，可以為眾生拔掉路上的大苦惱。

「時國大王筵佛設齋，我於爾時平地待佛，毘舍如來摩頂謂我：『當平心地，則世界地一切皆平。』我即心開，見身微塵與造世界所有微塵，等無差別；微塵自性不相觸摩，乃至刀兵亦無所觸。」當時 毘舍浮佛所住的國家，正巧國王鋪設了宴席，請 佛前來赴齋受供。那時持地菩薩聽說 毘舍浮佛要前去受供，於是就把 毘舍浮佛將會經過的土地或路途，趕快前去鏟平或填平，路上全都沒有坑洞與障礙物了；持地菩薩並且等在路上隨時侍候著，那時 毘舍浮佛當然知道是誰做了這些工作；所以看見持地菩薩時，就為持地菩薩摩頂而開示說：「**你其實應該要弭平自己的心地，而不是全都在土地上面去做。當你把心地弭平了，就能度很多眾生一樣弭平心地，那麼世界的土地自然也就平坦了。**」這時持地菩薩才剛聽完開示，就開悟自己眞正的心地了！終於知道應該在心地上面去作功夫。

既然他是一天到晚在土地上勞動，全都在做鋪平土地的事，當然整天都在接觸泥粉灰塵；所以當他聽到 佛的開示時，就知道哪一個才是他眞實的心地，當然就心開意解了。這時他開悟了，知道自己色身的由來了，接著就知道是由自己的如來藏將地大微塵變生出色身來；然後又觀察自己的如來藏用來製造色身而攝取的地大微塵，以及眾生的如來藏共同變造世界時所用的微塵，並沒有差別，根本是同樣的地大微塵，平等平等而沒有絲毫差別，只是被共同攝取爲山河大地等世界，或是被單獨攝取爲色身的差別罷了！持地菩薩才剛剛悟入心地，就有道種智能夠這樣細觀了，這表示他多劫多世專爲眾生的利益而做了數不盡的事情，修集了無量的福德來佐助，所以才剛證悟心地時就有這樣的智慧。

大家想想看，你們剛明心時有這樣的智慧嗎？那時能知道這些道理嗎？都沒有想到過。總是要讀了我的《楞伽經詳解》時才會知道：原來如來藏造作了我這個色身，是用地大等微塵造的；而共業眾生的如來藏，共同造作的世間，也是用地大等微塵來造的，全都是一樣的微塵。你們得要悟了讀我的《楞伽經詳解》才會知道這個道理，持地菩薩可不是，他才聽完 佛陀開示，就知道自己的眞實心地如來藏，並且當下就有道種智了，眞是厲害。但是你也不需要羨慕，因爲那麼長久的時劫中世世辛苦爲大眾做事，不求錢財的聚集，只收取生活上最低程度所需的極少錢財，這是很不容易做到的。假使要讓你依照這樣的方式，在很長久的時劫裡不斷地辛苦以後，才讓你一悟就到初地，你們一定不願意的。因爲他這樣子無量世勞苦，出了家又不受供養，無量世中每天都在爲眾生義務平地；乃至鬧饑荒的時候不容易取得食物，他爲人家背負貨物時不問遠近都只拿一錢，有誰願意做呢？這不是短短的一世，而是很多劫中的無量世都這樣做事，有誰願意做呢？我想你們都不願意，所以你們只好學正覺同修會的法——輕鬆地實證。

持地菩薩雖然是這樣，卻是因爲往世累積了很大的福德，也已經承事了無量佛，當然也曾聽聞諸佛解說唯識種智的道理；只是還沒有親證眞實心地以前，聽了也是朦朦朧朧、似懂非懂。可是當他爲 毘舍浮佛平路而遇到 毘舍浮佛爲他摩頂時，因緣就成熟了！當時 毘舍浮佛爲他開示，使他瞭解應該弭平自己的心地，也應該弭平眾生的心地；當自己與眾生的心地都平了，大地自然就平了，因爲那時不可能會有人看見道路不平時竟然都不去加以修平。可是心地應該要平，究竟是應該要平哪一個心地呢？總不會是指意識心的心地吧？意識心永遠都是會分別的，永遠都是無法完全平整的，於是他就悟得自己的眞實心地了。而他無量世以來爲眾生做事，也承事供養禮拜無量佛了，所以這一世證悟的因緣成熟了，當　毘舍浮佛這麼簡單的開示以後，他一悟就知道：原來造世界的地大微塵，與造自己色身的地大微塵都是一樣「等無差別」。這時進一步觀察：微塵的自性不相觸摩，如果要說微塵可以聚集成爲山河大地或有情的色身，以致看來似乎有所觸摩，其實仍然沒有互相觸摩，而且這也是如來藏心地所形成的表相。於是智慧大開了！

微塵的自性是什麼呢？就是大種性自性。如來藏中具有大種性自性的功能，就是創造眾生所需要的一切四大微塵。這個功能性既不是物質的法，怎麼會互相觸摩呢？這個能生四大微塵的自性，假使有人拿刀子砍也砍不到，生起火來燒也燒不到，是無法毀壞的，全都無法動搖它一分一毫，因爲它是一種功能性，是如來藏所出生的功能性。

再換另一個層面來說，地大微塵是如來藏所變生的物質，並沒有覺知心住於地大微塵之中，所以都沒有知覺性；當地大微塵被共業眾生的如來藏變生出來而製造了山河世界時，這些地大微塵中都沒有知覺性，又怎麼能夠察覺自己與其他的微塵之間有互相聚集觸摩的事呢？所以說「微塵自性不相觸摩」。只有被如來藏攝取來製造成五陰中的色陰時，同時由如來藏在所造的色陰中流注出識陰種子時，色陰中出現了覺知心，才能知道身觸等覺受，所以地大微塵本身的自性是絕對不會互相了知有所觸摩的，這就是微塵的自性，就是如來藏的大種性自性。

因此再來觀察自己的色陰中的地大微塵時，就知道「刀兵亦無所觸」了。爲什麼呢？因爲刀刃所殺的是有情的色陰，不是殺了微塵地大。當有情眾生被殺時，是色陰被毀壞而不是微塵被毀壞，所以若是從微塵的自性來看時，當有情眾生被他人用刀刃所殺時，他們色陰中的微塵還是沒有被刀兵所觸到，他們色陰中的微塵還是不曾了知自己被刀兵所觸到。是因爲有情的色陰整體之中，有如來藏流注了覺知心識陰在色陰之內，才會知道色陰被殺時很痛，才會知道色陰有被刀兵所觸摩；然而這時身中的地大微塵還是不知道有被刀兵所觸摩的，所以說「刀兵亦無所觸」。有很多人講解這一段經文時都是依文解義，亂解一通，往往講一些連他自己都不相信的法義。所以說，佛法絕對不是很簡單的法理，不可能三言兩語就能使人理解的。即使是一世就可以修成的聲聞或緣覺菩提，也不可能三言兩語就全部說清楚，何況是三大阿僧祇劫才能修證完成的佛菩提呢？所以說，如果期望才剛開悟明心時就通達全部佛菩提，是不可能的事。開悟明心時才只是剛剛在佛法大學中註冊完成，都還沒有開始上課呢！悟後起修時才算是正式在佛菩提道的學校中上課了。

「**我於法性悟無生忍，成阿羅漢；迴心今入菩薩位中，聞諸如來宣妙蓮華佛知見地，我先證明而為上首。**」那麼持地菩薩這時已經了知大種性自性了，所以他說：「我於法性悟無生忍，成阿羅漢。」這是大乘通教中的阿羅漢位，解脫果的證境相當於聲聞教中的阿羅漢；也就是說，他的我執已經斷盡了，捨壽後一定可以入無餘涅槃了，但在別教裡面還只是剛剛入地而已。事實上，在大乘別教中入地是遠遠超過阿羅漢的，但持地菩薩爲什麼不說他是入地，而只說是成爲阿羅漢呢？因爲，那時大眾都還只知道阿羅漢的尊貴，還不知道佛菩提道的五十二個位階的法義，更不知道入地的尊貴，所以他還是隨順大眾所知的聲聞果來說；於是持地菩薩說，他從法性上悟入未來世不再受生的智慧而能夠安忍不退——悟無生忍而斷盡了我執——所以「成阿羅漢」。

因爲證得如來藏之後，已經知道法性了，不是像聲聞阿羅漢不知眞實心地，只知道五陰妄心等法的虛妄，所以聲聞阿羅漢們是不知道法性的，只知道五陰我性的虛妄。這也不像同修會中有很多人明心時只知道如來藏本體而已，還不知道如來藏所生諸法的法性。而持地菩薩當時就能從如來藏所生諸法的法性上面加以了知，所以他對三界中的欲界、色界、無色界完全無貪著，因爲這三界中一切法的法性，全都是依眞實心地如來藏而出生的，全都虛妄不實；所以當他明心時，我執已經究竟斷盡，所以「成阿羅漢」。因爲只有如來藏是眞實常住的心地，五陰中的識陰六識全都是虛妄法、生滅法，這種虛妄而生滅性的心是無法永遠整平的，只有如來藏眞實心地才是永遠平整而不必時時照顧整平的；也只有如來藏心地中的種子整平了，世界大地才能自己整平。

由於持地菩薩的證悟非常深細，所以這一悟就成爲大乘通教法中的阿羅漢，這時也是大乘別教中的阿羅漢，卻才只是剛剛入地而已。但他因爲證悟眞實心地的緣故而迴轉原來的聲聞心或大乘通教法中的阿羅漢心，轉入大乘別教的菩薩位中。換句話說，他當時已經成爲別教的菩薩了，因此這時他已經不只是通教中的阿羅漢菩薩，而是已經實證般若的別教入地菩薩了；這與大乘通教中的阿羅漢位菩薩仍然不知實相般若智慧的境界，有很大的差異；這也不是別教菩薩剛明心時的七住位粗淺實相智慧境界。

持地菩薩在親遇　毘舍浮佛那一世一悟就進入初地聖位中，後來又在人間繼續行菩薩道而值遇很多位如來，因此而聽聞諸如來宣講「妙蓮華」，也就是聽聞諸佛宣講《妙法蓮華經》。《妙法蓮華經》中所說的「**妙蓮華**」，講的就是諸佛的所知、諸佛的所見，是解說佛地的境界。當持地菩薩每一次聽完《法華經》之後，他都先站出來爲大眾證明：「**佛法界中確實有《法華經》，我確實在過去佛時親自聽過諸佛宣講《法華經》；並不是只有今世這一尊佛才演說《法華經》，凡是願意受持《法華經》的人都是會有大利益的。**」這樣子爲大眾作證明，所以每次有佛宣講《法華經》時，持地菩薩都是法華大會中的上首菩薩，因爲他可以爲大眾證明：諸佛都會選擇弘法即將圓滿的時節，來爲大眾宣講《法華經》。他等於也是在預告，今時 釋迦如來也將會宣演《法華經》；而這部經典不是只有 釋迦佛才演說出來的，是過去佛就有講過的。

「**佛問圓通，我以諦觀身界二塵等無差別，本如來藏虛妄發塵，塵銷智圓，成無上道，斯為第一。**」所以當 佛陀垂問各人所證的圓通法門時，持地菩薩就用詳細諦觀色身與世界由地大微塵所組成的微塵，來觀察組成世界與組成色陰的「**二塵等無差別**」；由此現前觀察到製造世界與製造色陰的兩種地大微塵，本來都是因爲眾生心中有各種無明，於是由於無明的緣故而從眞實心地如來藏中，虛妄地發起宇宙中的地大微塵，然後才能再由如來藏攝取地大微塵來組成外器世間和色陰。當持地菩薩了知世界與色陰都是由「如來藏虛妄發塵」，才會有眾生在世界中流轉生死；由於看清楚這個眞相了，於是就能出離三界生死，就不會再出生自己所有的一分微塵，當然也就「塵銷智圓」；自己所有的那一分微塵消散了，也表示自己的智慧圓滿了！對於無上佛菩提道的修持，也就了知其中的次第與內容了。

持地菩薩這時雖然還沒有成佛，但已經了知地水火風四大微塵的起源，也了知世界微塵與色陰中的地大微塵，是平等而無差別的，所差別的只是被自己的如來藏所攝取而成爲自己的色陰，或是被共業眾生的如來藏共同攝取而成爲山河大地世界。但是這些現象全都是「本如來藏虛妄發塵」，假使深入證悟了，斷盡我執而「塵銷智圓」了，當然就會一步又一步眞實不虛地邁向佛地了。像這樣子修行實證，必定是可以在未來確實取證佛果而證得無上道。以持地菩薩自己的所證而言，他當然認爲「諦觀身界二塵等無差別」，來現觀「本如來藏虛妄發塵」的法門，成就「塵銷智圓」的無生法忍果德，使自己將來必然會「成無上道」，就是最好的圓通法門了！

若是能夠了知世界及色陰全都是如來藏所成就的，也了知組成世界與組成自己色陰的微塵，二者之間的自性並無差別，對於微塵的執著也就銷滅了，我執便斷盡了，於是自己的如來藏所出生的那一分微塵也就跟著滅失了，這就是「塵銷」的意思。當然，若是迴心大乘而不入涅槃時，必然要留惑潤生，於是「塵銷」的境界就隨著迴心大乘、留惑潤生，又會繼續保持自己原有的那一分微塵，繼續留在宇宙中存在了。能夠這樣子現觀時，智慧也就圓融了，這就是「智圓」。智慧圓融時便會一步又一步自然地成就無上道。換句話說，佛菩提道的修證，是從明心時開始；但是能夠一步一步直趨佛地，卻是從入地時才開始的，因爲地前都只是見道位而已。

這個佛菩提道爲什麼說是無上道呢？因爲不通二乘聖者，是二乘聖人所不能知，連俱解脫、三明六通的大阿羅漢也無法了知。不但如此，也不通大乘通教的無學聖者，是通教中的大阿羅漢菩薩們所不能知，所以才叫作「**無上道**」。除大乘別教的妙法以外，沒有無上道可言。因此，當 佛陀垂問各人的圓通法門時，持地菩薩認爲，「**諦觀身界二塵等無差別，本如來藏虛妄發塵，塵銷智圓，成無上道**」，就是最好的圓通法門。但是這個法門容易修嗎？眞的不容易修，所以後面 文殊菩薩將會加以說明。持地菩薩是從地大微塵的自性入手的，接下來月光菩薩是從水性而入：

【月光童子即從座起，頂禮佛足而白佛言：「我憶往昔恒河沙劫，有佛出世名為水天，教諸菩薩修習水精入三摩地，觀於身中水性無奪。初從涕唾，如是窮盡津液精血大小便利，身中漩澓，水性一同；見水身中，與世界外浮幢王剎諸香水海，等無差別。我於是時初成此觀，但見其水，未得無身；當為比丘，室中安禪；我有弟子窺窗觀室，唯見清水遍在屋中，了無所見；童稚無知，取一瓦礫投於水內，激水作聲，顧盼而去。我出定後頓覺心痛，如舍利弗遭違害鬼。我自思惟：『今我已得阿羅漢道，久離病緣，云何今日忽生心痛？將無退失？』爾時童子捷來我前說如上事；我則告言：『汝更見水，可即開門入此水中，除去瓦礫。』童子奉教，後入定時還復見水，瓦礫宛然，開門除出；我後出定，身質如初。逢無量佛，如是至於山海自在通王如來，方得亡身，與十方界諸香水海，性合真空，無二無別。今於如來得童真名，預菩薩會。佛問圓通，我以水性一味流通，得無生忍，圓滿菩提，斯為第一。」】

講記：持地菩薩說完了，月光童子隨即從座位上起身，頂禮佛足，然後稟白　佛陀說：「我想起往昔恒河沙劫以前，有佛陀出世，名號爲水天佛，教導諸菩薩們修習觀察水性的精華而進入三昧中，這是觀察自己身中的水性終始不變，沒有誰可以凌奪水大本有的精華自性。我當時剛開始觀行時，是先從外表可見的鼻涕與唾液開始觀察，就像是這樣子觀察，將身中的所有水性一一細觀，窮盡身中的津液精血大小便利之中的水性；我看到身中諸物的水性，都同樣在我色身之中迴漩往複而不斷絕，從表面上看來似乎是有各種差別的，然而其中的水大卻都是同一水性；我又進而觀察身外的共相，看見水自身所擁有不共地、火、風、空的水性，其實與此娑婆世界外的浮幢王剎諸香水海中的所有水性，平等而無差別。

我於當時初次成就這個觀行時，在定中只是看見了水性的精華，卻還沒有把五蘊身給忘掉，所以定中仍然維持著五蘊身的覺受；我當時身爲比丘，有一天正在禪房裡安住於禪觀境界中；那時我有一位弟子從窗戶窺視而細觀禪室裡面，只看見清水遍滿於禪房之中，再也看不見別的事物；我那位弟子年紀很輕而仍然幼稚無知，於是因爲好奇而拾取一片瓦礫投入禪房地面的清水之中，激起地面的水而發起聲音，他又好奇地觀察了一會兒才離去。後來我出定以後突然覺得心臟很痛，如同不久之前舍利弗遭遇違害鬼時，被鬼擊打一樣痛楚。我那時自己思惟：『如今我已經證得阿羅漢道，遠離疾病因緣已經很久了，爲什麼今天忽然出生了心痛的現象？難道會是退失了解脫果嗎？』那時童子就趕快來我面前說出上面所說的事情；我就告訴童子說：『你重新再看見禪房中有水的時候，可以立即打開房門進入這些水裡面，除掉那一片瓦礫。』童子承奉了我的教示，後來我重新入定時他又再度看見禪房中有水，水中的瓦礫也很清楚地留在那裡，於是他就打開禪房的門户，進入水中除掉了瓦礫；我隨後又出定時，色身的本質就回復而如同未曾心痛以前一般。

後來我一世又一世轉生，都不入涅槃，所以又逢遇了無量佛，我都一一承事、供養、隨學；就像是這樣子修菩薩道，一直到值遇山海自在通王如來的時候，我在這個觀行境界中，才能夠亡失五蘊身的覺受，與十方法界所有香水海的水性互相契合而住於眞實空性之中；我已經觀見自己五蘊身中的水性與諸香水海中的所有水性，同是一種水性而沒有差別。如今我在如來座下得到童眞之名，也參預於菩薩法會之中。佛既然垂問各人所修的圓通法門，我是以身中身外所有的水性都同樣一味而無改變，能夠流通於一切五蘊身內以及身外的香水海，不會被改變，也不會被凌奪其水性，因此而證得本來無生之忍，圓滿了佛菩提，我認爲這就是第一圓通法門。」

「**月光童子即從座起，頂禮佛足而白佛言：**」當持地菩薩從地大自性說完自己的圓通法門，月光童子隨即從座位上起身禮佛，就向 佛陀稟白，說明他所修的圓通法門。月光童子是從水大的自性精華來入手觀行的，深入觀察水大的自性從來不變而獲得圓通。如同前面經文中所說，明月代表水性的精華；當月光童子觀察水性而能圓滿通明了，已經通透十方世界的水性了，因此就以水性代表的明月來命名，就名為「月光」。「童子」是說守持童子身而不受淫觸，當然也是終身都不婚嫁的；不但如此，也是世世都不婚嫁而常修梵行的。一般而言，能夠世世保持童子身而不受淫觸的菩薩，都是八地入地心以上的菩薩。若是未滿七地心的菩薩修持童子行，就不可能維持每一世都行童子行；這是因為雖然已斷欲界愛的現行而進入初地了，可是欲界愛的習氣種子卻尚未斷盡——還有欲界愛的習氣種子存在；所以未來世若是遇到往世多劫不斷相處的同一位親密配偶時，由於心性相同而互相流注感情種子的緣故，於是又會互相婚嫁而無法每一世都保持童子身了！這樣的菩薩是有時現童子身，有時現有家室的。然而月光童子此世既然已經被　釋迦佛授記為童眞菩薩，這已經是世世都必然保持童貞之身的人，所以必定是八地或以上階位的大菩薩了。

「我憶往昔恒河沙劫，有佛出世名為水天，教諸菩薩修習水精入三摩地，觀於身中水性無奪。」月光童子說，他回想起往昔恆河沙數劫以前，那時有一尊佛出現於世間，佛號為　水天；水天佛教導大眾修學及練習觀察水性的精華，月光童子是由這種法門進入三昧中，詳細觀察自己色身中的水性精華，證實水性是不可能被淩駕或剝奪的。

月光童子說他回憶起過去恆河沙劫之前的事。這些大菩薩們一開口就是說無量佛以前的事，所以我常常覺得自己證量眞的很差，覺得很不好意思。因為我目前所看見的，都還沒有常常看見過去無量劫以前，多數時候往往只能看到上一劫；若是看到無量劫前的事，眞的是很珍貴，因為看見的機會很少。有一次看見上一劫的一尊佛（我也忘了佛號，一直提醒自己要記住、要記住；可是一醒過來就忘了，因為那一次我是夢見的）。後來又有一次在定中看見一尊佛，心想我應該要弄清楚這是哪一尊佛；因為在整個定境看見的過程中，都沒有人說起這是哪一尊佛，大眾都只是在聞法。我雖然很想知道，但是不能動念啊！因為心中只要一起念，就退出定境了，哪裡還能繼續聞法呢！因為在那一種定境中，心中只要一念閃過，都還不曉得那一個念是什麼意思；只是那麼一念閃過，就離開定境了。所以如果進入那種狀況時，心中也都不敢動一下念頭的，色身就更不敢動了。所以當時也不敢想要問清楚是什麼佛號。所以現在看見這些菩薩們一開口就說是無數劫之前的事情，心裡都覺得很羞愧，根本不能相提並論。

可是現在末法時代卻總是有一些愚癡人，根本就沒開悟，連我見都還沒有斷除，錯認意識爲眞如的具足凡夫，卻個個趾高氣揚。當你修行層次越高，心裡就越覺得證量很差而很羞愧；特別是禮佛與上香的時候，心裡都覺得羞愧，因爲自己的證量實在差太遠了。反過來說，如果你越來越覺得自己證量差，也就表示你的修行是越來越好了。世間事就是這麼奇怪，眞的是這樣子。月光童子說，他往昔恆河沙劫以前逢遇 水天佛；那他已經修行多久了呢？怪不得經中說月光菩薩在佛法最後五十二年時，會來住持人間的佛法，他將會率領一群菩薩、辟支佛、阿羅漢們，共同弘揚 釋迦世尊正法的最後五十二年，我們是不可能做得到的。

藏傳「佛教」密宗自己宣稱岡波巴就是月光菩薩轉世，然而月光菩薩知道往昔恆河沙劫之前的事情，也說恆河沙劫以前就已經證悟了，而且自己清楚知道經歷過什麼事；密宗的岡波巴如今卻還在凡夫位，連我見都沒斷，也沒有明心，而且不承認第八識如來藏才是眞實法；他什麼都不懂，竟然有這麼大的膽子，敢妄說是月光菩薩轉世再來。密宗的喇嘛們總是膽大妄爲，隨便拿佛經中的某一位菩薩名號出來，就說自己是某一位大菩薩的轉世；他們很多人都敢這麼做，完全不考慮未來世的大妄語業果報，所以一般心性誠實的人都會被唬住。因為這是大妄語業，一般人都不敢犯，所以心想別人也不敢犯；而藏傳「佛教」密宗竟然敢處處違犯，誠實人都不敢相信他們眞的敢故意犯下大妄語業，所以一般善良誠實的人都會被藏傳「佛教」的高調唬住。

月光菩薩在未來八、九千年後，要住持 釋迦佛最後五十二年的佛法，那時他座下率領著一大群俱解脫的阿羅漢、辟支佛，菩薩的數目也就不必提了！那麼你想：他的修證要到什麼境界才能做得到呢？至少要到七地滿心。如果沒有七地滿心的境界，絕對無法率領那些無學位的俱解脫者。因為你月光菩薩有神通，他們也有啊！你有滅盡定，他們也有啊！那你月光菩薩還有什麼勝法可以被二乘無學聖人承事信受？除了無生法忍，月光菩薩還能有什麼可以被他們尊敬承事的？然而無生法忍他們並不懂，恭敬心就不會很強烈，又如何能心悅誠服接受月光菩薩的統領呢？

大家想想看，佛講《法華經》時，還有五千聲聞凡夫退席；縱使阿羅漢心性好多了，至少沒有瞋與慢的現行了，然而證量相差不大時，哪個菩薩能率領那時的俱解脫阿羅漢等人呢？所以我說至少要有七地滿心以上的證量，才能率領他們。比如說俱解脫阿羅漢們有滅盡定，卻是要從初禪、二禪、三禪、四禪轉入四空定中，才能進入滅盡定；但是七地菩薩是才剛入座以後，一剎那就入了滅盡定。七地滿心菩薩都是可以念念入滅盡定的，阿羅漢們單看這個功夫，也就足夠他們生信了。他們不懂無生法忍，至少看見這個功夫的時候總該信受了吧！這使他們不得不信。所以末法最後五十二年時的月光菩薩，能夠率領那一些辟支佛、阿羅漢們，一定是有不可改變的道理存在，所以月光菩薩的證量至少要有七地滿心的證量，當然是已經進入第八地的了。

再來看藏傳「佛教」密宗宣稱是月光菩薩示現的岡波巴，他連初禪也沒有，連明心的證悟都沒有，也不曾斷我見，依舊落在雙身法的意識與身識境界中，怎麼可能是月光菩薩來轉世的？這眞是說謊不打草稿，未免講得太荒唐了吧？所以藏傳「佛教」密宗裡的上師們，他們大妄語業是非常嚴重、也非常普遍的，不論古人今人都是如此。我判斷他們這種普遍大妄語的情況，應該都是出於無知——對三乘菩提法義全無所知——一代又一代都是無知於三乘菩提，不是故意要大妄語。

言歸正傳，月光童子說往昔恆河沙劫，親值水天佛。水天佛的名號由來，可能是因爲因地親證水大的溼性，由天地間所有水大入門而透徹源底，導致後來成佛了；或者也有可能只是觀機逗教，因爲看到當時的人們與水大的觀行比較相應，所以這樣教導他們。月光童子說他往昔恆河沙數劫以前親遇 水天佛的事，他不是打坐進入定境中看見的，而是直接想起來的；這表示他有無量劫以前的宿命智通，因爲不是依靠打坐入定才看見的，也不像大阿羅漢的宿命通只能看得見八萬大劫，而是直接看見恆河沙數劫以前。三明六通的大阿羅漢們想要看見往世的事情，都必須入定才能看見；諸佛以及八地以上菩薩都不必入定就可以直接看見，而且諸佛所見往昔的劫數是沒有限制的。

「水精」不是指礦石類的水晶，而是水之精，也就是水的精華，或者說爲水的精明性，也就是如來藏妙眞如性中的大種性自性中的水大種的精明性，主要是偏重在溼性及通流與融合上面。溼性是指滲透性，通流是指運送的功能，融合是凝聚其餘三大的自性，以供如來藏執持而於色陰之中運作之用。月光菩薩逢遇 水天佛時，依照 佛的教導而觀察自己「身中水性無奪」。意思是說，自身中的水精體性，沒有人可以搶奪而消失；而水的精華性也跟其它的三大種不會互相侵奪或凌駕，也就是說，地大的大種極微鄰虛塵，以及水大的大種極微鄰虛塵，是沒有辦法互相滲入的；縱使相聚成爲色身了，也仍然是不曾互相滲入或淩奪的。

一般人都會認爲不可能如此，因爲看見石頭被水一泡就濕掉了，顯然水已經滲入石頭中了。這其實是因爲石頭中有很多的空隙，可是地大種的極微圓相是沒有空隙的，而且水大種的極微圓相也是沒有空隙的啊！並且四大種的極微都是圓相，也全都一樣大小，怎能由一方滲入另一方裡面去呢？所以說「水性無奪」。其實說到「水性無奪」時，當然也是「地性無奪」乃至「風性無奪」的了。從**世間法**來說（不是從無生法忍來說），四大極微是常住不滅的，也是極微而同是圓相，分子也是一樣大，怎麼可能由一種極微來呑併另一個極微呢？所以四大極微之間是互相「無奪」的。而且眞正的水大極微，是不可能互相涉入的；可是極微水大爲什麼會聚在一起而成爲水呢？是因爲眾生的業力，當眾生如來藏中的大種性自性運作時，就會導致凝聚或分離的現象。

從另一方面（從物質粗相）來說，水大極微本來就具有溼性，所以就有聚合與流通的功能，當然也有遇冷變硬的功能；我們這裡不作細說，只說明水大有各種精華自性。再回到無生法忍而從世間法來說，水大的各種精華自性，是其餘三大或空大、識大所無法加以淩駕或侵奪的，它是永遠都這樣不變的，不會忽然變成火大或地大的自性，或是被火大或地大所侵奪而失去這些精華自性，所以說是「水精」，也因此而說「水性無奪」。

「初從涕唾，如是窮盡津液精血大小便利，身中漩澓，水性一同；見水身中，與世界外浮幢王剎諸香水海，等無差別。」月光童子說他往昔恆河沙數劫以前是從這裡作觀的，他當時是從鼻涕跟唾液開始起觀，接著一種又一種深入觀察，到最後窮盡全身有水的部分，包含身中的內分泌、體液、精液、血液，乃至身中的大小便全都加以細觀，發覺全部都有水分存在；而身中這些物質都是藉著水性的精華，才能在色身中不斷地流通而使色身正常存在，不致於生病或毀壞。然而深入觀察的結果，這些水大在身體中漩澓，也就是在身體中循環來去；雖然有時是在堅硬的大便或骨頭裡面，有時在比較柔軟的肌肉中，有時在精液血液中，有時在小便或是汗水、淋巴腺中；雖然在「**身中漩澓**」而一直在身中變來變去，不斷地流通於身體各處而不是常住於一處；但是「**水性一同**」，水的精明或精華性仍然是沒有差異而不斷流通的。可是深究起來，水的精明性或精華性是指什麼呢？其實是如來藏識的自性——妙眞如性。這種水大的精華性從來都沒有差異，不論是在身體中的哪一個部分，從來都是「**水性一同**」。

月光童子又繼續深入觀察「**水身**」，也就是觀察水的自體，看見水的自體精華自性，與娑婆世界外的「**浮幢王剎**」所有的香水海中含攝的水大精華，是完全相同、完全平等而沒有差別的。

「**諸香水海**」是指《華嚴經》中所說的香水海。我們這個地球只是娑婆世界中的一個小不點兒，而這個娑婆世界就是一個三千大千世界，只是一尊釋迦如來的化區。盧舍那佛化現千百億 釋迦如來，在蓮華藏世界海中的千百億世界中廣度眾生。而這個娑婆三千大千世界只是蓮華藏世界海中的一個小點，因爲蓮華藏世界海中共有二十層，娑婆這個三千大千世界，只是蓮華藏世界海中的一層中的一個小點，幾乎是看不見的一個小點。而蓮華藏世界海又只是香水海中無數世界海中的一個世界海，每一個香水海中的無數世界海，也都像蓮華藏世界海一樣廣大。而且《華嚴經》中說有無數的香水海，這根本不是現在的天文科學所能觀測的。現在的天文學觀測，即使是哈伯電子望遠鏡，也只能看到娑婆世界周邊的其他三千大千世界，也就是只能看見我們這個銀河系周邊的星雲漩系。根本無法看到蓮華藏世界海同一層中更遠的其他星雲漩系，何況能看到其餘各層的三千大千世界；至於說到整個蓮華藏世界海，那就根本無法想像了！更何況蓮華藏世界海，只是一個香水海中無數世界海中的一個；而這個蓮華藏世界海所屬的香水海以外，還有許多的香水海，數之不盡。就如同《華嚴經》中說的浮幢王剎中的無量數香水海一般，根本無法計數，眞的是世界無量無邊啊！在 水天佛時代的月光童子，從自身中的水性精華開始起觀，後來竟然可以觀察到這個世界海以外的其餘香水海中的水性精華，全都與自己小小的身軀中的水性精華一般無二，全都平等而無差別——同樣都是要由水大自性的精華才有辦法成就，由此可見他的禪定與無生法忍觀行很深入而且廣大。

「**我於是時初成此觀，但見其水，未得無身；當為比丘，室中安禪；我有弟子窺窗觀室，唯見清水遍在屋中，了無所見；童稚無知，取一瓦礫投於水內，激水作聲，顧盼而去。**」月光童子又說，他當初在 水天佛座下聞法而成就這個觀行時，只專注去觀察水性的精華性，卻沒有在定中把自己五蘊身的覺受空掉，所以說「未得無身」；那時他是在 水天佛座下當比丘，有一天正在禪房裡打坐「安禪」。爲什麼叫作安禪呢？就是安那般那，也就是數息觀，所以叫作安禪。月光菩薩當時雖然說是安禪，只是依表相而說安禪，其實他是在作水觀。而他當時有一個徒弟，那時正好走過他的禪房時，就從窗戶的縫隙往裡面觀察禪房裡的情況；那時他的徒弟只看見禪房中清水遍地，看不見其餘的任何擺設，也看不到月光菩薩在禪房中。這個徒弟年紀還小，他因爲無知而好奇，於是就拿了小瓦片，從窗戶投在禪房裡的水中。因爲他覺得奇怪，禪房中怎麼會有水？懷疑是眞的有水嗎？所以才會拿了一塊小瓦片投進禪房中來。沒想到還眞的把禪房中的水激動起來而作出水聲來。然後那個小徒弟一面覺得很奇怪，想不通爲什麼會這樣？所以不太相信地觀察以後才離開。

「我出定後頓覺心痛，如舍利弗遭違害鬼。我自思惟：『今我已得阿羅漢道，久離病緣，云何今日忽生心痛？將無退失？』爾時童子捷來我前說如上事；我則告言：『汝更見水，可即開門入此水中，除去瓦礫。』童子奉教，後入定時還復見水，瓦礫宛然，開門除出；我後出定，身質如初。」後來月光菩薩出定時突然覺得心臟疼痛，就好像前不久舍利弗定中遇到違害鬼，被違害鬼猛力打擊一樣的痛楚。違害鬼是一個有大威力的夜叉，起因是舍利弗因爲剛剛剃髮，因爲以前都是用剃刀，所以剛剃完時不宜直接曬到太陽，因此那天早上就用僧衣遮覆頭頂而打坐入定。當時有兩個擁有大神力的夜叉，名叫爲害與復害；當時復害看見舍利弗靜坐時以衣覆頭，就向爲害說：「我要以拳頭打擊這個剃頭沙門。」爲害告訴他說：「這位比丘有大神德，你可千萬別打他，免得以後受報無盡。」爲害勸了他三次，復害都不信受，仍然想要打舍利弗的頭。那爲害不願意看到復害受惡報，就抱住復害的身體，不讓他打舍利弗；可是復害不信因果，惡心猛烈，仍然以拳頭打了舍利弗的頭；他根本不信因果，所以又故意大聲說：「如今我已經打了他的頭，依照你的說法，我應該下地獄被燒煮，你可要救我才是。」才剛剛講完這句話，土地隨即裂開，復害因此現身陷入無間地獄中受苦無間。

月光菩薩借用當時舍利弗身上所發生的事情來作譬喻，說他在 水天佛那個時候，因爲小徒弟丟了小瓦塊而使他痛苦的事情時，心想：「我如今已經證得俱解脫的阿羅漢道了，很久以來就已經遠離生病的因緣了，爲什麼我今天突然又產生了這種心痛的現象呢？難道是我所證的俱解脫阿羅漢果失去了？」那時正在懷疑，童子就趕快來到他面前，說他剛才看見水，以及投了瓦礫的事情。那時月光菩薩就告訴童子說：「你等一下如果再看見我的房間裡面又有水，就可以開門進來把水中的瓦礫拿出去丟掉。」那個童子奉教之後，等到月光菩薩重新再進入水觀三昧以後，童子重新看見水了，也看見瓦礫還在水中，於是就開了門拿掉瓦礫；後來月光菩薩重新出定以後，色身又回復到原來健康無痛的狀態。

諸位聽到這裡，也許有人會這樣想：「這是講故事喔！」真的是故事，因爲是月光菩薩以前親自經歷過的往事，當然是「故」事。我記得以前有一次在初禪定中（那是比較早期，還沒有往前繼續進修；因爲那時我不必寫這麼多書，有很多空閒，所以我常常打坐；有時吃過早飯就去坐，中午下來用齋時下樓梯都是很緩慢，就好像老人家一般，因爲想要保持定心不散。那日子眞是很悠閑。吃過午飯休息一會兒又上去三樓佛堂打坐，坐到出定時又是要吃晚餐了。我有一段時間是這樣過日子的，那眞的很暢快、很寫意。但是好景不常，爲了佛教正法的永續流傳，必須開始破邪顯正了，必須寫很多書出來流通，於是就失去這個享受了），有一次就是在初禪等至位中感受風寒，因爲是在禪定中感受風寒，自己買了感冒藥，吃了許久都沒有效果；後來我想到可能還是要回到初禪定境中才能解決，因爲這是在定中所感受的風寒。

那一天晚上我想到了這個道理，於是隔天打坐時就在定中試試看，然後我就在初禪等至位中發起煖觸，當煖觸出來以後身體就開始發汗；發汗很久以後，我想應該可以解決了，於是就出定下座了，果然眞的好了。又譬如打坐引生的腿痛、腳痛也是一樣的情形，我個人的經驗是這樣的，但不曉得諸位如何。譬如說正在打坐時，盤腿已經有兩個鐘頭了，突然間電話鈴響了，或者突然有人敲門敲得很急；你急著下座去接電話或者去開門，就沒有讓腿舒緩及按摩一下，趕快下座就快步去處理。當時也許你沒有覺得有事，可是一小時後客人離開了，你才發覺腿一直痛起來。這時你再怎麼擦藥推拿都沒有用，只有一個辦法，就是重新上座，再把腿依照剛才的狀態盤起來；只需盤上半個鐘頭以後，再依照平常下座時的放腿順序慢慢地放下來，再輕輕地依照平常的方式按摩一番，這樣就沒事了。這是我個人的經驗，提供給諸位參考。因為剛好講到入定的事情，與入定導致色身病痛有關，所以順便說給諸位參考。

凡是由禪定而生的狀況，還得要經由禪定來對治。月光菩薩既然能夠完成水觀，對於水的精華性已經可以觀行成就，所以當他進入水觀中的時候，禪房中的地上就都布滿了水；當他的小徒弟把瓦礫丟進水中時，其實是混進他的水大精華中，與他身中的水性混在一起了。這是不符正常狀態的，也就是他的如來藏中水大的性自性已經被瓦礫所干擾，只好重新再入水觀三昧中，讓水觀成就而顯示瓦礫出來，然後再把它拿掉以後才出定，要這樣才能解決，這是在三昧的修證上面所要注意的地方。我個人的經驗也是如此，所以這不是虛構而說夢話、神話。不應該因為自己無法實證就去否定它，事實上也眞的有這些事情。如果修證的境界越多，就會遇到更多相似的情形，那時當然會發覺：自己所不知道的就暫時不要去否定它，免得變成毀謗深妙法。因爲這是屬於很深的勝妙定境，不是粗淺的禪定境界，所以千萬不要隨便誹謗。

也許有人對這種境界有些好奇：「**那禪房地面的水是從哪裡來的？**」那其實就是定果色，是由定心所變化出來的；這是要先證得滅盡定以後，也就是至少要有第四禪以後，進入水觀之中才能變化出來的，所以屬於定果色。這種定果色與業果色不同，一般而言，定果色是實證定境的人自己才能看見、才能入住的；若是業果色，只要是有共業的人，由於共業的招感，自然人人都能看見。月光菩薩當時的定果色竟然能夠使他的小徒弟看得見，那就表示他的定果色已經不單單是他自心中的範圍了，而是向外擴展出來了！由此可以證實他的水觀是修得非常好、非常殊勝的，眞的令人不可思議。這種定果色，就如同 世尊初始弘法的時候，爲了度化迦葉三兄弟中的大迦葉，特地向大迦葉借住石室過夜，那個晚上收服石室中的暴龍時，雙方互相放出火光而使整個石室裡火光照耀如同大火一般，這同樣也是定果色。

「**逢無量佛，如是至於山海自在通王如來，方得亡身，與十方界諸香水**

海，性合真空，無二無別。今於如來得童真名，預菩薩會。」月光童子說他由於水天如來教他修持水觀的緣故，後來成就水觀了，就一世又一世都這樣子修持；後來很多劫中都這樣修持水觀而逢遇無量佛，就這樣繼續修持水觀而經歷過很多佛出現於人間，他都一一承事、供養、修學佛法；一直到後來有一世逢遇 山海自在通王如來時，才終於把五蘊身的覺受放空，在水精三昧中離開了五蘊身的覺受。他原來住在水觀之中，五蘊身還在，是覺知到自己身在水性中。後來終於「**亡身**」，對五蘊執著的習氣種子已經滅盡，不再落入五蘊身的覺受中；從這個時候開始，他所觀修的水性，已經與十方世界一切香水海中的水性，完全契合而全部回歸到如來藏妙眞如性中，已經眞實空掉一切法了！這時所見自己身中的水性，與水觀三昧中顯示出來的水性，以及十方界香水海中的一切水性，全都是同樣而沒有差別的。換句話說，月光菩薩在逢遇 山海自在通王如來那一世時，已經觀察到自己身中的水性與十方香水海世界的水性，全都是從眞實空性而來，本來就都是性空眞水、性水眞空，全都是從如來藏的妙眞如性生出來的，所以根本沒有差別。如今月光菩薩這一世在 釋迦世尊座下獲得了童眞的名號，也參預了 釋迦世尊的各種法會，也就是宛轉地表明說他已經證得至少八地的無生法忍了。

「佛問圓通，我以水性一味流通，得無生忍，圓滿菩提，斯為第一。」

月光菩薩如今又參預了專講菩薩妙法的楞嚴法會，當 佛陀垂問各人如何修證圓通法門時，他當然是從身內身外以及十方世界的所有水性都同是一味，也就是水性都同樣能夠流通無礙的現觀上面，來證得大乘法中的無生忍，也就是親得八地心的果證了；而他也是很多劫以前早就證得俱解脫果了，並且已經把煩惱障所攝的習氣種子斷除了，只剩下無記性的微細異熟種子了。所以當他以自己親身的經歷來看待三乘菩提的圓通法門時，當然認爲以水性流通的觀行來「圓滿菩提」，一定是最好的修行方法。接下來又有大菩薩起來講別的圓通法門了：

【琉璃光法王子即從座起，頂禮佛足而白佛言：「我憶往昔經恒沙劫，有佛出世名無量聲，開示菩薩本覺妙明，觀此世界及眾生身，皆是妄緣風力所轉。我於爾時觀界安立，觀世動時，觀身動止，觀心動念；諸動無二，等無差別。我時了覺此群動性，來無所從，去無所至，十方微塵顛倒眾生同一虛妄；如是乃至三千大千一世界內所有眾生，如一器中貯百蚊蚋啾啾亂鳴，於分寸中鼓發狂鬧。逢佛未幾，得無生忍，爾時心開，乃見東方不動佛國，

為法王子，事十方佛，身心發光洞徹無礙。佛問圓通，我以觀察風力無依、悟菩提心，入三摩地，合十方佛傳一妙心，斯為第一。」】

講記：月光童子說完了，琉璃光法王子隨即從座位上起立，頂禮佛足以後，向佛陀稟白說：「我回憶往昔經過恆河沙劫之前，有佛出世，名號爲無量聲；那時無量聲如來開示菩薩們要觀察本覺妙明，就是要大眾觀察自己所住的世界以及眾生的色身，都是虛妄攀緣而被風力所運轉著。我在那時依佛所教而觀察方界的安立，觀察三世遷移而移動了時間，觀察色身搖動以及歇止，觀察心動而使識陰起念；然而各種不同的動其實並不是兩種，而是同一種動，全都平等而無差別。我當時就很清楚覺察到這些不同種類的搖動性，出現的時候並沒有一個所從來的地方，離去時也沒有一個所到的處所；十方世界無量微塵數的所有顛倒眾生，都同樣處在同一種虛妄攀緣之中。就像是這個樣子，一一觀察乃至擴大到一個三千大千廣大世界內的所有眾生，都同樣地搖動不止，猶如在一個容器之中貯納了幾百隻蚊蚋在一起啾啾亂鳴一般，其實都只是在分寸一般微小的處所中鼓發了虛狂的吵鬧。我逢遇無量聲如來不久以後，便在這個法門之中證得無生忍，那時心中開悟明了，於是便看見了東方的不動佛國，使我成爲琉璃光如來座下的法王子，因此而名爲琉璃光；我從此開始奉事十方諸佛，而我的色身及覺知心都發出了光明，裡外洞徹都無障礙。佛陀垂問各人所修的圓通法門，我是以觀察風大力量無所依止而悟入眞實常住的菩提心，由此進入實相般若三昧中，契合十方諸佛所傳授的同一種微妙心地，我認爲這就是第一圓通法門。」

「琉璃光法王子即從座起，頂禮佛足而白佛言：」當月光童子報告完了，琉璃光法王子就從座位上起身，頂禮 佛陀足下以後，就向 佛陀稟告他所修的圓通法門。琉璃光法王子也可以稱呼爲琉璃光童子或琉璃光童眞，因爲所有法王子都是單身無偶、終生不淫的童貞之身，都是出家追隨在某一尊佛座下。就像 文殊菩薩法王子一樣，祂也常常被稱呼爲 文殊師利童子或 文殊師利童眞；所有出家的等覺菩薩們都是童子身，只要是諸佛座下的兩大脇侍之一，都可以稱爲法王子，都同樣稱爲童子、童眞。

文殊、普賢、琉璃光等法王子在佛教史上曾經存在的事實，是印順法師所不承認的，因爲印順認爲 阿彌陀佛是依外道太陽神崇拜的淨化而建立，本是外道法，不是眞的有極樂世界與 阿彌陀佛的存在。印順也認爲不動世界的 琉璃光如來，和祂座下的諸大菩薩也都是從外道法中的娑婆天界星宿的淨化而建立，然後混進佛教中來。印順提出的辯證論點是說，由於東方琉璃世界有十二大菩薩，其實就是從我們地球黃道與十二星辰的轉變淨化而建立的，一樣是外道法轉變成佛教中的修行法門；所以印順同樣不承認有東方琉璃世界與 琉璃光如來，當然更不承認琉璃光法王子在佛教史上的存在事實（編案：詳見平實導師《如何契入念佛法門》第 34～50 頁所舉證印順法師《淨土與禪》書中的文字證據）。

所以印順派下的所有法師與居士們，都是否定淨土法門中最重要的兩大淨土世界與佛菩薩；由此緣故，慈濟的證嚴法師跟著不信有 阿彌陀佛與藥師如來（編案：佛教界人士—特別是淨土宗的修行者—初見時的問候語「阿彌陀佛」四字，已經被慈濟的證嚴法師廢掉了，他們已經全面改用「感恩」二字取代「阿彌陀佛」四字了），但慈濟的證嚴卻心口不一，指示信徒們要積極爲人助唸「阿彌陀佛」，藉此拉攏更多社會人士投入慈濟團體；所以每當有人意外死亡或一般人壽終正寢時，總是會看見慈濟的會員們趕來爲人助唸，很難得看見沒有慈濟會員趕來助唸的情況。但問題是：慈濟功德會的所有人，上自證嚴、下迄一般會員，全都不相信有極樂世界，也不信有 阿彌陀佛的存在；而且他們煩惱極重，都沒有淨念相繼的功夫；當他們每逢有人亡故就一一趕去爲人助唸 阿彌陀佛的佛號時，心中卻不信有 阿彌陀佛，這樣的助唸有可能幫助亡

者與極樂世界的 阿彌陀佛感應嗎？有可能幫助亡者往生極樂世界嗎？當然是不可能幫亡者感應 阿彌陀佛的，也不可能幫亡者獲得助唸功德的。這是台灣社會每個角落中，接受慈濟會員們助唸的亡者眷屬們都不知道的眞相。

「我憶往昔經恒沙劫，有佛出世名無量聲，開示菩薩本覺妙明，觀此世界及眾生身，皆是妄緣風力所轉。」琉璃光法王子向 佛陀報告說，他想起往昔經過恆河沙數劫之前，那時有佛出現在世間，佛名叫作 無量聲。當時 無量聲如來開示菩薩們，要觀察各人的**本覺妙明**；並且要觀察大眾所住的這個世界以及眾生的身心，全都以虛妄攀緣爲因，所以被**風大的力**量所動轉。

「**本覺妙明**」是指眞如心—如來藏—的奇特自性。如來藏眞如心爲什麼叫作「**本覺**」與「**妙明**」？關於「**本覺**」與「妄覺」的區分，關於「**本覺**」與「不覺、始覺、隨分覺、究竟覺」的關聯，我們都已經在講解《大乘起信論》時講過了（編案：詳見《起信論講記》六輯中的詳述），這裡就不再重複。「**妙明**」的意思是說，如來藏有祂自己獨有的惺惺常寂、從來都不曾昏昧過一時一刻的明了性，不像覺知心意識夜夜昏昧和間斷，這就是「**妙明**」；也就是「了眾生心行」以及藉由祂的「不可知執受」而了知眾生的色陰與山河大地等功德（編案：詳見平實導師《維摩詰經講記》的細述），這種「**妙明**」是無始以來不曾間斷過一剎那的，所以有時禪宗祖師說祂「惺惺常寂」。

只有如來藏阿賴耶識具有「本覺」與「妙明」的功德，所以 無量聲如來教導菩薩們要觀察「本覺」與「妙明」，當然是教導菩薩們觀察如來藏的體性，不是觀察虛妄想像子虛烏有的本覺與妙明；當然也不是觀察意識心如何住於本覺與妙明的境界中，因爲意識心永遠都沒有本覺性，也永遠不會有妙覺性（編案：請詳閱平實導師《起信論講記》中的詳說）。想要觀察第八識如來藏的本覺與妙明體性，當然要先找到如來藏；若是連如來藏在何處都還不知道，而說他能觀察本覺與妙明，講得一堆言語，所說的本覺與妙明可就全屬戲論了！

無量聲如來教導諸菩薩們，要從如來藏心的本覺與妙明，來觀察這個世界和眾生的身心，全都是虛妄攀緣而被風大的力量所動轉。證得具有妙明性的本覺眞心如來藏以後，就能從眞心如來藏來觀察這個世界以及眾生的一切色身，都是藉著無明妄緣而被風大的力量所運轉，於是宇宙中就有無量世界及有情身心，不斷地被風大的力量所運轉。你們已經破參明心的人，可以現前觀察一下，看是不是這樣子？確實都是這樣啊！全都由於有本覺妙明的眞心如來藏，證得這個眞心如來藏以後，你再從這個眞心來看所有世界與眾生身，難道都不是由於無明而內執如來藏爲自我，然後由於這樣的虛妄攀緣而被**風大的力量**所運轉的嗎？

「**我於爾時觀界安立，觀世動時，觀身動止，觀心動念；諸動無二，等無差別。**」一切有情都被**風大的力量**所動轉，人們每天都因爲身中的風大力量運作，所以始終無法靜坐不動；即使強行壓制而靜坐著，覺知心還是被**風力**所轉而無法入定。世界也是時時刻刻都被**風大的力量**所運轉，一直運動而不曾停止片刻；但是如今號稱實證佛法而不是單證聲聞法的大乘法中的大法師們，又有誰知道這件事情的眞相呢？在　無量聲如來時代的琉璃光法王子，就在　無量聲如來的教導下，開始觀察如來藏的「本覺」與「妙明」了；但他是遵從　無量聲如來的教導，從**風大**能夠動轉世界與眾生身心的**力量**上面來作深入觀察的。所以他從四個層面來觀察：「**觀界安立，觀世動時，觀身動止，觀心動念；**」但是在作這樣的觀察之前，有一個大前提，就是要先觀察如來藏眞如心的**本覺**與**妙明**；把如來藏的**本覺**與**妙明**觀察完成了，才有能力繼續從這四個方面深入觀察。

「**觀界安立，**」琉璃光法王子觀察「界」的安立時，發覺「界」也是依如來藏的**本覺**與**妙明**而安立的；若不是共業有情如來藏心中含藏的共業種子運作，就不會有十方世界中的山河大地生住異滅，也不會有宇宙中的星球世界不斷運動、生生不息。「世界」二字所說的「界」，是指四方上下等方位與處所；由於有山河大地的存在，才會有方位與處所的安立；由於有方位與處所的安立，才會有東西南北四方世界與上方、下方世界可以安立。然而方位與處所—界—的安立，卻是依宇宙中的無量世界互相之間的位置而界定的；這些世界的生住異滅既然都依有情眾生如來藏中含藏的業種而發起與現行，因此琉璃光法王子對於「界」的觀察，最後當然要彙歸於如來藏，這樣觀察「界」的安立事相才是最究竟的觀察。

觀察到這裡，接著要推究十方三界山河大地爲什麼會不斷地搖動而不曾安止呢？最後當然會觀察到一項事實：由於眾生都不肯滅盡自己而證無餘涅槃，當然要時時刻刻求生存，時時刻刻都要護惜五陰、維持五陰繼續流轉三世永不斷絕，那就必須要使所有世界不斷地搖動，才能使有情生存於各個世界的山河大地乃至天界中。這樣觀察完成而且究竟了，就是法王子階位的果證了！若是還沒有觀察究竟，或是所觀察仍然太粗糙，當然是還在諸地之內，還無法到達法王子位的。若是明心以後還不曾自己觀察到這個道理，那就只是三賢位中的菩薩摩訶薩了。

「**觀世動時，**」琉璃光法王子觀察「世」的安立時，發覺不離「界」的安立：要依「界」的安立，然後才能建立「世」，也就是先有「界」然後才有「世」；所以琉璃光菩薩才會先說「界」，然後再說「世」。這是因爲三世流轉的建立（譬如前世、今生、後世，以及前一剎那、此一剎那、後一剎那的建立），必須依於「界」的建立才能成立，否則即無從安立。如果十方虛空中已經滅盡一切國土而成爲斷滅空的時候，又要如何安立三世呢？所謂「世」，是指時間的流轉分位。時間的流轉就叫作世，那麼世是由於時間的轉易而動，所以世就是「動時」，就是時間的移動；如果是斷滅空，如何建立時間的移動呢？如何能安立前世、今生、後世呢？如何安立昨天、今天、明日呢？當然是依「界」的存在，才能安立現在、過去、未來三時。

而且，「世」的安立前提是：依生滅法來建立。如果不是生滅法，就沒有生滅與去來可說，自然就沒有三世可以安立了！譬如人類如果永遠不死，當然就無法推溯何時有生；無生無死的時候，又能如何安立三世呢？又譬如山河大地若是不動，白天永遠是白天，黑夜永遠是黑夜，又如何安立昨天、今天、明日呢？當然是依於生滅性的有爲法的「界」，才能安立三世，才會有「世」可說。有「界」也有「世」，才可能是有情，才會有生死。然而實際上加以深入觀察以後，一定會發覺：「世」依「界」建立，「界」依如來藏心建立——界從如來藏中出生；而如來藏出生「界」與「世」的動力則是無明——不明白五陰與世界的虛妄，於是眾生就在如來藏中的無明種子動力運作下，被這種**風大的力量**所運轉而生生不息，永遠都無法到達無生無死的彼岸。這就是琉璃光法王子的觀察所得，因此而深入觀察的結果，就是進入法王子位。

「**觀身動止**，」琉璃光法王子又觀察「觀身動止」。能不能每天都可以時時刻刻隨意動身，是有情眾生最執著的五陰中的功能；假使只能覺知冷熱寒溫痛癢苦樂，卻不能隨意動身，那時人們往往不惜求死，這是人間法界常所得見的正常事。或許還有人一時不信我說的話，那麼請問：如果你這個色身是不能動的，如同佛像一般被供在案上，你要不要這樣呢？一定不想這樣。雖然每天從早到晚坐在那邊，人家就來供水果、供香等等，你的身體卻不能動，你要不要這樣每天受供呢？我想一定沒有人願意自己是這樣動不了的雕像或植物人。色身能動也能止，可以由自己覺知心隨意操控，才是有情眾生們所想要的色陰；否則，躺在病床上的重病不癒者，心中爲什麼覺得生不如死呢？

然而琉璃光法王子親證如來藏而觀察一切菩薩所證的「**本覺妙明**」以後，再深入「**觀界安立，觀世動時**」，又「**觀身動止**」的時候，他開始推究色身爲何能動也能止？然後就發覺眾生由於貪著色身的緣故，也貪著色身的動止二法，卻都不能覺察色身的虛妄；於是落入識陰的妄想之中，錯認色身爲我、爲我所；這就是眾生一念無明中的一小部分我見，也就是見惑與思惑中的見惑所攝無明。由於執著五陰不捨的緣故，具足五陰我與我所，於是產生了動力—**風力**已經存在了—因此往往不樂安止而樂於躍動，由此緣故，一世又一世在死後重新受生爲人或是其餘五道有情。縱使後來學法而祈求得以常常安止不動，卻又落入識陰之中，死後仍然要藉中陰身的動止而重新入胎受生，於是又開始重新輪迴痛苦；然而深入推究有情色陰的動與止，全都由無明作爲動力而產生了**風力**—動轉的力量—於是愛樂自己是有情而不是無情。再深入推究這個**風力**的根源時，就一定會發現：動止的力量是依五陰身中的風大而有，風大的根源即是無明與如來藏；而風大的運行與動止，卻與如來藏的「**本覺**」與「**妙明**」息息相關。能夠這樣確實觀察出來的人，才能說是已經現前「**觀身動止**」的菩薩摩訶薩。

「**觀心動念**；」琉璃光法王子又觀察覺知心爲什麼會常常起心動念呢？

當然要先探究覺知心是從哪裡來的？然後一定會觀察到覺知心正是意識，是被含攝在十八界中的。然而十八界的區分，也是一樣由於方位或處所的差異而安立的。譬如眼根有它的界限與處所，只能在色陰中存在，也只能在色陰中（眼的浮塵根與勝義根、以及色塵）運作，所以眼根一界是從它的功能範圍來作界定的；已經把它的功能界限作出明確的界定了，所以稱爲眼根界。耳根界、鼻根界……眼識界、耳識界乃至意識界，這些界全都是依其方位與處所範圍而安立的；譬如眼識界，只能在眼根中運作，所接觸的只是六塵中的色塵，不能外於色塵，並且只侷限在色塵中的顯色內，不能及於色塵中的形色、表色與無表色。然而眼根乃至意根，色塵乃至法塵，眼識乃至意識，這十八種法的界定，當然都因爲各有運作的處所限制而被這樣子安立；可是如果探究到最根本時，仍然會發覺這十八界一樣是從如來藏中出生的。而如來藏中含藏著有情無始以來攀緣熏習的各類有漏不淨法種，當然會在意根的攀緣下，時時流注出來而使意根與意識不斷地搖動不停；於是風大所轉，就有種種心行出現，當然就念念不斷了！可是我們如果推究覺知心與意根動心的由來，仍然是以如來藏中的煩惱種子作爲動力，這些煩惱種子就是心動的風大之力了。

換言之，凡是起心動念都不離風力，都由風大的力量來發動的啊！否則就不該時時起心動念了，就應該不想動念而想入定時，一定可以隨心所欲而不起心動念，一定可以入定；但事實上一般人卻做不到，所以覺知心相應的**風力**確實是存在的，這個**風力**其實就是無明。可是會導致有情眾生起心動念的**風力**，是依什麼因緣而生的？事實上是依很多因緣才能出生的，因爲會使覺知心起心動念的**風力**，這並不是只有某一法就能單獨出生**風力**；一定要有如來藏的配合，也要有如來藏所含藏的地水火風等大種性自性，還要再加上如來藏所製造出來的這個色身，再加上如來藏藉色身與外六塵而出生的內六塵、內六入以後，才能有覺知心出生；然後由覺知心不斷地攀緣運作，才會有起心動念的事情出現；但是在起心動念的背後，卻是由如來藏的**本覺與妙明**在剎那剎那不間斷地運作，才能使無明種子流注出來，才會使覺知心相應的**風力**作用而起心動念；所以琉璃光法王子「**觀心動念**」的觀察，最後還是要匯歸到如來藏心的**本覺與妙明**來。這樣才是「**觀心動念**」的正觀。

由於色身、六塵與覺知心不同種類的**風力**，從外相上來說，是有種種差別的，不能一概而論、等視齊觀，這些**風力**有從大種性自性而來的，也有從風大的自性而來的，也有從無明而來的，所以**風力**也是很複雜的，因此說爲

「群動性」。不過，綜而論之，也就是風力。雖然如此看來，風力有種種差別，然而萬變不離其宗，仍然是依於如來藏心的「本覺妙明」，才會有各種不同的風力產生與運作。可是若回歸到風力的能動性上面來看，所有的動轉之性全都沒有差別，同是一動而無二動，所以琉璃光法王子說：「諸動無二，等無差別。」這樣瞭解了嗎？這段經文，我只能從法義上面來解說，不許再深入細說了；明心的菩薩們一聽就懂了，所以有一些人聽了會心微笑，大部分人則是聽得一臉茫然，只好跟著苦笑。如果你眞的悟了，我說的這些法義，你就可以很清楚理解我的言外之意了。就知道我一點兒都沒有隱藏，全都爲大家講了。

「我時了覺此群動性，來無所從，去無所至，十方微塵顛倒眾生同一虛妄；如是乃至三千大千一世界內所有眾生，如一器中貯百蚊蚋啾啾亂鳴，於分寸中鼓發狂鬧。」「了」就是徹底的意思，「覺」是覺察的意思。琉璃光法王子說，當他從如來藏的本覺妙明來「觀界安立，觀世動時，觀身動止，觀心動念」以後，證明「此世界及眾生身，皆是妄緣風力所轉」；由於這樣的現觀以後，深妙的如實智出生了，於是就徹底覺察出一件事實：界的動轉、世的移動、身的移動、心的動轉，全部出自於風大的力量——風力；而風大的力量卻都是從無形無色的如來藏中出生的，所以界、世、身、心的「群動性」，全都是從如來藏中生出來的；可是如來藏無形又無色，既無處所也無方位，既無過去亦無未來與現在，因此就可以現前看到「群動性」確實「來無所從、去無所至」。來的時候知道動性來了，究竟是從哪裡來的？卻沒有一個所來的處所；去的時候知道動性去了，但究竟是去到何處？也看不到去後歸在何處。但是「十方微塵」數目的「顛倒眾生同一虛妄」，也就是說，如同十方微塵數那麼多的無量世界中的所有眾生，都同樣是緣於同一種虛妄想而有虛妄的攀緣，於是動轉不止；每天才一醒來就動來動去，不曾安止於寂靜寂滅的境界中，也不知道動相的來處與去蹤。一定要先能夠觀察如來藏的本覺與妙明以後，才有智慧觀察風力的各種運作，才能觀察風力的群動性來無所從、去無所至，同一虛妄。可是，你若能夠這樣觀察時，你對如來藏的本覺與妙明的瞭解，也會跟著悟入更深妙的智慧；那時所悟的菩提心智慧，又與剛悟得如來藏時的智慧不同了；這兩者的現觀與實證，是必然互相增上的。

當時琉璃光法王子從這樣的現觀之中，再縮小範圍來看一個三千大千世界中的眾生動轉不止時，就如同在一個容器之中貯存了幾百隻蚊子在裡面；

那些蚊子就在那一個容器中啾啾亂鳴，其實都只是在一個容器內的小地方裡鼓發狂鬧罷了。這個形容太逼眞了！有這種智慧的人，都可以推究出整個三千大千世界中的有情，全都是被關在一個小容器中的蚊子一般，每天在這個三千大千世界容器中鼓發狂鬧。也許有人不太能領受，那麼我們如果再縮小範圍到一個地球世界，或者乾脆縮小到一個市鎮來說，在一個小小市鎮容器中，不是每天都有許多人與動物在裡面鼓發狂鬧嗎？

眾生總是顚倒的，不但一般眾生是如此，當代所有佛門中的修行人，不論是大師或學人，不也都同樣是如此顚倒的嗎？他們都是同一虛妄，完全無法如此現觀。所以近代有很多大師根本不懂這段經文中說的是什麼道理，就依樣畫葫蘆來籠罩人。以前香港的月溪法師不就是這樣嗎？人家問他：「如何是佛？」他也學禪宗祖師舉起拂子來。等到你問他：「您舉起拂子是什麼意思？」他卻說：「我舉起拂子時，就是清楚明白而了然分明啊！我都沒有任何雜念啊！」原來還是落在意識我見之中，連我見都還具足存在呢！這幾年新興的惟覺法師也是一樣啊！

可能有些新來的同修們聽到我這麼講，心中就很煩惱：「哎呀！你老是在批評人。」不對！我是在幫你們修除邪見，才能把你們原來根深柢固的我見給除掉。惟覺法師曾經這樣說：「世尊拈花微笑，跟我現在喝這一杯茶是一樣的。」你如果明心了，從自己的所悟內容來看，你可能會認同他這一句話；可是當他接著解釋出來時，狐狸尾巴就跑出來了，他接著說：「同樣都是清清楚楚明明白白的這一念心。」這哪裡是相同的呢？人家拈花微笑顯示的可不是這一念心，而是第八識如來藏，兩者可眞差遠了！所以絕對不該以自己的所悟，來認爲別人跟你所悟的是一樣的；應該探究別人所謂的悟，究竟是悟得意識或是第八識？單從表面上來看，往往是一樣的，然而骨子裡可是大不相同的，不能光看表面就認爲所悟相同，否則將來難免會招來眞悟者的評論。

把話題拉回來，你如果哪一天白天來到講堂時，別急著進門，且先在大路旁看看：許多眾生在台北市奔忙，大家匆匆忙忙地來來去去，不正是像琉璃光法王子說的這樣嗎：「如一器中貯百蚊蚋啾啾亂鳴，」吵架、或者工作，沒有一個人是安止寂靜的，眞的是「於分寸中鼓發狂鬧」你如來藏來看十方虛空，那麼廣大的十方虛空，不過就是你如來藏心中的一個法而已，可是有哪個大師知道呢？全都不知道啊！於是就在這小小的地球或者小小的大陸與台灣裡面，不斷地諍論說意識離念靈知就是常住法；他們爲什麼不向廣大的如來藏心去尋求實證呢？每天都只顧念名聞或利養，豈不是正在小容器中與其中的一隻小蚊子爭鬥嗎？有什麼意義？何不迴心自看，究竟自己的如來藏何在？一旦悟入了，心量廣大了，那時再來反觀現在不斷與正覺同修會爭執離念靈知心的事情，一定會覺得很可笑而羞紅了臉，再也無顏面見所有弟子們了！

「**逢佛未幾，得無生忍，爾時心開，乃見東方不動佛國，為法王子，事十方佛，身心發光洞徹無礙。**」琉璃光法王子這樣觀察完成的時候，是在逢遇無量聲如來不久的時節，那時他已經獲得無生法忍了！而且把煩惱障中的習氣種子也斷盡了！眞的有資格說是心地開通了！然後就由這樣的功德而看見了東方的不動佛國，所以他就往生去不動佛國（也就是阿閦佛國）成爲法王子。這時他就有能力奉事十方諸佛了，所以只要十方世界有佛宣講《楞嚴經》，或者有類似的法會時，琉璃光法王子就前往參加，證實佛法確實是可以實證的。這就是菩薩的遊戲人間，專門前往十方世界做苦工，卻都不曾獲得任何世間錢財名聞等利益。他因爲這樣的緣故，又由十方諸佛的法義開示而次第深入佛法性海之中，於是「**身心發光洞徹無礙**」；也就是智慧非常深妙所以心地發光，色身也跟著有光彩而洞徹無礙，十方一切諸佛都可以清楚看見他了。

「**佛問圓通，我以觀察風力無依、悟菩提心，入三摩地，合十方佛傳一妙心，斯為第一。**」如今 釋迦牟尼佛垂問各人所修的圓通法門，琉璃光法王子既是由觀察**風力**的來無所從、去無所至，因此而悟入眞正菩提心如來藏「**本覺妙明**」中的各種深細的內容，由此而證入佛菩提智三昧境界中。並且也自己一一與十方諸佛所說加以檢驗，證實完全符合十方諸佛所弘傳的同一種微妙的實相心。所以從他的所證經過與內容來說，琉璃光法王子當然要說：從**風力**的無所依止而悟入菩提心如來藏的法門，就是最好的圓通法門。到現在爲止，已經起來報告的每一個人都說自己的圓通法門第一，然後究竟誰的法門才是第一呢？當然後面會有菩薩奉 佛之命起來評論。其實每一個人說的都是第一圓通法門，但是從三乘菩提的差別來說，再從各個佛世界的眾生根器差別來說，當然就有根器是否適合的考量了！所以，從大乘菩提來說，某人的圓通法門不可能是第一；再從不同世界的有情來說，這裡的第一圓通法門，也可能不是第一。但是對於這個娑婆世界的人類來說，當然還是要揀擇出適合我們的第一圓通法門。不過，這是後話，這裡且就略過，等後面經文中講到了，再由 文殊菩薩來說吧！（未完，詳續第九輯講述。）

佛菩提二主要道次第概要表——二道並修，以外無別佛法

佛菩提道——大菩提道

遠波羅蜜多

十信位修集信心——一劫乃至一萬劫

資糧位

初住位修集布施功德（以財施爲主）。
二住位修集持戒功德。
三住位修集忍辱功德。
四住位修集精進功德。
五住位修集禪定功德。
六住位修集般若功德（熏習般若中觀及斷我見，加行位也）。

外門廣修六度萬行

見道位

七住位明心般若正觀現前，親證本來自性清淨涅槃。
八住位起於一切法現觀般若中道。漸除性障。
十住位眼見佛性，世界如幻觀成就。

一至十行位，於廣行六度萬行中，依般若中道慧，現觀陰處界猶如陽焰，至第十行滿心位，陽焰觀成就。

一至十迴向位熏習一切種智；修除性障，唯留最後一分思惑不斷。第十迴向滿心位成就菩薩道如夢觀。

內門廣修六度萬行

初地：第十迴向位滿心時，成就道種智一分（八識心王一一親證後，領受五法、三自性、七種第一義、七種性自性、二種無我法）復由勇發十無盡願，成通達位菩薩。復又永伏性障而不具斷，能證慧解脫而不取證，由大願故留惑潤生。此地主修法施波羅蜜多及百法明門。證「猶如鏡像」現觀，故滿初地心。

二地：初地功德滿足以後，再成就道種智一分而入二地；主修戒波羅蜜多及一切種智。滿心位成就「猶如光影」現觀，戒行自然清淨。

解脫道：二乘菩提

← 斷三縛結，成初果解脫

← 薄貪瞋癡，成二果解脫

← 斷五下分結，成三果解脫

入地前的四加行令煩惱障現行悉斷，成四果解脫，留惑潤生。分段生死已斷，煩惱障習氣種子開始斷除，兼斷無始無明上煩惱。

近波羅蜜多

修道位

三地：二地滿心再證道種智一分，故入三地。此地主修忍波羅蜜多及四禪八定、四無量心、五神通。能成就俱解脫果而不取證，留惑潤生。滿心位成就「猶如谷響」現觀及無漏妙定意生身。

四地：由三地再證道種智一分故入四地。主修精進波羅蜜多，於此土及他方世界廣度有緣，無有疲倦。進修一切種智，滿心位成就「如水中月」現觀。

五地：由四地再證道種智一分故入五地。主修禪定波羅蜜多及一切種智，斷除下乘涅槃貪。滿心位成就「變化所成」現觀。

六地：由五地再證道種智一分故入六地。此地主修般若波羅蜜多——依道種智現觀十二因緣一一有支及意生身化身，皆自心眞如變化所現，「非有似有」，成就細相觀，不由加行而自然證得滅盡定，成俱解脫大乘無學。

七地：由六地「非有似有」現觀，再證道種智一分故入七地。此地主修一切種智及方便波羅蜜多，由重觀十二有支一一支中之流轉門及還滅門一切細相，成就方便善巧，念念隨入滅盡定。滿心位證得「如犍闥婆城」現觀。

七地滿心斷除故意保留之最後一分思惑時，煩惱障所攝色、受、想三陰有漏習氣種子全部斷盡。

大波羅蜜多

八地：由七地極細相觀成就故再證道種智一分而入八地。此地主修一切種智及願波羅蜜多。至滿心位純無相觀任運恆起，故於相土自在，滿心位復證「如實覺知諸法相意生身」故。

九地：由八地再證道種智一分故入九地。主修力波羅蜜多及一切種智，成就四無礙，滿心位證得「種類俱生無行作意生身」。

十地：由九地再證道種智一分故入此地。此地主修一切種智——智波羅蜜多。滿心位起大法智雲，及現起大法智雲所含藏種種功德，成受職菩薩。

等覺：由十地道種智成就故入此地。此地應修一切種智，圓滿等覺地無生法忍；於百劫中修集極廣大福德，以之圓滿三十二大人相及無量隨形好。

煩惱障所攝行、識二陰無漏習氣種子任運漸斷，所知障所攝上煩惱任運漸斷。

圓滿波羅蜜多

究竟位

妙覺：示現受生人間已斷盡煩惱障一切習氣種子，並斷盡所知障一切隨眠，永斷變易生死無明，成就大般涅槃，四智圓明。人間捨壽後，報身常住色究竟天利樂十方地上菩薩；以諸化身利樂有情，永無盡期，成就究竟佛道。

斷盡變易生死
成就大般涅槃

圓滿成就究竟佛果

佛子蕭平實 謹製
（二〇〇九、〇二 修訂）
（二〇一二、〇二 增補）

佛教正覺同修會〈修學佛道次第表〉

第一階段

* 以憶佛及拜佛方式修習動中定力。
* 學第一義佛法及禪法知見。
* 無相拜佛功夫成就。
* 具備一念相續功夫—動靜中皆能看話頭。
* 努力培植福德資糧，勤修三福淨業。

第二階段

* 參話頭，參公案。
* 開悟明心，一片悟境。
* 鍛鍊功夫求見佛性。
* 眼見佛性〈餘五根亦如是〉親見世界如幻，成就如幻觀。
* 學習禪門差別智。
* 深入第一義經典。
* 修除性障及隨分修學禪定。
* 修證十行位陽焰觀。

第三階段

* 學一切種智真實正理—楞伽經、解深密經、成唯識論…。
* 參究末後句。
* 解悟末後句。
* 透牢關—親自體驗所悟末後句境界，親見實相，無得無失。
* 救護一切衆生迴向正道。護持了義正法，修證十迴向位如夢觀。
* 發十無盡願，修習百法明門，親證猶如鏡像現觀。
* 修除五蓋，發起禪定。持一切善法戒。親證猶如光影現觀。
* 進修四禪八定、四無量心、五神通。進修大乘種智，求證猶如谷響現觀。

佛教正覺同修會 共修現況 及 招生公告　2019/02/18

一、共修現況：（請在共修時間來電，以免無人接聽。）

台北正覺講堂 103 台北市承德路三段 277 號九樓 捷運淡水線圓山站旁
Tel..**總機** 02-25957295（晚上）（**分機：九樓**辦公室 10、11；知客櫃檯 12、13。 **十樓**知客櫃檯 15、16；書局櫃檯 14。 **五樓**辦公室 18；知客櫃檯 19。**二樓**辦公室 20；知客櫃檯 21。）
Fax..25954493

第一講堂　台北市承德路三段 277 號九樓

禪淨班：週一晚班、週三晚班、週四晚班、週五晚班、週六下午班、週六上午班（共修期間二年半，全程免費。皆須報名建立學籍後始可參加共修，欲報名者詳見本公告末頁。）

進階班：週一晚班、週三晚班、週四晚班、週五晚班（禪淨班結業後轉入共修）。

增上班：瑜伽師地論詳解：每月單數週之週末 17.50～20.50。平實導師講解，2003 年 2 月開講至今，預計 2019 年圓滿，僅限已明心之會員參加。

禪門差別智：每月第一週日全天　平實導師主講（事冗暫停）。

不退轉法輪經詳解　本經所說妙法極爲甚深難解，時至末法，已然無有知者；而其甚深絕妙之法，流傳至今依舊多人可證，顯示佛法眞是義學而非玄談，其中甚深極妙令人拍案稱絕之第一義諦妙義。已於 2019 年元月底開講，由平實導師詳解。每逢周二晚上開講，第一至第六講堂都可同時聽聞，歡迎菩薩種性學人，攜眷共同參與此殊勝法會現場聞法，不限制聽講資格。本會學員憑上課證進入第一至第四講堂聽講，會外學人請以身分證件換證進入聽講（此爲大樓管理處安全管理規定之要求，敬請諒解）；第五及第六講堂（B1、B2）對外開放，不需出示任何證件，請由大樓側門直接進入。

第二講堂　台北市承德路三段 267 號十樓。

禪淨班：週一晚上班。

進階班：週三晚班、週四晚班、週五晚班、週六下午班。禪淨班結業後轉入共修。

不退轉法輪經詳解：平實導師講解。每週二 18.50~20.50 影像音聲即時傳輸

第三講堂　台北市承德路三段 277 號五樓。

禪淨班：週六下午班。

進階班：週一晚班、週三晚班、週四晚班、週五晚班。

不退轉法輪經詳解：平實導師講解。每週二 18.50~20.50 影像音聲即時傳輸

第四講堂　台北市承德路三段 267 號二樓。

進階班：週一晚上班、週三晚上班、週四晚上班（禪淨班結業後轉入共修）。

不退轉法輪經詳解：平實導師講解。每週二 18.50~20.50 影像音聲即時傳輸

第五、第六講堂

念佛班　每週日晚上，第六講堂共修（B2），一切求生極樂世界的三寶弟子皆可參加，不限制共修資格。

進階班：週一晚班、週三晚班、週四晚班。

不退轉法輪經詳解：平實導師講解。每週二 18.50~20.50 影像音聲即時傳輸。第五、第六講堂爲**開放式講堂**，不需以身分證件換證即可進入聽講，台北市承德路三段 267 號地下一樓、地下二樓。每逢週二晚上講經時段開放給會外人士自由聽經，請由大樓側面梯階逕行進入聽講。**聽講者請尊重講者的著作權及肖像權，請勿錄音錄影，以免違法；若有錄音錄影被查獲者，將依法處理。**

正覺祖師堂　大溪區美華里信義路 650 巷坑底 5 之 6 號（台 3 號省道 34 公里處　妙法寺對面斜坡道進入）電話 03-3886110　傳眞 03-3881692 本堂供奉 克勤圓悟大師，專供會員每年四月、十月各三次精進禪三共修，兼作本會出家菩薩掛單常住之用。除禪三時間以外，公元 2018 年前每逢單月第一週之週日 9:00~17:00 開放會內、外人士參訪，當天並提供午齋結緣，自公元 2019 年後開放參訪日期請參見本會公告。教內共修團體或道場，得另申請其餘時間作團體參訪，務請事先與常住確定日期，以便安排常住菩薩接引導覽，亦免妨礙常住菩薩之日常作息及修行。

桃園正覺講堂（第一、第二講堂）：桃園市介壽路 286、288 號 10 樓（陽明運動公園對面）電話：03-3749363（請於共修時聯繫，或與台北聯繫）

禪淨班：週一晚上班（1）、週一晚上班（2）、週三晚上班、週四晚上班、週五晚上班。

進階班：週四晚班、週五晚班、週六上午班。

增上班：雙週六晚上班（增上重播班）。

不退轉法輪經詳解：平實導師講解。每週二晚上，以台北正覺講堂所錄 DVD 放映；歡迎會外學人共同聽講，不需出示身分證件。

新竹正覺講堂　新竹市東光路 55 號二樓之一　電話 03-5724297（晚上）

第一講堂：

禪淨班：週一晚上班、週五晚上班、週六上午班。

進階班：週三晚上班、週四晚上班（由禪淨班結業後轉入共修）。

增上班：單週六晚上班。雙週六晚上班（重播班）。

不退轉法輪經詳解：平實導師講解。每週二晚上，以台北正覺講堂所錄 DVD 放映。歡迎會外學人共同聽講，不需出示身分證件。

第二講堂：

禪淨班：週三晚上班、週四晚上班。

不退轉法輪經詳解：每週二晚上與第一講堂同步播放講經 DVD。

第三、第四講堂：裝修完畢，即將開放。

台中正覺講堂 04-23816090（晚上）

第一講堂 台中市南屯區五權西路二段 666 號 13 樓之四（國泰世華銀行樓上。鄰近縣市經第一高速公路前來者，由五權西路交流道可以快速到達，大樓旁有停車場，對面有素食館）。

禪淨班：週三晚上班、週四晚上班。

進階班：週一晚上班、週六上午班（由禪淨班結業後轉入共修）。

增上班：增上班：單週六晚上班。雙週六晚上班（重播班）。

不退轉法輪經詳解：平實導師講解。每週二晚上，以台北正覺講堂所錄 DVD 放映。歡迎會外學人共同聽講，不需出示身分證件。

第二講堂 台中市南屯區五權西路二段 666 號 4 樓

禪淨班：週一晚上班、週三晚上班、週六上午班。

進階班：週五晚上班（由禪淨班結業後轉入共修）。

不退轉法輪經詳解：每週二晚上與第一講堂同步播放講經 DVD。

第三講堂、第四講堂：台中市南屯區五權西路二段 666 號 4 樓。

嘉義正覺講堂 嘉義市友愛路 288 號八樓之一 電話：05-2318228

第一講堂：

禪淨班：週一晚上班、週四晚上班、週五晚上班、週六上午班。

進階班：週三晚上班（由禪淨班結業後轉入共修）。

增上班：單週六晚上班。雙週六晚上班（重播班）。

不退轉法輪經詳解：平實導師講解。每週二晚上，以台北正覺講堂所錄 DVD 放映。歡迎會外學人共同聽講，不需出示身分證件。

第二講堂 嘉義市友愛路 288 號八樓之二。

台南正覺講堂

第一講堂 台南市西門路四段 15 號 4 樓。06-2820541（晚上）

禪淨班：週一晚上班、週三晚上班、週四晚上班、週五晚上班、週六下午班。

增上班：增上班：單週六晚上班。雙週六晚上班（重播班）。

不退轉法輪經詳解：平實導師講解。每週二晚上，以台北正覺講堂所錄 DVD 放映。歡迎會外學人共同聽講，不需出示身分證件。

第二講堂 台南市西門路四段 15 號 3 樓。

不退轉法輪經詳解：每週二晚上與第一講堂同步播放講經 DVD。

第三講堂 台南市西門路四段 15 號 3 樓。

進階班：週三晚上班、週四晚上班、週六上午班（由禪淨班結業後轉入共修）。

不退轉法輪經詳解：每週二晚上與第一講堂同步播放講經 DVD。

高雄正覺講堂　高雄市新興區中正三路 45 號五樓 07-2234248（晚上）

第一講堂（五樓）：

禪淨班：週一晚班、週三晚班、週四晚班、週五晚班、週六上午班。

增上班：單週週末下午，以台北增上班課程錄成 DVD 放映之，限已明心之會員參加。

不退轉法輪經詳解：平實導師講解。每週二晚上，以台北正覺講堂所錄 DVD 放映。歡迎會外學人共同聽講，不需出示身分證件。

第二講堂（四樓）：

進階班：週三晚上班、週四晚上班、週六上午班（由禪淨班結業後轉入共修）。

不退轉法輪經詳解：每週二晚上與第一講堂同步播放講經 DVD。

第三講堂（三樓）：

進階班：週四晚班（由禪淨班結業後轉入共修）。

香港正覺講堂　**☆已遷移新址☆**

九龍觀塘，成業街 10 號，電訊一代廣場 27 樓 E 室。

（觀塘地鐵站 B1 出口，步行約 4 分鐘）。電話：(852) 23262231

英文地址：Unit E，27th Floor, TG Place, 10 Shing Yip Street, Kwun Tong, Kowloon

禪淨班：雙週六下午班 14:30-17:30，已經額滿。
雙週日下午班 14:30-17:30。
單週六下午班 14:30-17:30，已經額滿。

進階班：雙週五晚上班（由禪淨班結業後轉入共修）。

增上班：單週週末上午，以台北增上班課程錄成 DVD 放映之。

增上重播班：雙週週末上午，以台北增上班課程錄成 DVD 放映之。

不退轉法輪經詳解：平實導師講解。雙週六 19:00-21:00，以台北正覺講堂所錄 DVD 放映；歡迎會外學人共同聽講，不需出示身分證件。

美國洛杉磯正覺講堂　**☆已遷移新址☆**

825 S. Lemon Ave Diamond Bar, CA 91789 U.S.A.

Tel. (909) 595-5222（請於週六 9:00~18:00 之間聯繫）

Cell. (626) 454-0607

禪淨班：每逢週末 15：30~17：30 上課。

進階班：每逢週末上午 10：00~12：00 上課。

不退轉法輪經詳解：平實導師講解。每週六下午 13：00~15：00 以台北所錄 DVD 放映。歡迎各界人士共享第一義諦無上法益，不需報名。

二、招生公告 本會台北講堂及全省各講堂、香港講堂，每逢**四月、十月**下旬開新班，每週共修一次（每次二小時。開課日起三個月內仍可插班）；但美國洛杉磯共修處之禪淨班得隨時插班共修。各班共修期間皆爲二年半，全程免費，欲參加者請向本會函索報名表（各共修處皆於共修時間方有人執事，非共修時間請勿電詢或前來洽詢、請書），或直接從本會官方網站(http://www.enlighten.org.tw/newsflash/class)或成佛之道網站下載報名表。共修期滿時，若經報名禪三審核通過者，可參加四天三夜之禪三精進共修，有機會明心、取證如來藏，發起般若實相智慧，成爲實義菩薩，脫離凡夫菩薩位。

三、新春禮佛祈福 農曆**年假**期間停止共修：自農曆新年前七天起停止共修與弘法，正月 8 日起回復共修、弘法事務。新春期間正月初一～初七 9.00～17.00 開放台北講堂、正月初一~初三開放桃園、新竹、台中、嘉義、台南、高雄講堂，以及大溪禪三道場（正覺祖師堂），方便會員供佛、祈福及會外人士請書。美國洛杉磯共修處之休假時間，請逕詢該共修處。

密宗四大派修雙身法，是外道性力派的邪法；又以生滅的識陰作為常住法，是常見外道，是假的藏傳佛教。

西藏覺囊巴以他空見弘揚第八識如來藏勝法，才是真藏傳佛教

佛教正覺同修會　弘法行事表

2019/02/18

1、**禪淨班**　以無相念佛及拜佛方式修習動中定力，實證一心不亂功夫。傳授解脫道正理及第一義諦佛法，以及參禪知見。共修期間：二年六個月。每逢四月、十月開新班，詳見招生公告表。

2、**進階班**　禪淨班畢業後得轉入此班，進修更深入的佛法，期能證悟明心。各地講堂各有多班，繼續深入佛法、增長定力，悟後得轉入增上班修學道種智，期能證得無生法忍。

3、**增上班 瑜伽師地論**詳解　詳解論中所言凡夫地至佛地等 17 師之修證境界與理論，從凡夫地、聲聞地……宣演到諸地所證無生法忍、一切種智之眞實正理。由平實導師開講，每逢一、三、五週之週末晚上開示，僅限已明心之會員參加。2003 年二月開講至今，預定 2019 年講畢。

4、**不退轉法輪經**詳解　本經所說妙法極爲甚深難解，時至末法，已然無有知者；而其甚深絕妙之法，流傳至今依舊多人可證，顯示佛法眞是義學而非玄談，其中甚深極妙令人拍案稱絕之第一義諦妙義。已於 2019 年元月底開講，由平實導師詳解。不限制聽講資格。

5、**精進禪三**　主三和尚：平實導師。於四天三夜中，以克勤圓悟大師及大慧宗杲之禪風，施設機鋒與小參、公案密意之開示，幫助會員剋期取證，親證不生不滅之眞實心——人人本有之如來藏。每年四月、十月各舉辦三個梯次；平實導師主持。僅限本會會員參加禪淨班共修期滿，報名審核通過者，方可參加。並選擇會中定力、慧力、福德三條件皆已具足之已明心會員，給以指引，令得眼見自己無形無相之佛性遍佈山河大地，眞實而無障礙，得以肉眼現觀世界身心悉皆如幻，具足成就如幻觀，圓滿十住菩薩之證境。

6、**阿含經**詳解　選擇重要之阿含部經典，依無餘涅槃之實際而加以詳解，令大眾得以現觀諸法緣起性空，亦復不墮斷滅見中，顯示經中所隱說之涅槃實際—如來藏—確實已於四阿含中隱說；令大眾得以聞後觀行，確實斷除我見乃至我執，證得**見到**眞現觀，乃至**身證**……等眞現觀；已得大乘或二乘見道者，亦可由此聞熏及聞後之觀行，除斷我所之貪著，成就慧解脫果。由平實導師詳解。不限制聽講資格。

7、**解深密經**詳解　重講本經之目的，在於令諸已悟之人明解大乘法道之成佛次第，以及悟後進修一切種智之內涵，確實證知三種自性性，並得據此證解七眞如、十眞如等正理。每逢週二 18.50~20.50 開示，由平實導師詳解。將於《**不退轉法輪經**》講畢後開講。不限制聽講資格。

8、**成唯識論**詳解　詳解一切種智眞實正理，詳細剖析一切種智之微細深妙廣大正理；並加以舉例說明，使已悟之會員深入體驗所證如來藏之微密行相；及證驗見分相分與所生一切法，皆由如來藏—阿賴耶識—直接或展轉而生，因此證知一切法無我，證知無餘涅槃之本際。將於增上班《瑜伽師地論》講畢後，由平實導師重講。僅限已明心之會員參加。

9、**精選如來藏系經典**詳解　精選如來藏系經典一部，詳細解說，以此完全印證會員所悟如來藏之眞實，得入不退轉住。另行擇期詳細解說之，由平實導師講解。僅限已明心之會員參加。

10、**禪門差別智**　藉禪宗公案之微細淆訛難知難解之處，加以宣說及剖析，以增進明心、見性之功德，啓發差別智，建立擇法眼。每月第一週日全天，由平實導師開示，僅限破參明心後，復又眼見佛性者參加（事冗暫停）。

11、**枯木禪**　先講智者大師的《小止觀》，後說《釋禪波羅蜜》，詳解四禪八定之修證理論與實修方法，細述一般學人修定之邪見與岔路，及對禪定證境之誤會，消除枉用功夫、浪費生命之現象。已悟般若者，可以藉此而實修初禪，進入大乘通教及聲聞教的三果心解脫境界，配合應有的大福德及後得無分別智、十無盡願，即可進入初地心中。親教師：平實導師。未來緣熟時將於正覺寺開講。不限制聽講資格。

註：本會例行年假，自 2004 年起，改爲每年農曆新年前七天開始停息弘法事務及共修課程，農曆正月 8 日回復所有共修及弘法事務。新春期間（每日 9.00~17.00）開放台北講堂，方便會員禮佛祈福及會外人士請書。大溪區的正覺祖師堂，開放參訪時間，詳見〈正覺電子報〉或成佛之道網站。本表得因時節因緣需要而隨時修改之，不另作通知。

佛教正覺同修會　贈閱書籍 目錄　2018/10/20

1.**無相念佛**　平實導師著　回郵 36 元
2.**念佛三昧修學次第**　平實導師述著　回郵 52 元
3.**正法眼藏—護法集**　平實導師述著　回郵 76 元
4.**真假開悟簡易辨正法&佛子之省思**　平實導師著　回郵 26 元
5.**生命實相之辨正**　平實導師著　回郵 31 元
6.**如何契入念佛法門**（附：印順法師否定極樂世界）平實導師著　回郵 26 元
7.**平實書箋**—答元覽居士書　平實導師著　回郵 52 元
8.**三乘唯識**—如來藏系經律彙編　平實導師編　回郵 80 元
（精裝本　長 27 ㎝　寬 21 ㎝　高 7.5 ㎝　重 2.8 公斤）
9.**三時繫念全集**—修正本　回郵掛號 52 元（長 26.5 ㎝×寬 19 ㎝）
10.**明心與初地**　平實導師述　回郵 31 元
11.**邪見與佛法**　平實導師述著　回郵 36 元
12.**甘露法雨**　平實導師述　回郵 36 元
13.**我與無我**　平實導師述　回郵 36 元
14.**學佛之心態**—修正錯誤之學佛心態始能與正法相應　孫正德老師著　回郵52元
附錄：平實導師著**《略說八、九識並存…等之過失》**
15.**大乘無我觀**—《悟前與悟後》別說　平實導師述著　回郵 36 元
16.**佛教之危機**—中國台灣地區現代佛教之真相（附錄：公案拈提六則）
平實導師著　回郵 52 元
17.**燈　影**—燈下黑（覆「求教後學」來函等）　平實導師著　回郵 76 元
18.**護法與毀法**—覆上平居士與徐恒志居士網站毀法二文
張正圜老師著　回郵 76 元
19.**淨土聖道**—兼評**選擇本願念佛**　正德老師著　**由正覺同修會購贈**　回郵52元
20.**辨唯識性相**—對「紫蓮心海《辯唯識性相》書中否定阿賴耶識」之回應
正覺同修會 台南共修處法義組 著　回郵 52 元
21.**假如來藏**—對法蓮法師《如來藏與阿賴耶識》書中否定阿賴耶識之回應
正覺同修會 台南共修處法義組 著　回郵 76 元
22.**入不二門**—公案拈提集錦 第一輯（於平實導師公案拈提諸書中選錄約二十則，
合輯為一冊流通之）平實導師著　回郵 52 元
23.**真假邪說**—西藏密宗索達吉喇嘛《破除邪說論》真是邪說
釋正安法師著　上、下冊回郵各 52 元
24.**真假開悟**—真如、如來藏、阿賴耶識間之關係　平實導師述著　回郵 76 元
25.**真假禪和**—辨正釋傳聖之謗法謬說　孫正德老師著　回郵 76 元

26.**眼見佛性**—駁慧廣法師眼見佛性的含義文中謬說
游正光老師著　回郵 52 元
27.**普門自在**—公案拈提集錦 第二輯（於平實導師公案拈提諸書中選錄約二十則，合輯為一冊流通之）平實導師著　回郵 52 元
28.**印順法師的悲哀**—以現代禪的質疑為線索　恒毓博士著　回郵 52 元
29.**識蘊真義**—現觀識蘊內涵、取證初果、親斷三縛結之具體行門。
—依《成唯識論》及《唯識述記》正義，略顯安慧《大乘廣五蘊論》之邪謬
平實導師著　回郵 76 元
30.**正覺電子報** 各期紙版本　免附回郵　每次最多函索三期或三本。
（已無存書之較早各期，不另增印贈閱）
31.**現代人應有的宗教觀**　蔡正禮老師 著　回郵 31 元
32.**遠惑趣道**—正覺電子報般若信箱問答錄　第一輯　回郵 52 元
33.**遠惑趣道**—正覺電子報般若信箱問答錄　第二輯　回郵 52 元
34.**確保您的權益**—器官捐贈應注意自我保護　游正光老師 著　回郵 31 元
35.**正覺教團電視弘法三乘菩提 DVD 光碟（一）**
由正覺教團多位親教師共同講述錄製 DVD 8 片，MP3 一片，共 9 片。有二大講題：一為「三乘菩提之意涵」，二為「學佛的正知見」。內容精闢，深入淺出，精彩絕倫，幫助大眾快速建立三乘法道的正知見，免被外道邪見所誤導。有志修學三乘佛法之學人不可不看。（製作工本費 100 元，回郵 52 元）
36.**正覺教團電視弘法 DVD 專輯（二）**
總有二大講題：一為「三乘菩提之念佛法門」，一為「學佛正知見（第二篇）」，由正覺教團多位親教師輪番講述，內容詳細闡述如何修學念佛法門、實證念佛三昧，以及學佛應具有的正確知見，可以幫助發願往生西方極樂淨土之學人，得以把握往生，更可令學人快速建立三乘法道的正知見，免於被外道邪見所誤導。有志修學三乘佛法之學人不可不看。（一套 17 片，工本費 160 元。回郵 76 元）
37.**喇嘛性世界**—揭開假藏傳佛教譚崔瑜伽的面紗　張善思 等人合著
由正覺同修會購贈　回郵 52 元
38.**假藏傳佛教的神話**—性、謊言、喇嘛教　張正玄教授編著
由正覺同修會購贈　回郵 52 元
39.**隨　緣**—理隨緣與事隨緣　平實導師述　回郵 52 元。
40.**學佛的覺醒**　正枝居士 著　回郵 52 元
41.**導師之真實義**　蔡正禮老師 著　回郵 31 元
42.**淺談達賴喇嘛之雙身法**—兼論解讀「密續」之達文西密碼
吳明芷居士 著　回郵 31 元
43.**魔界轉世**　張正玄居士 著　回郵 31 元
44.**一貫道與開悟**　蔡正禮老師 著　回郵 31 元
45.**博愛**—愛盡天下女人　正覺教育基金會 編印　回郵 36 元

46.**意識虛妄經教彙編**—實證解脫道的關鍵經文　正覺同修會編印　回郵36元

47.**邪箭囈語**—破斥藏密外道多識仁波切《破魔金剛箭雨論》之邪說

陸正元老師著　上、下冊回郵各52元

48.**真假沙門**—依　佛聖教闡釋佛教僧寶之定義

蔡正禮老師著　俟正覺電子報連載後結集出版

49.**真假禪宗**—藉評論釋性廣《印順導師對變質禪法之批判

及對禪宗之肯定》以顯示真假禪宗

附論一：凡夫知見 無助於佛法之信解行證

附論二：世間與出世間一切法皆從如來藏實際而生而顯

余正偉老師著　俟正覺電子報連載後結集出版　回郵未定

★ 上列贈書之郵資，係台灣本島地區郵資，大陸、港、澳地區及外國地區，請另計酌增（大陸、港、澳、國外地區之郵票不許通用）。尚未出版之書，請勿先寄來郵資，以免增加作業煩擾。

★ 本目錄若有變動，唯於後印之書籍及「成佛之道」網站上修正公佈之，不另行個別通知。

函索書籍請寄：佛教正覺同修會　103 台北市承德路 3 段 277 號 9 樓
台灣地區函索書籍者請附寄郵票，無時間購買郵票者可以等值現金抵用，但不接受郵政劃撥、支票、匯票。大陸地區得以人民幣計算，國外地區請以美元計算（請勿寄來當地郵票，在台灣地區不能使用）。欲以掛號寄遞者，請另附掛號郵資。

親自索閱：正覺同修會各共修處。　★請於共修時間前往取書，餘時無人在道場，請勿前往索取；共修時間與地點，詳見書末正覺同修會共修現況表（以近期之共修現況表爲準）。

註：正智出版社發售之局版書，請向各大書局購閱。若書局之書架上已經售出而無陳列者，請向書局櫃台指定洽購；若書局不便代購者，請於正覺同修會共修時間前往各共修處請購，正智出版社已派人於共修時間送書前往各共修處流通。 郵政劃撥購書及 大陸地區 購書，請詳別頁正智出版社發售書籍目錄最後頁之說明。

成佛之道 網站：http://www.a202.idv.tw　正覺同修會已出版之結緣書籍，多已登載於 成佛之道 網站，若住外國、或住處遙遠，不便取得正覺同修會贈閱書籍者，可以從本網站閱讀及下載。　書局版之《宗通與說通》亦已上網，台灣讀者可向書局洽購，售價 300 元。《狂密與眞密》第一輯~第四輯，亦於 2003.5.1.全部於本網站登載完畢；台灣地區讀者請向書局洽購，每輯約 400 頁，售價 300 元（網站下載紙張費用較貴，容易散失，難以保存，亦較不精美）。

＊＊假藏傳佛教修雙身法，非佛教＊＊

正智出版社 籌募弘法基金發售書籍目錄 2019/05/01

1.**宗門正眼**—公案拈提 第一輯 重拈 平實導師著 500 元

因重寫內容大幅度增加故，字體必須改小，並增為 576 頁 主文 546 頁。比初版更精彩、更有內容。初版《禪門摩尼寶聚》之讀者，可寄回本公司免費調換新版書。免附回郵，亦無截止期限。（2007 年起，每冊附贈本公司精製公案拈提〈超意境〉CD 一片。市售價格 280 元，多購多贈。）

2.**禪淨圓融** 平實導師著 200 元（第一版舊書可換新版書。）

3.**真實如來藏** 平實導師著 400 元

4.**禪—悟前與悟後** 平實導師著 上、下冊，每冊 250 元

5.**宗門法眼**—公案拈提 第二輯 平實導師著 500 元
（2007 年起，每冊附贈本公司精製公案拈提〈超意境〉CD 一片）

6.**楞伽經詳解** 平實導師著 全套共 10 輯 每輯 250 元

7.**宗門道眼**—公案拈提 第三輯 平實導師著 500 元
（2007 年起，每冊附贈本公司精製公案拈提〈超意境〉CD 一片）

8.**宗門血脈**—公案拈提 第四輯 平實導師著 500 元
（2007 年起，每冊附贈本公司精製公案拈提〈超意境〉CD 一片）

9.**宗通與說通**—成佛之道 平實導師著 主文 381 頁 全書 400 頁售價 300 元

10.**宗門正道**—公案拈提 第五輯 平實導師著 500 元
（2007 年起，每冊附贈本公司精製公案拈提〈超意境〉CD 一片）

11.**狂密與真密 一～四輯** 平實導師著 西藏密宗是人間最邪淫的宗教，本質不是佛教，只是披著佛教外衣的印度教性力派流毒的喇嘛教。此書中將西藏密宗密傳之男女雙身合修樂空雙運所有祕密與修法，毫無保留完全公開，並將全部喇嘛們所不知道的部分也一併公開。內容比大辣出版社喧騰一時的《西藏慾經》更詳細。並且函蓋藏密的所有祕密及其錯誤的中觀見、如來藏見……等，藏密的所有法義都在書中詳述、分析、辨正。每輯主文三百餘頁 每輯全書約 400 頁 售價每輯 300 元

12.**宗門正義**—公案拈提 第六輯 平實導師著 500 元
（2007 年起，每冊附贈本公司精製公案拈提〈超意境〉CD 一片）

13.**心經密意**—心經與解脫道、佛菩提道、祖師公案之關係與密意 平實導師述 300 元

14.**宗門密意**—公案拈提 第七輯 平實導師著 500 元
（2007 年起，每冊附贈本公司精製公案拈提〈超意境〉CD 一片）

15.**淨土聖道**—兼評「選擇本願念佛」 正德老師著 200 元

16.**起信論講記** 平實導師述著 共六輯 每輯三百餘頁 售價各 250 元

17.**優婆塞戒經講記** 平實導師述著 共八輯 每輯三百餘頁 售價各 250 元

18.**真假活佛**—略論附佛外道盧勝彥之邪說（對前岳靈犀網站主張「盧勝彥是證悟者」之修正） 正犀居士（岳靈犀）著 流通價 140 元

19.**阿含正義**—唯識學探源 平實導師著 共七輯 每輯 300 元

20.**超意境** CD 以平實導師公案拈提書中超越意境之頌詞，加上曲風優美的旋律，錄成令人嚮往的超意境歌曲，其中包括正覺發願文及平實導師親自譜成的黃梅調歌曲一首。詞曲雋永，殊堪翫味，可供學禪者吟詠，有助於見道。內附設計精美的彩色小冊，解說每一首詞的背景本事。每片 280 元。【每購買公案拈提書籍一冊，即贈送一片。】

21.**菩薩底憂鬱** CD 將菩薩情懷及禪宗公案寫成新詞，並製作成超越意境的優美歌曲。 1.主題曲〈菩薩底憂鬱〉，描述地後菩薩能離三界生死而迴向繼續生在人間，但因尚未斷盡習氣種子而有極深沈之憂鬱，非三賢位菩薩及二乘聖者所知，此憂鬱在七地滿心位方才斷盡；本曲之詞中所說義理極深，昔來所未曾見；此曲係以優美的情歌風格寫詞及作曲，聞者得以激發嚮往諸地菩薩境界之大心，詞、曲都非常優美，難得一見；其中勝妙義理之解說，已印在附贈之彩色小冊中。 2.以各輯公案拈提中直示禪門入處之頌文，作成各種不同曲風之超意境歌曲，值得玩味、參究；聆聽公案拈提之優美歌曲時，請同時閱讀內附之印刷精美說明小冊，可以領會超越三界的證悟境界；未悟者可以因此引發求悟之意向及疑情，眞發菩提心而邁向求悟之途，乃至因此眞實悟入般若，成眞菩薩。 3.正覺總持咒新曲，總持佛法大意；總持咒之義理，已加以解說並印在隨附之小冊中。本 CD 共有十首歌曲，長達 63 分鐘。每盒各附贈二張購書優惠券。每片 280 元。

22.**禪意無限** CD 平實導師以公案拈提書中偈頌寫成不同風格曲子，與他人所寫不同風格曲子共同錄製出版，幫助參禪人進入禪門超越意識之境界。盒中附贈彩色印製的精美解說小冊，以供聆聽時閱讀，令參禪人得以發起參禪之疑情，即有機會證悟本來面目而發起實相智慧，實證大乘菩提般若，能如實證知般若經中的眞實意。本 CD 共有十首歌曲，長達 69 分鐘，每盒各附贈二張購書優惠券。每片 280 元。

23.**我的菩提路**第一輯　釋悟圓、釋善藏等人合著　售價 300 元

24.**我的菩提路**第二輯　郭正益、張志成等人合著　售價 300 元

25.**我的菩提路**第三輯　王美伶等人合著　售價 300 元

26.**我的菩提路**第四輯　陳晏平等人合著　售價 300 元

27.**鈍鳥與靈龜**—考證後代凡夫對大慧宗杲禪師的無根誹謗。

平實導師著 共 458 頁 售價 350 元

28.**維摩詰經講記** 平實導師述 共六輯 每輯三百餘頁 售價各 250 元

29.**眞假外道**—破劉東亮、杜大威、釋證嚴常見外道見 正光老師著 200 元

30.**勝鬘經講記**—兼論印順《勝鬘經講記》對於《勝鬘經》之誤解。

平實導師述　共六輯　每輯三百餘頁　售價 250 元

31.**楞嚴經講記** 平實導師述 共 **15** 輯，每輯三百餘頁 售價 300 元

32.**明心與眼見佛性**—駁慧廣〈蕭氏「眼見佛性」與「明心」之非〉文中謬說

正光老師著　共 448 頁　售價 300 元

33.**見性與看話頭** 黃正倖老師 著，本書是禪宗參禪的方法論。
內文 375 頁，全書 416 頁，售價 300 元。
34.**達賴真面目**—玩盡天下女人 白正偉老師 等著 中英對照彩色精裝大本 800 元
35.**喇嘛性世界**—揭開假藏傳佛教譚崔瑜伽的面紗 張善思 等人著 200 元
36.**假藏傳佛教的神話**—性、謊言、喇嘛教 正玄教授編著 200 元
37.**金剛經宗通** 平實導師述 共九輯 每輯售價 250 元。
38.**空行母**—性別、身分定位，以及藏傳佛教。
珍妮・坎貝爾著 呂艾倫 中譯 售價 250 元
39.**末代達賴**—性交教主的悲歌 張善思、呂艾倫、辛燕編著 售價 250 元
40.**霧峰無霧**—給哥哥的信 辨正釋印順對佛法的無量誤解
游宗明 老師著 售價 250 元
41.**第七意識與第八意識？**—穿越時空「超意識」
平實導師述 每冊 300 元
42.**黯淡的達賴**—失去光彩的諾貝爾和平獎
正覺教育基金會編著 每冊 250 元
43.**童女迦葉考**—論呂凱文〈佛教輪迴思想的論述分析〉之謬。
平實導師 著 定價 180 元
44.**人間佛教**—實證者必定不悖三乘菩提
平實導師 述，定價 400 元
45.**實相經宗通** 平實導師述 共八輯 每輯 250 元
46.**真心告訴您(一)**—達賴喇嘛在幹什麼？
正覺教育基金會編著 售價 250 元
47.**中觀金鑑**—詳述應成派中觀的起源與其破法本質
孫正德老師著 分爲上、中、下三冊，每冊 250 元
48.**藏傳佛教要義**—《狂密與真密》之簡體字版 平實導師 著 上、下冊
僅在大陸流通 每冊 300 元
49.**法華經講義** 平實導師述 共二十五輯 每輯 300 元
50.**西藏「活佛轉世」制度**—附佛、造神、世俗法
許正豐、張正玄老師合著 定價 150 元
51.**廣論三部曲** 郭正益老師著 定價 150 元
52.**真心告訴您(二)**—達賴喇嘛是佛教僧侶嗎？
—補祝達賴喇嘛八十大壽
正覺教育基金會編著 售價 300 元
53.**次法**—實證佛法前應有的條件
張善思居士著 分爲上、下二冊，每冊 250 元
54.**涅槃**—解說四種涅槃之實證及內涵 平實導師著 上、下冊 各 350 元
55.**山法**—西藏關於他空與佛藏之根本論
篤補巴・喜饒堅贊著 傑弗里・霍普金斯英譯
張火慶教授、張志成、呂艾倫等中譯 精裝大本 1200 元

56.**假鋒虛焰金剛乘**—揭示顯密正理，兼破索達吉師徒《般若鋒兮金剛焰》
釋正安法師著 簡體字版 即將出版 售價未定
57.**廣論之平議**—宗喀巴《菩提道次第廣論》之平議 正雄居士著
約二或三輯 俟正覺電子報連載後結集出版 書價未定
58.**救護佛子向正道**—對印順法師中心思想之綜合判攝
游宗明老師著 書價未定
59.**菩薩學處**—菩薩四攝六度之要義 陸正元老師著 出版日期未定。
60.**八識規矩頌**詳解 ○○居士 註解 出版日期另訂 書價未定。
61.**印度佛教史**—法義與考證。依法義史實評論印順《印度佛教思想史、佛教史地考論》之謬說 正偉老師著 出版日期未定 書價未定
62.**中國佛教史**—依中國佛教正法史實而論。 ○○老師 著 書價未定。
63.**中論正義**—釋龍樹菩薩《中論》頌正理。
孫正德老師著 出版日期未定 書價未定
64.**中觀正義**—註解平實導師《中論正義頌》。
○○法師（居士）著 出版日期未定 書價未定
65.**佛藏經講記** 平實導師述 將於 2019 年 7 月 31 日出版 共 21 輯，每二個月出版一輯，每輯 300 元。
66.**阿含經講記**—將選錄四阿含中數部重要經典全經講解之，講後整理出版。
平實導師述 約二輯 每輯 300 元 出版日期未定
67.**實積經講記** 平實導師述 每輯三百餘頁 優惠價 300 元 出版日期未定
68.**解深密經講記** 平實導師述 約四輯 將於重講後整理出版
69.**成唯識論略解** 平實導師著 五～六輯 每輯 300 元 出版日期未定
70.**修習止觀坐禪法要講記** 平實導師述 每輯三百餘頁
將於正覺寺建成後重講、以講記逐輯出版 出版日期未定
71.**無門關**—《無門關》公案拈提 平實導師著 出版日期未定
72.**中觀再論**—兼述印順《中觀今論》謬誤之平議。 正光老師著 出版日期未定
73.**輪迴與超度**—佛教超度法會之真義。
○○法師（居士）著 出版日期未定 書價未定
74.**《釋摩訶衍論》平議**—對偽稱龍樹所造《釋摩訶衍論》之平議
○○法師（居士）著 出版日期未定 書價未定
75.**正覺發願文**註解—以真實大願為因 得證菩提
正德老師著 出版日期未定 書價未定
76.**正覺總持咒**—佛法之總持 正圜老師著 出版日期未定 書價未定
77.**三自性**—依四食、五蘊、十二因緣、十八界法，說三性三無性。
作者未定 出版日期未定
78.**道品**—從三自性說大小乘三十七道品 作者未定 出版日期未定
79.**大乘緣起觀**—依四聖諦七真如現觀十二緣起 作者未定 出版日期未定
80.**三德**—論解脫德、法身德、般若德。 作者未定 出版日期未定
81.**真假如來藏**—對印順《如來藏之研究》謬說之平議 作者未定 出版日期未定
82.**大乘道次第** 作者未定 出版日期未定 書價未定

83.**四緣**—依如來藏故有四緣。　作者未定　出版日期未定
84.**空之探究**—印順《空之探究》謬誤之平議　作者未定 出版日期未定
85.**十法義**—論阿含經中十法之正義　作者未定　出版日期未定
86.**外道見**—論述外道六十二見　作者未定　出版日期未定

正智出版社有限公司書籍介紹

禪淨圓融：言淨土諸祖所未曾言，示諸宗祖師所未曾示；禪淨圓融，另闢成佛捷徑，兼顧自力他力，闡釋淨土門之速行易行道，亦同時揭櫫聖教門之速行易行道；令廣大淨土行者得免緩行難證之苦，亦令聖道門行者得以藉著淨土速行道而加快成佛之時劫。乃前無古人之超勝見地，非一般弘揚禪淨法門典籍也，先讀爲快。平實導師著 200元。

宗門正眼——公案拈提第一輯：繼承克勤圜悟大師碧巖錄宗旨之禪門鉅作。先則舉示當代大法師之邪說，消弭當代禪門大師鄉愿之心態，摧破當今禪門「世俗禪」之妄談；次則旁通教法，表顯宗門正理；繼以道之次第，消弭古今狂禪；後藉言語及文字機鋒，直示宗門入處。悲智雙運，禪味十足，數百年來難得一睹之禪門鉅著也。平實導師著　500元（原初版書《禪門摩尼寶聚》，改版後補充爲五百餘頁新書，總計多達二十四萬字，內容更精彩，並改名爲《宗門正眼》，讀者原購初版《禪門摩尼寶聚》皆可寄回本公司免費換新，免附回郵，亦無截止期限）（2007年起，凡購買公案拈提第一輯至第七輯，每購一輯皆贈送本公司精製公案拈提〈超意境〉CD一片，市售價格280元，多購多贈）。

禪—悟前與悟後：本書能建立學人悟道之信心與正確知見，圓滿具足而有次第地詳述禪悟之功夫與禪悟之內容，指陳參禪中細微淆訛之處，能使學人明自眞心、見自本性。若未能悟入，亦能以正確知見辨別古今中外一切大師究係眞悟？或屬錯悟？便有能力揀擇，捨名師而選明師，後時必有悟道之緣。一旦悟道，遲者七次人天往返，便出三界，速者一生取辦。學人欲求開悟者，不可不讀。平實導師著。上、下冊共500元，單冊250元。

眞實如來藏：如來藏眞實存在，乃宇宙萬有之本體，並非印順法師、達賴喇嘛等人所說之「唯有名相、無此心體」。如來藏是涅槃之本際，是一切有智之人竭盡心智、不斷探索而不能得之生命實相；是古今中外許多大師自以爲悟而當面錯過之生命實相。如來藏即是阿賴耶識，乃是一切有情本自具足、不生不滅之眞實心。當代中外大師於此書出版之前所未能言者，作者於本書中盡情流露、詳細闡釋。眞悟者讀之，必能增益悟境、智慧增上；錯悟者讀之，必能檢討自己之錯誤，免犯大妄語業；未悟者讀之，能知參禪之理路，亦能以之檢查一切名師是否眞悟。此書是一切哲學家、宗教家、學佛者及欲昇華心智之人必讀之鉅著。　平實導師著　售價400元。

宗門法眼—**公案拈提**第二輯：列舉實例，闡釋土城廣欽老和尚之悟處；並直示這位不識字的老和尚妙智橫生之根由，繼而剖析禪宗歷代大德之開悟公案，解析當代密宗高僧卡盧仁波切之錯悟證據，並例舉當代顯宗高僧、大居士之錯悟證據（凡健在者，爲免影響其名聞利養，皆隱其名）。藉辨正當代名師之邪見，向廣大佛子指陳禪悟之正道，彰顯宗門法眼。悲勇兼出，強捋虎鬚；慈智雙運，巧探驪龍；摩尼寶珠在手，直示宗門入處，禪味十足；若非大悟徹底，不能爲之。禪門精奇人物，允宜人手一冊，供作參究及悟後印證之圭臬。本書於2008年4月改版，增寫為大約500頁篇幅，以利學人研讀參究時更易悟入宗門正法，以前所購初版首刷及初版二刷舊書，皆可免費換取新書。平實導師著 500元（2007年起，凡購買公案拈提第一輯至第七輯，每購一輯皆贈送本公司精製公案拈提〈超意境〉CD一片，市售價格280元，多購多贈）。

宗門道眼—**公案拈提**第三輯：繼宗門法眼之後，再以金剛之作略、慈悲之胸懷、犀利之筆觸，舉示寒山、拾得、布袋三大士之悟處，消弭當代錯悟者對於寒山大士……等之誤會及誹謗。 亦舉出民初以來與虛雲和尚齊名之蜀郡鹽亭袁煥仙夫子——南懷瑾老師之師，其「悟處」何在？並蒐羅許多眞悟祖師之證悟公案，顯示禪宗歷代祖師之睿智，指陳部分祖師、奧修及當代顯密大師之謬悟，作爲殷鑑，幫助禪子建立及修正參禪之方向及知見。假使讀者閱此書已，一時尚未能悟，亦可一面加功用行，一面以此宗門道眼辨別眞假善知識，避開錯誤之印證及歧路，可免大妄語業之長劫慘痛果報。欲修禪宗之禪者，務請細讀。平實導師著 售價500元（2007年起，凡購買公案拈提第一輯至第七輯，每購一輯皆贈送本公司精製公案拈提〈超意境〉CD一片，市售價格280元，多購多贈）。

楞伽經詳解：本經是禪宗見道者印證所悟眞僞之根本經典，亦是禪宗見道者悟後起修之依據經典；故達摩祖師於印證二祖慧可大師之後，將此經典連同佛鉢祖衣一併交付二祖，令其依此經典佛示金言、進入修道位，修學一切種智。由此可知此經對於眞悟之人修學佛道，是非常重要之一部經典。此經能破外道邪說，亦破佛門中錯悟名師之謬說，亦破禪宗部分祖師之狂禪：不讀經典、一向主張「一悟即成究竟佛」之謬執。並開示愚夫所行禪、觀察義禪、攀緣如禪、如來禪等差別，令行者對於三乘禪法差異有所分辨；亦糾正禪宗祖師古來對於如來禪之誤解，嗣後可免以訛傳訛之弊。此經亦是法相唯識宗之根本經典，禪者悟後欲修一切種智而入初地者，必須詳讀。 平實導師著，全套共十輯，已全部出版完畢，每輯主文約320頁，每冊約352頁，定價250元。

宗門血脈—**公案拈提**第**四**輯：末法怪象—許多修行人自以爲悟，每將無念靈知認作眞實；崇尚二乘法諸師及其徒眾，則將外於如來藏之緣起性空—無因論之無常空、斷滅空、一切法空—錯認爲 佛所說之般若空性。這兩種現象已於當今海峽兩岸及美加地區顯密大師之中普遍存在；人人自以爲悟，心高氣壯，便敢寫書解釋祖師證悟之公案，大多出於意識思惟所得，言不及義，錯誤百出，因此誤導廣大佛子同陷大妄語之地獄業中而不能自知。彼等書中所說之悟處，其實處處違背第一義經典之聖言量。彼等諸人不論是否身披袈裟，都非佛法宗門血脈，或雖有禪宗法脈之傳承，亦只徒具形式；猶如螟蛉，非眞血脈，未悟得根本眞實故。禪子欲知佛、祖之眞血脈者，請讀此書，便知分曉。平實導師著，主文452頁，全書464頁，定價500元（2007年起，凡購買公案拈提第一輯至第七輯，每購一輯皆贈送本公司精製公案拈提〈超意境〉CD一片，市售價格280元，多購多贈）。

宗通與說通：古今中外，錯誤之人如麻似粟，每以常見外道所說之靈知心，認作眞心；或妄想虛空之勝性能量爲眞如，或錯認物質四大元素藉冥性（靈知心本體）能成就吾人色身及知覺，或認初禪至四禪中之了知心爲不生不滅之涅槃心。此等皆非通宗者之見地。復有錯悟之人一向主張「宗門與教門不相干」，此即尚未通達宗門之人也。其實宗門與教門互通不二，宗門所證者乃是眞如與佛性，教門所說者乃說宗門證悟之眞如佛性，故教門與宗門不二。本書作者以宗教二門互通之見地，細說「宗通與說通」，從初見道至悟後起修之道、細說分明；並將諸宗諸派在整體佛教中之地位與次第，加以明確之教判，學人讀之即可了知佛法之梗概也。欲擇明師學法之前，允宜先讀。平實導師著，主文共381頁，全書392頁，只售成本價300元。

宗門正道—**公案拈提**第五輯：修學大乘佛法有二果須證—解脫果及大菩提果。二乘人不證大菩提果，唯證解脫果；此果之智慧，名爲聲聞菩提、緣覺菩提。大乘佛子所證二果之菩提果爲佛菩提，故名大菩提果，其慧名爲一切種智—函蓋二乘解脫果。然此大乘二果修證，須經由禪宗之宗門證悟方能相應。而宗門證悟極難，自古已然；其所以難者，咎在古今佛教界普遍存在三種邪見：1.以修定認作佛法，2.以無因論之緣起性空—否定涅槃本際如來藏以後之一切法空作爲佛法，3.以常見外道邪見（離語言妄念之靈知性）作爲佛法。如是邪見，或因自身正見未立所致，或因邪師之邪教導所致，或因無始劫來虛妄熏習所致。若不破除此三種邪見，永劫不悟宗門眞義、不入大乘正道，唯能外門廣修菩薩行。平實導師於此書中，有極爲詳細之說明，有志佛子欲摧邪見、入於內門修菩薩行者，當閱此書。主文共496頁，全書512頁。售價500元（2007年起，凡購買公案拈提第一輯至第七輯，每購一輯皆贈送本公司精製公案拈提〈超意境〉CD一片，市售價格280元，多購多贈）。

狂密與真密：密教之修學，皆由有相之觀行法門而入，其最終目標仍不離顯教經典所說第一義諦之修證；若離顯教第一義經典、或違背顯教第一義經典，即非佛教。西藏密教之觀行法，如灌頂、觀想、遷識法、寶瓶氣、大聖歡喜雙身修法、喜金剛、無上瑜伽、大樂光明、樂空雙運等，皆是印度教兩性生生不息思想之轉化，自始至終皆以如何能運用交合淫樂之法達到全身受樂爲其中心思想，純屬欲界五欲的貪愛，不能令人超出欲界輪迴，更不能令人斷除我見；何況大乘之明心與見性，更無論矣！故密宗之法絕非佛法也。而其明光大手印、大圓滿法教，又皆同以常見外道所說離語言妄念之無念靈知心錯認爲佛地之眞如，不能直指不生不滅之眞如。西藏密宗所有法王與徒眾，都尙未開頂門眼，不能辨別眞僞，以依人不依法、依密續不依經典故，不肯將其上師喇嘛所說對照第一義經典，純依密續之藏密祖師所說爲準，因此而誇大其證德與證量，動輒謂彼祖師上師爲究竟佛、爲地上菩薩；如今台海兩岸亦有自謂其師證量高於 釋迦文佛者，然觀其師所述，猶未見道，仍在觀行即佛階段，尙未到禪宗相似即佛、分證即佛階位，竟敢標榜爲究竟佛及地上法王，誑惑初機學人。凡此怪象皆是狂密，不同於眞密之修行者。近年狂密盛行，密宗行者被誤導者極眾，動輒自謂已證佛地眞如，自視爲究竟佛，陷於大妄語業中而不知自省，反謗顯宗眞修實證者之證量粗淺；或如義雲高與釋性圓…等人，於報紙上公然誹謗眞實證道者爲「騙子、無道人、人妖、癩蛤蟆…」等，造下誹謗大乘勝義僧之大惡業；或以外道法中有爲有作之甘露、魔術……等法，誑騙初機學人，狂言彼外道法爲眞佛法。如是怪象，在西藏密宗及附藏密之外道中，不一而足，舉之不盡，學人宜應愼思明辨，以免上當後又犯毀破菩薩戒之重罪。密宗學人若欲遠離邪知邪見者，請閱此書，即能了知密宗之邪謬，從此遠離邪見與邪修，轉入眞正之佛道。

平實導師著 共四輯 每輯約400頁（主文約340頁）每輯售價300元。

宗門正義—公案拈提第六輯：佛教有六大危機，乃是藏密化、世俗化、膚淺化、學術化、宗門密意失傳、悟後進修諸地之次第混淆；其中尤以宗門密意之失傳，爲當代佛教最大之危機。由宗門密意失傳故，易令世尊本懷普被錯解，易令世尊正法被轉易爲外道法，以及加以淺化、世俗化，是故宗門密意之廣泛弘傳與具緣佛弟子，極爲重要。然而欲令宗門密意之廣泛弘傳予具緣之佛弟子者，必須同時配合錯誤知見之解析、普令佛弟子知之，然後輔以公案解析之直示入處，方能令具緣之佛弟子悟入。而此二者，皆須以公案拈提之方式爲之，方易成其功、竟其業，是故平實導師續作宗門正義一書，以利學人。全書500餘頁，售價500元（2007年起，凡購買公案拈提第一輯至第七輯，每購一輯皆贈送本公司精製公案拈提〈超意境〉CD一片，市售價格280元，多購多贈）。

心經密意—心經與解脫道、佛菩提道、祖師公案之關係與密意。二乘菩提所證之解脫道，實依第八識心之斷除煩惱障現行而立解脫之名；大乘菩提所證之佛菩提道，實依親證第八識如來藏之涅槃性、清淨自性、及其中道性而立般若之名；禪宗祖師公案所證之眞心，即是此第八識如來藏；是故三乘佛法所修所證之三乘菩提，皆依此如來藏心而立名也。此第八識心，即是《心經》所說之心也。證得此如來藏已，即能漸入大乘佛菩提道，亦可因證知此心而了知二乘無學所不能知之無餘涅槃本際，是故《心經》之密意，與三乘佛菩提之關係極爲密切、不可分割，三乘佛法皆依此心而立名故。今者平實導師以其所證解脫道之無生智及佛菩提之般若種智，將《心經》與解脫道、佛菩提道、祖師公案之關係與密意，以演講之方式，用淺顯之語句和盤托出，發前人所未言，呈三乘菩提之眞義，令人藉此《心經密意》一舉而窺三乘菩提之堂奧，迥異諸方言不及義之說；欲求眞實佛智者、不可不讀！主文317頁，連同跋文及序文…等共384頁，售價300元。

宗門密意——公案拈提第七輯：佛教之世俗化，將導致學人以信仰作爲學佛，則將以感應及世間法之庇祐，作爲學佛之主要目標，不能了知學佛之主要目標爲親證三乘菩提。大乘菩提則以般若實相智慧爲主要修習目標，以二乘菩提解脫道爲附帶修習之標的；是故學習大乘法者，應以禪宗之證悟爲要務，能親入大乘菩提之實相般若智慧中故，般若實相智慧非二乘聖人所能知故。此書則以台灣世俗化佛教之三大法師，說法似是而非之實例，配合眞悟祖師之公案解析，提示證悟般若之關節，令學人易得悟入。平實導師著，全書五百餘頁，售價500元（2007年起，凡購買公案拈提第一輯至第七輯，每購一輯皆贈送本公司精製公案拈提〈超意境〉CD一片，市售價格280元，多購多贈）。

淨土聖道——兼評日本本願念佛：佛法甚深極廣，般若玄微，非諸二乘聖僧所能知之，一切凡夫更無論矣！所謂一切證量皆歸淨土是也！是故大乘法中「聖道之淨土、淨土之聖道」，其義甚深，難可了知；乃至眞悟之人，初心亦難知也。今有正德老師眞實證悟後，復能深探淨土與聖道之緊密關係，憐憫眾生之誤會淨土實義，亦欲利益廣大淨土行人同入聖道，同獲淨土中之聖道門要義，乃振奮心神、書以成文，今得刊行天下。主文279頁，連同序文等共301頁，總有十一萬六千餘字，正德老師著，成本價200元。

起信論講記：詳解大乘起信論**心生滅門**與**心眞如門**之眞實意旨，消除以往大師與學人對起信論所說**心生滅門**之誤解，由是而得了知眞心如來藏之非常非斷中道正理；亦因此一講解，令此論以往隱晦而被誤解之眞實義，得以如實顯示，令大乘佛菩提道之正理得以顯揚光大；初機學者亦可藉此正論所顯示之法義，對大乘法理生起正信，從此得以眞發菩提心，眞入大乘法中修學，世世常修菩薩正行。平實導師演述，共六輯，都已出版，每輯三百餘頁，售價各250元。

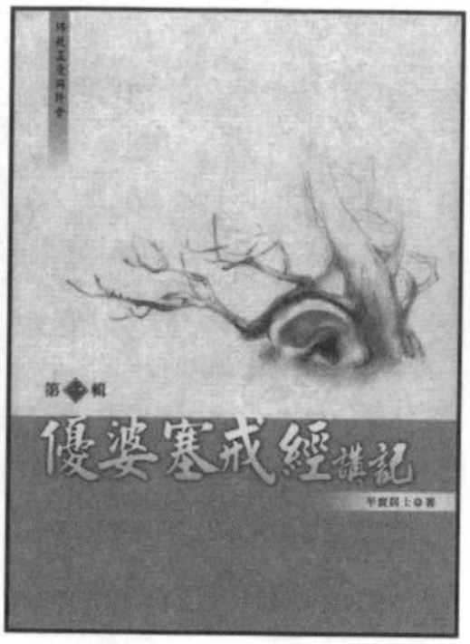

優婆塞戒經講記：本經詳述在家菩薩修學大乘佛法，應如何受持菩薩戒？對人間善行應如何看待？對三寶應如何護持？應如何正確地修集此世後世證法之福德？應如何修集後世「行菩薩道之資糧」？並詳述第一義諦之正義：五蘊非我非異我、自作自受、異作異受、不作不受……等深妙法義，乃是修學大乘佛法、行菩薩行之在家菩薩所應當了知者。出家菩薩今世或未來世登地已，捨報之後多數將如華嚴經中諸大菩薩，以在家菩薩身而修行菩薩行，故亦應以此經所述正理而修之，配合《楞伽經、解深密經、楞嚴經、華嚴經》等道次第正理，方得漸次成就佛道；故此經是一切大乘行者皆應證知之正法。平實導師講述，每輯三百餘頁，售價各250元；共八輯，已全部出版。

真假活佛—略論附佛外道盧勝彥之邪說：人人身中都有眞活佛，永生不滅而有大神用，但眾生都不了知，所以常被身外的西藏密宗假活佛籠罩欺瞞。本來就眞實存在的眞活佛，才是眞正的密宗無上密！諾那活佛因此而說禪宗是大密宗，但藏密的所有活佛都不知道、也不曾實證自身中的眞活佛。本書詳實宣示眞活佛的道理，舉證盧勝彥的「佛法」不是眞佛法，也顯示盧勝彥是假活佛，直接的闡釋第一義佛法見道的眞實正理。眞佛宗的所有上師與學人們，都應該詳細閱讀，包括盧勝彥個人在內。正犀居士著，優惠價140元。

阿含正義—唯識學探源：廣說四大部《阿含經》諸經中隱說之眞正義理，一一舉示佛陀本懷，令阿含時期初轉法輪根本經典之眞義，如實顯現於佛子眼前。並提示末法大師對於阿含眞義誤解之實例，一一比對之，證實唯識增上慧學確於原始佛法之阿含諸經中已隱覆密意而略說之，證實 世尊確於原始佛法中已曾密意而說第八識如來藏之總相；亦證實 世尊在四阿含中已說此藏識是名色十八界之因、之本—證明如來藏是能生萬法之根本心。佛子可據此修正以往受諸大師（譬如西藏密宗應成派中觀師：印順、昭慧、性廣、大願、達賴、宗喀巴、寂天、月稱、……等人）誤導之邪見，建立正見，轉入正道乃至親證初果而無困難；書中並詳說三果所證的**心解脫**，以及四果**慧解脫**的親證，都是如實可行的具體知見與行門。全書共七輯，已出版完畢。平實導師著，每輯三百餘頁，售價300元。

超意境CD：以平實導師公案拈提書中超越意境之頌詞，加上曲風優美的旋律，錄成令人嚮往的超意境歌曲，其中包括正覺發願文及平實導師親自譜成的黃梅調歌曲一首。詞曲雋永，殊堪翫味，可供學禪者吟詠，有助於見道。內附設計精美的彩色小冊，解說每一首詞的背景本事。每片280元。【每購買公案拈提書籍一冊，即贈送一片。】

鈍鳥與靈龜：鈍鳥及靈龜二物，被宗門證悟者說爲二種人：前者是精修禪定而無智慧者，也是以定爲禪的愚癡禪人；後者是或有禪定、或無禪定的宗門證悟者，凡已證悟者皆是靈龜。但後來被人虛造事實，用以嘲笑大慧宗杲禪師，說他雖是靈龜，卻不免被天童禪師預記「患背」痛苦而亡：「**鈍鳥離巢易，靈龜脫殼難。**」藉以貶低大慧宗杲的證量；同時又將天童禪師實證如來藏的證量，曲解爲意識境界的離念靈知。自從大慧禪師入滅以後，錯悟凡夫對他的不實毀謗就一直存在著，不曾止息，並且捏造的假事實也隨著年月的增加而越來越多，終至編成「鈍鳥與靈龜」的假公案、假故事。本書是考證大慧與天童之間的不朽情誼，顯現這件假公案的虛妄不實；更見大慧宗杲面對惡勢力時的正直不阿，亦顯示大慧對天童禪師的至情深義，將使後人對大慧宗杲的誣謗至此而止，不再有人誤犯毀謗賢聖的惡業。書中亦舉出大慧與天童二師的證悟內容，證明宗門的所悟確以第八識如來藏爲標的，詳讀之後必可改正以前被錯悟大師誤導的參禪知見，日後必定有助於實證禪宗的開悟境界，得階大乘眞見道位中，即是實證般若之賢聖。全書459頁，售價350元。

我的菩提路第一輯：凡夫及二乘聖人不能實證的佛菩提證悟，末法時代的今天仍然有人能得實證，由正覺同修會釋悟圓、釋善藏法師等二十餘位實證如來藏者所寫的見道報告，已爲當代學人見證宗門正法之絲縷不絕，證明大乘義學的法脈仍然存在，爲末法時代求悟般若之學人照耀出光明的坦途。由二十餘位大乘見道者所繕，敘述各種不同的學法、見道因緣與過程，參禪求悟者必讀。全書三百餘頁，售價300元。

我的菩提路第二輯：由郭正益老師等人合著，書中詳述彼等諸人歷經各處道場學法，一一修學而加以檢擇之不同過程以後，因閱讀正覺同修會、正智出版社書籍而發起抉擇分，轉入正覺同修會中修學；乃至學法及見道之過程，都一一詳述之。其中張志成等人係由前現代禪轉進正覺同修會，張志成原爲現代禪副宗長，以前未閱本會書籍時，曾被人藉其名義著文評論 平實導師（詳見《宗通與說通》辨正及《眼見佛性》書末附錄…等）；後因偶然接觸正覺同修會書籍，深覺以前聽人評論平實導師之語不實，於是投入極多時間閱讀本會書籍、深入思辨，詳細探索中觀與唯識之關聯與異同，認爲正覺之法義方是正法，深覺相應；亦解開多年來對佛法的迷雲，確定應依八識論正理修學方是正法。乃不顧面子，毅然前往正覺同修會面見平實導師懺悔，並正式學法求悟。今已與其同修王美伶（亦爲前現代禪傳法老師），同樣證悟如來藏而證得法界實相，生起實相般若眞智。此書中尚有七年來本會第一位眼見佛性者之見性報告一篇，一同供養大乘佛弟子。全書四百頁，售價300元。

我的菩提路第三輯：由王美伶老師等人合著。自從正覺同修會成立以來，每年夏初、冬初都舉辦精進禪三共修，藉以助益會中同修們得以證悟明心發起般若實相智慧；凡已實證而被平實導師印證者，皆書具見道報告用以證明佛法之眞實可證而非玄學，證明佛法並非純屬思想、理論而無實質，是故每年都能有人證明正覺同修會的「實證佛教」主張並非虛語。特別是眼見佛性一法，自古以來中國禪宗祖師實證者極寡，較之明心開悟的證境更難令人信受；至2017年初，正覺同修會中的證悟明心者已近五百人，然而其中眼見佛性者至今唯十餘人爾，可謂難能可貴，是故明心後欲冀眼見佛性者實屬不易。黃正倖老師是懸絕七年無人見性後的第一人，她於2009年的見性報告刊於本書的第二輯中，爲大眾證明佛性確實可以眼見；其後七年之中求見性者都屬解悟佛性而無人眼見，幸而又經七年後的2016冬初，以及2017夏初的禪三，復有三人眼見佛性，希冀鼓舞四眾佛子求見佛性之大心，今則具載一則於書末，顯示求見佛性之事實經歷，供養現代佛教界欲得見性之四眾弟子。全書四百頁，售價300元。

我的菩提路第四輯：由陳晏平等人著。中國禪宗祖師往往有所謂「見性」之言，所言多屬看見如來藏具有能令人發起成佛之自性，並非《大般涅槃經》中如來所說之眼見佛性。眼見佛性者，於親見佛性之時，即能於山河大地眼見自己佛性，亦能於他人身上眼見自己佛性及對方之佛性，如是境界無法爲尚未實證者解釋；勉強說之，縱使眞實明心證悟之人聞之，亦只能以自身明心之境界想像之，但不論如何想像多屬非量，能有正確之比量者亦是稀有，故說眼見佛性極爲困難。眼見佛性之人若所見極分明時，在所見佛性之境界下所眼見之山河大地、自己五蘊身心皆是虛幻，自有異於明心者之解脫功德受用，此後永不思證二乘涅槃，必定邁向成佛之道而進入第十住位中，已超第一阿僧祇劫三分有一，可謂之爲超劫精進也。今又有明心之後眼見佛性之人出於人間，將其明心及後來見性之報告，連同其餘證悟明心者之精彩報告一同收錄於此書中，供養眞求佛法實證之四眾佛子。全書380頁，售價300元。

楞嚴經講記：楞嚴經係密教部之重要經典，亦是顯教中普受重視之經典；經中宣說明心與見性之內涵極爲詳細，將一切法都會歸如來藏及佛性—妙眞如性；亦闡釋佛菩提道修學過程中之種種魔境，以及外道誤會涅槃之狀況，旁及三界世間之起源。然因言句深澀難解，法義亦復深妙寬廣，學人讀之普難通達，是故讀者大多誤會，不能如實理解佛所說之明心與見性內涵，亦因是故多有悟錯之人引爲開悟之證言，成就大妄語罪。今由平實導師詳細講解之後，整理成文，以易讀易懂之語體文刊行天下，以利學人。全書十五輯，全部出版完畢。每輯三百餘頁，售價每輯300元。

勝鬘經講記：如來藏爲三乘菩提之所依，若離如來藏心體及其含藏之一切種子，即無三界有情及一切世間法，亦無二乘菩提緣起性空之出世間法；本經詳說無始無明、一念無明皆依如來藏而有之正理，藉著詳解煩惱障與所知障間之關係，令學人深入了知二乘菩提與佛菩提相異之妙理；聞後即可了知佛菩提之特勝處及三乘修道之方向與原理，邁向攝受正法而速成佛道的境界中。平實導師講述，共六輯，每輯三百餘頁，售價各250元。

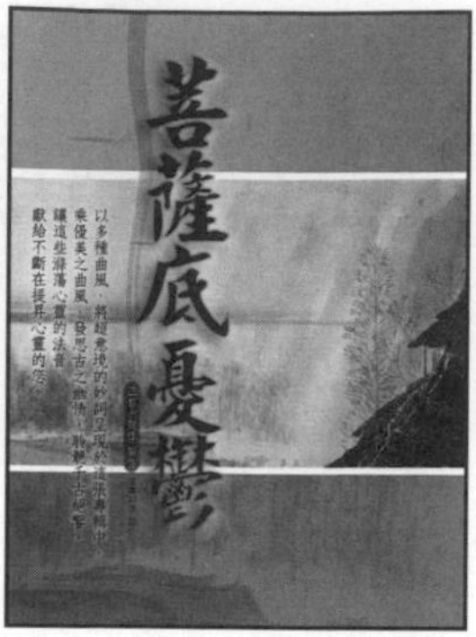

菩薩底憂鬱CD將菩薩情懷及禪宗公案寫成新詞，並製作成超越意境的優美歌曲。1.主題曲〈菩薩底憂鬱〉，描述地後菩薩能離三界生死而迴向繼續生在人間，但因尚未斷盡習氣種子而有極深沈之憂鬱，非三賢位菩薩及二乘聖者所知，此憂鬱在七地滿心位方才斷盡；本曲之詞中所說義理極深，昔來所未曾見；此曲係以優美的情歌風格寫詞及作曲，聞者得以激發嚮往諸地菩薩境界之大心，詞、曲都非常優美，難得一見；其中勝妙義理之解說，已印在附贈之彩色小冊中。2.以各輯公案拈提中直示禪門入處之頌文，作成各種不同曲風之超意境歌曲，值得玩味、參究；聆聽公案拈提之優美歌曲時，請同時閱讀內附之印刷精美說明小冊，可以領會超越三界的證悟境界；未悟者可以因此引發求悟之意向及疑情，眞發菩提心而邁向求悟之途，乃至因此眞實悟入般若，成眞菩薩。3.正覺總持咒新曲，總持佛法大意；總持咒之義理，已加以解說並印在隨附之小冊中。本CD共有十首歌曲，長達63分鐘，附贈二張購書優惠券。每片280元。

禪意無限CD平實導師以公案拈提書中偈頌寫成不同風格曲子，與他人所寫不同風格曲子共同錄製出版，幫助參禪人進入禪門超越意識之境界。盒中附贈彩色印製的精美解說小冊，以供聆聽時閱讀，令參禪人得以發起參禪之疑情，即有機會證悟本來面目，實證大乘菩提般若。本CD共有十首歌曲，長達69分鐘，每盒各附贈二張購書優惠券。每片280元。

明心與眼見佛性：本書細述明心與眼見佛性之異同，同時顯示了中國禪宗破初參明心與重關眼見佛性二關之間的關聯；書中又藉法義辨正而旁述其他許多勝妙法義，讀後必能遠離佛門長久以來積非成是的錯誤知見，令讀者在佛法的實證上有極大助益。也藉慧廣法師的謬論來教導佛門學人回歸正知正見，遠離古今禪門錯悟者所墮的意識境界，非唯有助於斷我見，也對未來的開悟明心實證第八識如來藏有所助益，是故學禪者都應細讀之。游正光老師著　共448頁　售價300元

見性與看話頭：黃正倖老師的《見性與看話頭》於《正覺電子報》連載完畢，今結集出版。書中詳說禪宗看話頭的詳細方法，並細說看話頭與眼見佛性的關係，以及眼見佛性者求見佛性前必須具備的條件。本書是禪宗實修者追求明心開悟時參禪的方法書，也是求見佛性者作功夫時必讀的方法書，內容兼顧眼見佛性的理論與實修之方法，是依實修之體驗配合理論而詳述，條理分明而且極為詳實、周全、深入。本書內文375頁，全書416頁，售價300元。

維摩詰經講記：本經係 世尊在世時，由等覺菩薩維摩詰居士藉疾病而演說之大乘菩提無上妙義，所說函蓋甚廣，然極簡略，是故今時諸方大師與學人讀之悉皆錯解，何況能知其中隱含之深妙正義，是故普遍無法爲人解說；若強爲人說，則成依文解義而有諸多過失。今由平實導師公開宣講之後，詳實解釋其中密意，令維摩詰菩薩所說大乘不可思議解脫之深妙正法得以正確宣流於人間，利益當代學人及與諸方大師。書中詳實演述大乘佛法深妙不共二乘之智慧境界，顯示諸法之中絕待之實相境界，建立大乘菩薩妙道於永遠不敗不壞之地，以此成就護法偉功，欲冀永利娑婆人天。已經宣講圓滿整理成書流通，以利諸方大師及諸學人。全書共六輯，每輯三百餘頁，售價各250元。

真假外道：本書具體舉證佛門中的常見外道知見實例，並加以教證及理證上的辨正，幫助讀者輕鬆而快速的了知常見外道的錯誤知見，進而遠離佛門內外的常見外道知見，因此即能改正修學方向而快速實證佛法。游正光老師著 。成本價200元。

金剛經宗通：三界唯心，萬法唯識，是成佛之修證內容，是諸地菩薩之所修；般若則是成佛之道（實證三界唯心、萬法唯識）的入門，若未證悟實相般若，即無成佛之可能，必將永在外門廣行菩薩六度，永在凡夫位中。然而實相般若的發起，全賴實證萬法的實相；若欲證知萬法的眞相，則必須探究萬法之所從來，則須實證自心如來—金剛心如來藏，然後現觀這個金剛心的金剛性、眞實性、如如性、清淨性、涅槃性、能生萬法的自性性、本住性，名爲證眞如；進而現觀三界六道唯是此金剛心所成，人間萬法須藉八識心王和合運作方能現起。如是實證《華嚴經》的「三界唯心、萬法唯識」以後，由此等現觀而發起實相般若智慧，繼續進修第十住位的如幻觀、第十行位的陽焰觀、第十迴向位的如夢觀，再生起增上意樂而勇發十無盡願，方能滿足三賢位的實證，轉入初地；自知成佛之道而無偏倚，從此按部就班、次第進修乃至成佛。第八識自心如來是般若智慧之所依，般若智慧的修證則要從實證金剛心自心如來開始；《金剛經》則是解說自心如來之經典，是一切三賢位菩薩所應進修之實相般若經典。這一套書，是將平實導師宣講的《金剛經宗通》內容，整理成文字而流通之；書中所說義理，迥異古今諸家依文解義之說，指出大乘見道方向與理路，有益於禪宗學人求開悟見道，及轉入內門廣修六度萬行。講述完畢後結集出版，總共9輯，每輯約三百餘頁，售價各250元。

空行母——性別、身分定位，以及藏傳佛教：本書作者爲蘇格蘭哲學家，因爲嚮往佛教深妙的哲學內涵，於是進入當年盛行於歐美的假藏傳佛教密宗，擔任卡盧仁波切的翻譯工作多年以後，被邀請成爲卡盧的空行母（又名佛母、明妃），開始了她在密宗裡的實修過程；後來發覺在密宗雙身法中的修行，其實無法使自己成佛，也發覺密宗對女性岐視而處處貶抑，並剝奪女性在雙身法中擔任一半角色時應有的身分定位。當她發覺自己只是雙身法中被喇嘛利用的工具，沒有獲得絲毫應有的尊重與基本定位時，發現了密宗的父權社會控制女性的本質；於是作者傷心地離開了卡盧仁波切與密宗，但是卻被恐嚇不許講出她在密宗裡的經歷，也不許她說出自己對密宗的教義與教制下對女性剝削的本質，否則將被咒殺死亡。後來她去加拿大定居，十餘年後方才擺脫這個恐嚇陰影，下定決心將親身經歷的實情及觀察到的事實寫下來並且出版，公諸於世。出版之後，她被流亡的達賴集團人士大力攻訐，誣指她爲精神狀態失常、說謊……等。但有智之士並未被達賴集團的政治操作及各國政府政治運作吹捧達賴的表相所欺，使她的書銷售無阻而又再版。正智出版社鑑於作者此書是親身經歷的事實，所說具有針對「藏傳佛教」而作學術研究的價值，也有使人認清假藏傳佛教剝削佛母、明妃的男性本位實質，因此洽請作者同意中譯而出版於華人地區。珍妮·坎貝爾女士著，呂艾倫 中譯，每冊250元。

霧峰無霧—給哥哥的信：本書作者藉兄弟之間信件往來論義，略述佛法大義；並以多篇短文辨義，舉出釋印順對佛法的無量誤解證據，並一一給予簡單而清晰的辨正，令人一讀即知。久讀、多讀之後即能認清楚釋印順的六識論見解，與眞實佛法之牴觸是多麼嚴重；於是在久讀、多讀之後，於不知不覺之間提升了對佛法的極深入理解，正知正見就在不知不覺間建立起來了。當三乘佛法的正知見建立起來之後，對於三乘菩提的見道條件便將隨之具足，於是聲聞解脫道的見道也就水到渠成；接著大乘見道的因緣也將次第成熟，未來自然也會有親見大乘菩提之道的因緣，悟入大乘實相般若也將自然成功，自能通達般若系列諸經而成實義菩薩。作者居住於南投縣霧峰鄉，自喻見道之後不復再見霧峰之霧，故鄉原野美景一一明見，於是立此書名爲《霧峰無霧》；讀者若欲撥霧見月，可以此書爲緣。游宗明 老師著 售價250元。

假藏傳佛教的神話—性、謊言、喇嘛教：本書編著者是由一首名叫「阿姊鼓」的歌曲爲緣起，展開了序幕，揭開假藏傳佛教—喇嘛教—的神秘面紗。其重點是蒐集、摘錄網路上質疑「喇嘛教」的帖子，以揭穿「假藏傳佛教的神話」爲主題，串聯成書，並附加彩色插圖以及說明，讓讀者們瞭解西藏密宗及相關人事如何被操作爲「神話」的過程，以及神話背後的眞相。作者：張正玄教授。售價200元。

達賴真面目—**玩盡天下女人**：假使您不想戴綠帽子，請記得詳細閱讀此書；假使您不想讓好朋友戴綠帽子，請您將此書介紹給您的好朋友。假使您想保護家中的女性，也想要保護好朋友的女眷，請記得將此書送給家中的女性和好友的女眷都來閱讀。本書爲印刷精美的大本彩色中英對照精裝本，爲您揭開達賴喇嘛的眞面目，內容精彩不容錯過，爲利益社會大眾，特別以優惠價格嘉惠所有讀者。編著者：白志偉等。大開版雪銅紙彩色精裝本。售價800元。

喇嘛性世界—**揭開假藏傳佛教譚崔瑜伽的面紗**：這個世界中的喇嘛，號稱來自世外桃源的香格里拉，穿著或紅或黃的喇嘛長袍，散布於我們的身邊傳教灌頂，吸引了無數的人嚮往學習；這些喇嘛虔誠地爲大眾祈福，手中拿著寶杵（金剛）與寶鈴（蓮花），口中唸著咒語：「唵．嘛呢．叭咪．吽……」，咒語的意思是說：「我至誠歸命金剛杵上的寶珠伸向蓮花寶穴之中」！「喇嘛性世界」是什麼樣的「世界」呢？本書將爲您呈現喇嘛世界的面貌。當您發現眞相以後，您將會唸：「噢！喇嘛．性．世界，譚崔性交嘛！」作者：張善思、呂艾倫。售價200元。

末代達賴——性交教主的悲歌：簡介從藏傳僞佛教（喇嘛教）的修行核心——性力派男女雙修，探討達賴喇嘛及藏傳僞佛教的修行內涵。書中引用外國知名學者著作、世界各地新聞報導，包含：歷代達賴喇嘛的祕史、達賴六世修雙身法的事蹟，以及《時輪續》中的性交灌頂儀式……等；達賴喇嘛書中開示的雙修法、達賴喇嘛的黑暗政治手段；達賴喇嘛所領導的寺院爆發喇嘛性侵兒童；新聞報導《西藏生死書》作者索甲仁波切性侵女信徒、澳洲喇嘛秋達公開道歉、美國最大假藏傳佛教組織領導人邱陽創巴仁波切的性氾濫，等等事件背後眞相的揭露。作者：張善思、呂艾倫、辛燕。售價250元。

第七意識與第八意識？——穿越時空「超意識」「三界唯心，萬法唯識」是佛教中應該實證的聖教，也是《華嚴經》中明載而可以實證的法界實相。唯心者，三界一切境界、一切諸法唯是一心所成就，即是每一個有情的第八識如來藏，不是意識心。唯識者，即是人類各各都具足的八識心王——眼識、耳鼻舌身意識、意根、阿賴耶識，第八阿賴耶識又名如來藏，人類五陰相應的萬法，莫不由八識心王共同運作而成就，故說萬法唯識。依聖教量及現量、比量，都可以證明意識是二法因緣生，是由第八識藉意根與法塵二法爲因緣而出生，又是夜夜斷滅不存之生滅心，即無可能反過來出生第七識意根、第八識如來藏，當知不可能從生滅性的意識心中，細分出恆審思量的第七識意根，更無可能細分出恆而不審的第八識如來藏。本書是將演講內容整理成文字，細說如是內容，並已在〈正覺電子報〉連載完畢，今彙集成書以廣流通，欲幫助佛門有緣人斷除意識我見，跳脫於識陰之外而取證聲聞初果；嗣後修學禪宗時即得不墮外道神我之中，得以求證第八識金剛心而發起般若實智。平實導師 述，每冊300元。

黯淡的達賴—失去光彩的諾貝爾和平獎：本書舉出很多證據與論述，詳述達賴喇嘛不爲世人所知的一面，顯示達賴喇嘛並不是眞正的和平使者，而是假借諾貝爾和平獎的光環來欺騙世人；透過本書的說明與舉證，讀者可以更清楚的瞭解，達賴喇嘛是結合暴力、黑暗、淫欲於喇嘛教裡的集團首領，其政治行爲與宗教主張，早已讓諾貝爾和平獎的光環染污了。本書由財團法人正覺教育基金會寫作、編輯，由正覺出版社印行，每冊250元。

人間佛教—實證者必定不悖三乘菩提　「大乘非佛說」的講法似乎流傳已久，卻只是日本人企圖擺脫中國正統佛教的影響，而在明治維新時期才開始提出來的說法；台灣佛教、大陸佛教的淺學無智之人，由於未曾實證佛法而迷信日本人錯誤的學術考證，錯認爲這些別有用心的日本佛學考證的講法爲天竺佛教的眞實歷史；甚至還有更激進的反對佛教者提出「釋迦牟尼佛並非眞實存在，只是後人捏造的假歷史人物」，竟然也有少數人願意跟著「學術」的假光環而信受不疑，於是開始有一些佛教界人士造作了反對中國佛教而推崇南洋小乘佛教的行爲，使佛教的信仰者難以檢擇，導致一般大陸人士開始轉入基督教的盲目迷信中。在這些佛教及外教人士之中，也就有一分人根據此邪說而大聲主張「大乘非佛說」的謬論，這些人以「人間佛教」的名義來抵制中國正統佛教，公然宣稱中國的大乘佛教是由聲聞部派佛教的凡夫僧所創造出來的。這樣的說法流傳於台灣及大陸佛教界凡夫僧之中已久，卻非眞正的佛教歷史中曾經發生過的事，只是繼承六識論的聲聞法中凡夫僧依自己的意識境界立場，純憑臆想而編造出來的妄想說法，卻已經影響許多無智之凡夫僧俗信受不移。本書則是從佛教的經藏法義實質及實證的現量內涵本質立論，證明大乘佛法本是佛說，是從《阿含正義》尚未說過的不同面向來討論「人間佛教」的議題，證明「大乘眞佛說」。閱讀本書可以斷除六識論邪見，迴入三乘菩提正道發起實證的因緣；也能斷除禪宗學人學禪時普遍存在之錯誤知見，對於建立參禪時的正知見有很深的著墨。　平實導師　述，內文488頁，全書528頁，定價400元。

童女迦葉考—論呂凱文〈佛教輪迴思想的論述分析〉之謬　童女迦葉是佛世率領五百大比丘遊行於人間的歷史事實，是以童貞行而依止菩薩戒弘化於人間的大菩薩，不依別解脫戒（聲聞戒）來弘化於人間。這是大乘佛教與聲聞佛教同時存在於佛世的歷史明證，證明大乘佛教不是從聲聞法中分裂出來的部派佛教的產物，卻是聲聞佛教分裂出來的部派佛教聲聞凡夫僧所不樂見的史實；於是古今聲聞法中的凡夫都欲加以扭曲而作詭說，更是末法時代高聲大呼「大乘非佛說」的六識論聲聞凡夫極力想要扭曲的佛教史實之一，於是想方設法扭曲迦葉菩薩爲聲聞僧，以及扭曲迦葉童女爲比丘僧等荒謬不實之論著便陸續出現，古時聲聞僧寫作的《分別功德論》是最具體之事例，現代之代表作則是呂凱文先生的〈佛教輪迴思想的論述分析〉論文。鑑於如是假藉學術考證以籠罩大眾之不實謬論，未來仍將繼續造作及流竄於佛教界，繼續扼殺大乘佛教學人法身慧命，必須舉證辨正之，遂成此書。平實導師　著，每冊180元。

中觀金鑑—詳述應成派中觀的起源與其破法本質　學佛人往往迷於中觀學派之不同學說，被應成派與自續派所迷惑；修學般若中觀二十年後自以爲實證般若中觀了，卻仍不曾入門，甫聞實證般若中觀者之所說，則茫無所知，迷惑不解；隨後信心盡失，不知如何實證佛法；凡此，皆因惑於這二派中觀學說所致。自續派中觀所說同於常見，以意識境界立爲第八識如來藏之境界，應成派所說則同於斷見，但又同立意識爲常住法，故亦具足斷常二見。今者孫正德老師有鑑於此，乃將起源於密宗的應成派中觀學說，追本溯源，詳考其來源之外，亦一一舉證其立論內容，詳加辨正，令密宗雙身法祖師以識陰境界而造之應成派中觀學說本質，詳細呈現於學人眼前，令其維護雙身法之目的無所遁形。若欲遠離密宗此二大派中觀謬說，欲於三乘菩提有所進道者，允宜具足閱讀並細加思惟，反覆讀之以後將可捨棄邪道返歸正道，則於般若之實證即有可能，證後自能現觀如來藏之中道境界而成就中觀。本書分上、中、下三冊，每冊250元，已全部出版完畢。

實相經宗通：學佛之目的在於實證一切法界背後之實相，禪宗稱之為本來面目或本地風光，佛菩提道中稱之為實相法界；此實相法界即是金剛藏，又名佛法之祕密藏，即是能生有情五陰、十八界及宇宙萬有（山河大地、諸天、三惡道世間）的第八識如來藏，又名阿賴耶識心，即是禪宗祖師所說的眞如心，此心即是三界萬有背後的實相。證得此第八識心時，自能瞭解般若諸經中隱說的種種密意，即得發起實相般若——實相智慧。每見學佛人修學佛法二十年後仍對實相般若茫然無知，亦不知如何入門，茫無所趣；更因不知三乘菩提的互異互同，是故越是久學者對佛法越覺茫然，都肇因於尚未瞭解佛法的全貌，亦未瞭解佛法的修證內容即是第八識心所致。本書對於修學佛法者所應實證的實相境界提出明確解析，並提示趣入佛菩提道的入手處，有心親證實相般若的佛法實修者，宜詳讀之，於佛菩提道之實證即有下手處。平實導師述著，共八輯，全部出版完畢，每輯成本價250元。

真心告訴您（一）——達賴喇嘛在幹什麼？這是一本報導篇章的選集，更是「破邪顯正」的暮鼓晨鐘。「破邪」是戳破假象，說明達賴喇嘛及其所率領的密宗四大派法王、喇嘛們，弘傳的佛法是仿冒的佛法；他們是假藏傳佛教，是坦特羅(譚崔性交)外道法和藏地崇奉鬼神的苯教混合成的「喇嘛教」，推廣的是以所謂「無上瑜伽」的男女雙身法冒充佛法的假佛教，詐財騙色誤導眾生，常常造成信徒家庭破碎、家中兒少失怙的嚴重後果。「顯正」是揭櫫眞相，指出眞正的藏傳佛教只有一個，就是覺囊巴，傳的是　釋迦牟尼佛演繹的第八識如來藏妙法，稱為他空見大中觀。正覺教育基金會即以此古今輝映的如藏正法正知見，在眞心新聞網中逐次報導出來，將箇中原委「眞心告訴您」，如今結集成書，與想要知道密宗眞相的您分享。售價250元。

真心告訴您（二）—達賴喇嘛是佛教僧侶嗎？補祝達賴喇嘛八十大壽：這是一本針對當今達賴喇嘛所領導的喇嘛教，冒用佛教名相、於師徒間或師兄姊間，實修男女邪淫，而從佛法三乘菩提的現量與聖教量，揭發其謊言與邪術，證明達賴及其喇嘛教是仿冒佛教的外道，是「假藏傳佛教」。藏密四大派教義雖有「八識論」與「六識論」的表面差異，然其實修之內容，皆共許「無上瑜伽」四部灌頂為究竟「成佛」之法門，也就是共以男女雙修之邪淫法為「即身成佛」之密要，雖美其名曰「欲貪為道」之「金剛乘」，並誇稱其成就超越於（應身佛）釋迦牟尼佛所傳之顯教般若乘之上；然詳考其理論，則或以意識離念時之粗細心為第八識如來藏，或以中脈裡的明點為第八識如來藏，或如宗喀巴與達賴堅決主張第六意識為常恆不變之眞心者，分別墮於外道之常見與斷見中；全然違背　佛說能生五蘊之如來藏的實質。售價300元。

西藏「活佛轉世」制度—附佛、造神、世俗法：歷來關於喇嘛教活佛轉世的研究，多針對歷史及文化兩部分，於其所以成立的理論基礎，較少系統化的探討。尤其是此制度是否依據「佛法」而施設？是否合乎佛法眞實義？現有的文獻大多含糊其詞，或人云亦云，不曾有明確的闡釋與如實的見解。因此本文先從活佛轉世的由來，探索此制度的起源、背景與功能，並進而從活佛的尋訪與認證之過程，發掘活佛轉世的特徵，以確認「活佛轉世」在佛法中應具足何種果德。定價150元。

法華經講義：此書爲平實導師始從2009/7/21演述至2014/1/14之講經錄音整理所成。世尊一代時教，總分五時三教，即是華嚴時、聲聞緣覺教、般若教、種智唯識教、法華時；依此五時三教區分爲藏、通、別、圓四教。本經是最後一時的圓教經典，圓滿收攝一切法教於本經中，是故最後的圓教聖訓中，特地指出無有三乘菩提，其實唯有一佛乘；皆因眾生愚迷故，方便區分爲三乘菩提以助眾生證道。世尊於此經中特地說明如來示現於人間的唯一大事因緣，便是爲有緣眾生「開、示、悟、入」諸佛的所知所見——第八識如來藏妙眞如心，並於諸品中隱說「妙法蓮花」如來藏心的密意。然因此經所說甚深難解，眞義隱晦，古來難得有人能窺堂奧；平實導師以知如是密意故，特爲末法佛門四眾演述《妙法蓮華經》中各品蘊含之密意，使古來未曾被古德註解出來的「此經」密意，如實顯示於當代學人眼前。乃至〈藥王菩薩本事品〉、〈妙音菩薩品〉、〈觀世音菩薩普門品〉、〈普賢菩薩勸發品〉中的微細密意，亦皆一併詳述之，開前人所未曾言之密意，示前人所未見之妙法。最後乃至以〈法華大義〉而總其成，全經妙旨貫通始終，而依佛旨圓攝於一心如來藏妙心，厥爲曠古未有之大說也。平實導師述，共有25輯。每輯300元。

涅槃—解說四種涅槃之實證及內涵：眞正學佛之人，首要即是見道，由見道故方有涅槃之實證，證涅槃者方能出生死，但涅槃有四種：二乘聖者的有餘涅槃、無餘涅槃，以及大乘聖者的本來自性清淨涅槃、佛地的無住處涅槃。大乘聖者實證本來自性清淨涅槃，入地前再取證二乘涅槃，然後起惑潤生捨離二乘涅槃，繼續進修而在七地心前斷盡三界愛之習氣種子，依七地無生法忍之具足而證得念念入滅盡定；八地後進斷異熟生死，直至妙覺地下生人間成佛，具足四種涅槃，方是眞正成佛。此理古來少人言，以致誤會涅槃正理者比比皆是，今於此書中廣說四種涅槃、如何實證之理、實證前應有之條件，實屬本世紀佛教界極重要之著作，令人對涅槃有正確無訛之認識，然後可以依之實行而得實證。本書共有上下二冊，每冊各四百餘頁，對涅槃詳加解說，每冊各350元。

佛藏經講義：本經說明爲何佛菩提難以實證之原因，都因往昔無數阿僧祇劫前的邪見所致，引生此世求證時之業障而難以實證。即以諸法實相詳細解說，繼之以念佛品、念法品、念僧品，說明諸佛之實質；然後以淨戒品之說明，期待佛弟子四眾堅持清淨戒而轉化心性，並以往古品的實例說明，教導四眾務必滅除邪見轉入正見中，然後以了戒品的說明和囑累品的付囑，期望末法時代的佛門四眾弟子皆能清淨知見而得以實證。平實導師於此經中有極深入的解說，總共21輯，每輯300元，自《法華經講義》流通完畢後開始發行。

解深密經講記：本經係 世尊晚年第三轉法輪，宣說地上菩薩所應熏修之唯識正義經典，經中所說義理乃是大乘一切種智增上慧學，以阿陀那識—如來藏—阿賴耶識爲主體。禪宗之證悟者，若欲修證初地無生法忍乃至八地無生法忍者，必須修學《楞伽經、解深密經》所說之八識心王一切種智；此二經所說正法，方是眞正成佛之道；印順法師否定第八識如來藏之後所說萬法緣起性空之法，是以誤會後之二乘解脫道取代大乘眞正成佛之道，尚且不符二乘解脫道正理，亦已墮於斷滅見中，不可謂爲成佛之道也。平實導師曾於本會郭故理事長往生時，於喪宅中從首七開始宣講，於每一七各宣講三小時，至第十七而快速略講圓滿，作爲郭老之往生佛事功德，迴向郭老早證八地、速返娑婆住持正法。茲爲今時後世學人故，將擇期重講《解深密經》，以淺顯之語句講畢後，將會整理成文，用供證悟者進道；亦令諸方未悟者，據此經中佛語正義，修正邪見，依之速能入道。平實導師述著，全書輯數未定，每輯三百餘頁，將於未來重講完畢後逐輯出版。

阿含經講記—**小乘解脫道之修證**：數百年來，南傳佛法所說證果之不實，所說解脫道之虛妄，所弘解脫道法義之世俗化，皆已少人知之；從南洋傳入台灣與大陸之後，所說法義虛謬之事，亦復少人知之；今時台灣全島印順系統之法師居士，多不知南傳佛法數百年來所說解脫道之義理已然偏斜、已然世俗化、已非眞正之二乘解脫正道，猶極力推崇與弘揚。彼等南傳佛法近代所謂之證果者多非眞實證果者，譬如阿迦曼、葛印卡、帕奧禪師、一行禪師……等人，悉皆未斷我見故。近年更有台灣南部大願法師，高抬南傳佛法之二乘修證行門爲「捷徑究竟解脫之道」者，然而南傳佛法縱使眞修實證，得成阿羅漢，至高唯是二乘菩提解脫之道，絕非**究竟**解脫，無餘涅槃中之實際尚未得證故，法界之實相尚未了知故，習氣種子待除故，一切種智未實證故，焉得謂爲「究竟解脫」？即使南傳佛法近代眞有實證之阿羅漢，尚且不及三賢位中之七住明心菩薩本來自性清淨涅槃智慧境界，則不能知此賢位菩薩所證之無餘涅槃實際，仍非大乘佛法中之見道者，何況普未實證聲聞果乃至未斷我見之人？謬充證果已屬逾越，更何況是誤會二乘菩提之後，以未斷我見之凡夫知見所說之二乘菩提解脫偏斜法道，焉可高抬爲「究竟解脫」？而且自稱「捷徑之道」？又妄言解脫之道即是成佛之道，完全否定般若實智、否定三乘菩提所依之如來藏心體，此理大大不通也！平實導師爲令修學二乘菩提欲證解脫果者，普得迴入二乘菩提正見、正道中，是故選錄四阿含諸經中，對於二乘解脫道法義有具足圓滿說明之經典，預定未來十年內將會加以詳細講解，令學佛人得以了知二乘解脫道之修證理路與行門，庶免被人誤導之後，未證言證，干犯道禁，成大妄語，欲升反墮。本書首重斷除我見，以助行者斷除我見而實證初果爲著眼之目標，若能根據此書內容，配合平實導師所著《識蘊眞義》《阿含正義》內涵而作實地觀行，實證初果非爲難事，行者可以藉此三書自行確認聲聞初果爲實際可得現觀成就之事。此書中除依二乘經典所說加以宣示外，亦依斷除我見等之證量，及大乘法中道種智之證量，對於意識心之體性加以細述，令諸二乘學人必定得斷我見、常見，免除三縛結之繫縛。次則宣示斷除我執之理，欲令升進而得薄貪瞋痴，乃至斷五下分結…等。平實導師述，共二冊，每冊三百餘頁。每輯300元。

修習止觀坐禪法要講記：修學四禪八定之人，往往錯會禪定之修學知見，欲以無止盡之坐禪而證禪定境界，卻不知修除性障之行門才是修證四禪八定不可或缺之要素，故智者大師云「性障初禪」；性障不除，初禪永不現前，云何修證二禪等？又：行者學定，若唯知數息，而不解六妙門之方便善巧者，欲求一心入定，未到地定極難可得，智者大師名之爲「事障未來」：障礙未到地定之修證。又禪定之修證，不可違背二乘菩提及第一義法，否則縱使具足四禪八定，亦不能實證涅槃而出三界。此諸知見，智者大師於《修習止觀坐禪法要》中皆有闡釋。作者平實導師以其第一義之見地及禪定之實證證量，曾加以詳細解析。將俟正覺寺竣工啓用後重講，不限制聽講者資格；講後將以語體文整理出版。欲修習世間定及增上定之學者，宜細讀之。平實導師述著。

★聲　明★

本公司於2015/01/01開始調整本目錄中部分書籍之售價，以因應各項成本的持續增加。

＊喇嘛教修外道雙身法，墮識陰境界，非佛教＊

＊弘揚如來藏他空見的覺囊派才是真正藏傳佛教＊

總經銷： 飛鴻 國際行銷股份有限公司

231 新北市新店區中正路 501 之 9 號 2 樓

Tel.02－82186688（五線代表號） Fax.02-82186458、82186459

零售：1.**全台連鎖經銷書局：**

三民書局、誠品書局、何嘉仁書店

敦煌書店、紀伊國屋、金石堂書局、建宏書局

諾貝爾圖書城、墊腳石圖書文化廣場

2.**台北市：**佛化人生 **大安區**羅斯福路 3 段 325 號 6 樓之 4　台電大樓對面

3.**新北市：**春大地書店 **蘆洲區**中正路 117 號

4.**桃園市：**御書堂 **龍潭區**中正路 123 號

5.**新竹市：**大學書局 **東區**建功路 10 號

6.**台中市：**瑞成書局 **東區**雙十路 1 段 4 之 33 號

佛教詠春書局 **南屯區**永春東路 884 號

文春書店 **霧峰區**中正路 1087 號

7.**彰化市：**心泉佛教文化中心 南瑤路 286 號

8.**高雄市：**政大書城 **苓雅區**光華路 148-83 號

明儀書局 **三民區**明福街 2 號

青年書局 **苓雅區**青年一路 141 號

9.**宜蘭市：**金隆書局　中山路 3 段 43 號

10.**台東市：**東普佛教文物流通處 博愛路 282 號

11.**其餘鄉鎮市經銷書局：**請電詢總經銷**飛鴻**公司。

12.**大陸地區請洽：**

香港：樂文書店

旺角店 :香港九龍旺角西洋菜街 62 號 3 樓

電話 : (852) 2390 3723　email: luckwinbooks@gmail.com

銅鑼灣店 :香港銅鑼灣駱克道 506 號 2 樓

電話 : (852) 2881 1150　email: luckwinbs@gmail.com

廈門：廈門外圖臺灣書店有限公司

地址：廈門市思明區湖濱南路809 號 廈門外圖書城3 樓 郵編：361004

電話：0592-5061658（臺灣地區請撥打 86-592-5061658）

E-mail：JKB118＠188.COM

13.**美國：世界日報圖書部：**紐約圖書部　電話 7187468889#6262

洛杉磯圖書部　電話 3232616972#202

14.**國內外地區網路購書：**

正智出版社 書香園地　http://books.enlighten.org.tw/

（書籍簡介、經銷書局可直接聯結下列網路書局購書）

三民 網路書局　http://www.sanmin.com.tw

誠品 網路書局　http://www.eslitebooks.com

博客來 網路書局　http://www.books.com.tw
金石堂 網路書局　http://www.kingstone.com.tw
飛鴻 網路書局　http://fh6688.com.tw

附註：1.請儘量向各經銷書局購買：郵政劃撥需要八天才能寄到（本公司在您劃撥後第四天才能接到劃撥單，次日寄出後第二天您才能收到書籍，此六天中可能會遇到週休二日，是故共需八天才能收到書籍）若想要早日收到書籍者，請劃撥完畢後，將劃撥收據貼在紙上，旁邊寫上您的姓名、住址、郵區、電話、買書詳細內容，直接傳眞到本公司 02-28344822，並來電 02-28316727、28327495 確認是否已收到您的傳眞，即可提前收到書籍。 **2**.因台灣每月皆有五十餘種宗教類書籍上架，書局書架空間有限，故唯有新書方有機會上架，通常每次只能有一本新書上架；本公司出版新書，大多上架不久便已售出，若書局未再叫貨補充者，書架上即無新書陳列，則請直接向書局櫃台訂購。 **3**.若書局不便代購時，可於晚上共修時間向正覺同修會各共修處請購（共修時間及地點，詳閱**共修現況表**。每年例行年假期間請勿前往請書，年假期間請見共修現況表）。 **4**.郵購：郵政劃撥帳號 19068241。 **5**.正覺同修會會員購書都以八折計價（戶籍台北市者爲一般會員，外縣市爲護持會員）都可獲得優待，欲一次購買全部書籍者，可以考慮入會，節省書費。入會費一千元（第一年初加入時才需要繳），年費二千元。**6.尚未出版之書籍，請勿預先郵寄書款與本公司，謝謝您！** **7**.若欲一次購齊本公司書籍，或同時取得正覺同修會贈閱之全部書籍者，請於正覺同修會共修時間，親到各共修處請購及索取；**台北市讀者**請洽：103 台北市承德路三段 267 號 10 樓（捷運淡水線 圓山站旁）請書時間：週一至週五爲 18.00~21.00，第一、三、五週週六爲 10.00~21.00，雙週之週六爲 10.00~18.00 請購處專線電話：25957295-分機 14（於請書時間方有人接聽）。

敬告大陸讀者：

大陸讀者購書、索書捷徑（尚未在大陸出版的書籍，以下二個途徑都可以購得，電子書另包括結緣書籍）：

1.**廈門外國圖書公司**：廈門市思明區湖濱南路 809 號 廈門外圖書城 3F
郵編：361004 電話：0592-5061658 網址：
http://www.xibc.com.cn/

2.**電子書**：正智出版社有限公司及正覺同修會在台灣印行的各種局版書、結緣書，已有『**正覺電子書**』陸續上線中，提供讀者於手機、平板電腦上購書、下載、閱讀正智出版社、正覺同修會及正覺教育基金會所出版之電子書，詳細訊息敬請參閱『正覺電子書』專頁：
http://books.enlighten.org.tw/ebook

關於平實導師的書訊，請上網查閱：
成佛之道 http://www.a202.idv.tw
正智出版社 書香園地 http://books.enlighten.org.tw/

中國網採訪佛教正覺同修會、正覺教育基金會訊息：

http://big5.china.com.cn/gate/big5/fangtan.china.com.cn/2014-06/19/content_32714638.htm

http://pinpai.china.com.cn/

★ 正智出版社有限公司售書之稅後盈餘，全部捐助財團法人正覺寺籌備處、佛教正覺同修會、正覺教育基金會，供作弘法及購建道場之用；懇請諸方大德支持，功德無量。

★ 聲 明 ★

本社於 2015/01/01 開始調整本目錄中部分書籍之售價，以因應各項成本的持續增加。

＊ 喇嘛教修外道雙身法、墮識陰境界，非佛教 ＊

＊ 弘揚如來藏他空見的覺囊派才是真正藏傳佛教 ＊

換書及道歉公告

《法華經講義》第十三輯，因謄稿、印製等相關人員作業疏失，導致該書中的經文及內文用字將「**親近**」誤植成「清淨」。茲為顧及讀者權益，自 2017/8/30 開始免費調換新書；敬請所有讀者將以前所購第十三輯初版首刷及二刷本，攜回或寄回本社免費換新，或請自行更正其中的錯誤之處；郵寄者之回郵由本社負擔，不需寄來郵票。同時對因此而造成讀者閱讀、以及換書的困擾及不便，在此向所有讀者致上最誠懇的歉意，祈請讀者大眾見諒！錯誤更正說明如下：

一、第 256 頁第 10 行~第 14 行：【就是先要具備「**法親近處**」、「**眾生親近處**」；法**親近**處就是在實相之法有所實證，如果在實相法上有所實證，他在二乘菩提中自然也能有所實證，以這個作為第一個**親近**處——第一個基礎。然後還要有第二個基礎，就是瞭解應該如何善待眾生；對於眾生不要有排斥或者是貪取之心，平等觀待而攝受、親近一切有情。以這兩個**親近**處作為基礎，來實行其他三個安樂行法。】。

二、第 268 頁第 13 行：【具足了那兩個「**親近處**」，使你能夠在末法時代，如實而圓滿的演述《法華經》時，那麼你作這個夢，它就是如理作意的，完全符合邏輯去完成這個過程，就表示你那個晚上，在那短短的一場夢中，已經度了不少眾生了。】

正智出版社有限公司 敬啓

售後服務—換書啓事（免附回郵）　2017/12/05

《楞伽經詳解》第三輯初版免費調換新書啓事：茲因 平實導師弘法早期尚未回復往世全部證量，有些法義接受他人的說法，寫書當時並未察覺而有二處（同一種法義）跟著誤說，如今發現已將之修正。茲爲顧及讀者權益，已開始免費調換新書；敬請所有讀者將以前所購第三輯（不論第幾刷），攜回或寄回本公司免費換新；郵寄者之回郵由本公司負擔，不需寄來郵票。因此而造成讀者閱讀、以及換書的不便，在此向所有讀者致上萬分的歉意，祈請讀者大眾見諒！

《楞嚴經講記》第 14 輯初版首刷本免費調換新書啓事：本講記第 14 輯出版前因 平實導師諸事繁忙，未將之重新閱讀而只改正校對時發現的錯別字，故未能發覺十年前所說法義有部分錯誤，於第 15 輯付印前重閱時才發覺第 14 輯中有部分錯誤尚未改正。今已重新審閱修改並已重印完成，煩請所有讀者將以前所購第 14 輯初版首刷本，寄回本公司免費換新（初版二刷本無錯誤），本公司將於寄回新書時同時附上您寄書來換新時的郵資，並在此向所有讀者致上最誠懇的歉意。

《心經密意》初版書免費調換二版新書啓事：本書係演講錄音整理成書，講時因時間所限，省略部分段落未講。後於再版時補寫增加 13 頁，維持原價流通之。茲爲顧及初版讀者權益，自 2003/9/30 開始免費調換新書，原有初版一刷、二刷書籍，皆可寄來本公司換書。

《宗門法眼》已經增寫改版爲 464 頁新書，2008 年 6 月中旬出版。讀者原有初版之第一刷、第二刷書本，都可以寄回本公司免費調換改版新書。改版後之公案及錯悟事例維持不變，但將內容加以增說，較改版前更具有廣度與深度，將更能助益讀者參究實相。

換書者**免附回郵**，亦無截止期限；舊書請寄：111 台北郵政 73-151 號信箱 或 103 台北市承德路三段 267 號 10 樓 正智出版社有限公司。舊書若有塗鴨、殘缺、破損者，仍可換取新書；但缺頁之舊書至少應仍有五分之三頁數，方可換書。所有讀者不必顧念本公司是否有盈餘之問題，都請踴躍寄來換書；本公司成立之目的不是營利，只要能眞實利益學人，即已達到成立及運作之目的。若以郵寄方式換書者，免附回郵；並於寄回新書時，由本公司附上您寄來書籍時耗用的郵資。造成您不便之處，再次致上萬分的歉意。

正智出版社有限公司 啓

國家圖書館出版品預行編目資料

楞嚴經講記／平實導師述. —初版—
臺北市：正智，2009.11—　〔民98—　〕
冊；　公分

ISBN 978-986-6431-04-3 （第1輯：平裝）
ISBN 978-986-6431-05-0 （第2輯：平裝）
ISBN 978-986-6431-06-7 （第3輯：平裝）
ISBN 978-986-6431-08-1 （第4輯：平裝）
ISBN 978-986-6431-09-8 （第5輯：平裝）
ISBN 978-986-6431-10-4 （第6輯：平裝）
ISBN 978-986-6431-11-1 （第7輯：平裝）
ISBN 978-986-6431-13-5 （第8輯：平裝）
ISBN 978-986-6431-15-9 （第9輯：平裝）
ISBN 978-986-6431-16-6 （第10輯：平裝）
ISBN 978-986-6431-17-3 （第11輯：平裝）
ISBN 978-986-6431-22-7 （第12輯：平裝）
ISBN 978-986-6431-23-4 （第13輯：平裝）
ISBN 978-986-6431-25-8 （第14輯：平裝）
ISBN 978-986-6431-28-9 （第15輯：平裝）

1.秘密部
221.94　　98019505

楞嚴經講記——第八輯

著 述 者：平實導師
音文轉換：曾邱賢 劉惠莉
校　　對：章乃鈞 陳介源 蔡禮政 傅素嫻 王美伶
出 版 者：正智出版社有限公司
電話：○二 28327495　28316727（白天）
傳真：○二 28344822
111台北郵政73-151號信箱
郵政劃撥帳號：一九○六八二四一
正覺講堂：總機○二 25957295（夜間）
總 經 銷：飛鴻國際行銷股份有限公司
231新北市新店區中正路501-9號2樓
電話：○二 82186688（五線代表號）
傳真：○二 82186458　82186459
初版首刷：二○一一年元月三十日 二千冊
初版六刷：二○一九年六月 二千冊
定　　價：三○○元